글자의 삼번요추

——저온숙성 타이포그래피 에세이

27년 동안 글자를 만지면서

'도대체 왜 그럴까' 궁금한 것 중에는 머릿속에 계속 머물러 있는 게 있습니다. 오래 묵은 궁금증은 바람처럼 스쳐 지나가는 대화로 조금씩 무르익습니다. 그렇게 저온숙성하듯 오랫동안 조금씩 알아간 것들을 엮었습니다. 사소하거나 지루한 이야기가 나올 수도 있으니 먼저 목차를 훑어보시기를 바랄게요. 앞·뒤로는 식빵처럼 말랑말랑한 이야기를 가운데에는 닭가슴살처럼 뻑뻑한 이야기를 넣었습니다. 지루하면 다음 꼭지로 넘어가시고요, 그래도 안 되겠다 싶으면 '극약처방——타이포그래피 이야기'(189쪽)로 건너뛰셔도 좋을 거예요.

잠에서 못 깨어날 땐 옆에서 말을 걸어 주면 좋더라고요. 저를 깨운 것도 말과 글로 나눈 대화입니다. 크게 깨닫기도 했고, 못 알아듣고 답답해하기도 했으며, 한참 뒤에야 이마를 치기도 했습니다. 너무 많아 한 분 한 분 한 권 한 권 소개하지 못하지만 참 고맙습니다.

이 책도 다른 분께 말 걸 수 있다면 좋겠습니다.

저온숙성 타이포그래피 에세이

살짝 긴 소개——지나온 이야기

오래전부터 디자이너가 쓴 책을 읽고 싶었어요. 무슨 생각으로 일하는지 정말 궁금했거든요. 다행히 그런 책이 조금씩 늘고 있지만 많지는 않습니다. 그래서 용기를 냈습니다.

벌이가 시원치 않아 닥치는 대로 일하던 때가 있었어요. 아마도 잡지 기고였을 거예요, 처음으로 원고료를 받고 쓴 게. 좋아서라기보다는 뭐라도 해야 해서 쓰기 시작했는데 어쩌다 보니 계속 쓰게 됐고 책도 냈습니다.

글자도 처음부터 좋아한 건 아니었어요. 답답해서 만졌는데 재미가 옮아버린 거예요. 너무 독해서 낫지도 않네요. 그렇게 환자복에 슬리퍼를 끌고 여기까지 왔습니다. 삶의 목표를 세우고 장기적인 계획을 짜도 늘 그대로는 되지 않더군요. 예상하지 못한 재미가 생기면 방향을 틀기도 했어요. 짜릿했죠. 그런 이야기까지 담다 보니 자기소개가 꽤 길어졌네요. 낯설게 느끼실 수도 있지만 차근차근 이야기하고 싶었습니다. 결론만 말하면 맥락이 없어 금세 흩어지니까요.

그렇게 우당퉁탕 글 쓰고 글자 만지는 사람의 소소한 이야기를 담아 봤습니다. 뒷마당에 텃밭을 둔 맛집 같은 책이길 바라며, 제가 겪은 글자를 노래하듯 이야기합니다.

안녕하세요, 글자바보입니다

요즘은 어린이도 동화책, 어린이집, 유튜브 섬네일에서 폰트라는 분위기 메이커를 경험합니다. 학교나 직장에서는 기록과 소통의 도구로, 언론과 출판에서는 신뢰와 설득의 도구로, 기업과 지자체에서는 서비스와 브랜딩 도구로 활약합니다. 문서작업을 하신다면 즐겨 쓰는 폰트 한두 개씩은 있을 거예요. 이모지 폰트도 많이 쓰고요. 그만큼 손글씨를 자주 쓰지 않게 되면서 폰트가 읽기와 쓰기의 필수품이 된 셈입니다. 저는 그 '흔한' 폰트를 업으로 삼은 사람이에요. 하지만 꽤 '드문' 직업이에요. 조용히 컴퓨터로만 일해서 TV에 소개되기도 어려워요. 새 친구가 생겨도, 고등학교 동창을 만나도, 명절날 친척 어르신을 뵈어도 제 일을 제대로 설명하기란 쉽지 않았습니다. 참 멋지고 뜻깊고 중요한 일인데…하다가 글자의 구석구석을 알려보자는 생각까지 하게 됐어요. 이 책이 폰트 없이는 하루도 살 수 없는 현대인에게 등잔 밑 폰트의 소중함을 알린다면 기쁘겠습니다.

폰트로 먹고사는 일에 대해 구체적으로 말씀드려 볼게요. 크게 두 가지에요. 먼저 ①폰트를 '섬세하게 다루는' 일이에요. 일반적인 폰트 사용법은 애플리케이션에서 폰트를 지정하는 정도일 텐데요 그다음에도 할 일이 많아요. 괄호·따옴표·가운뎃점·줄표 하나도 비슷하게 생긴 걸로 아무거나 입력하면 안 됩니다. 맞춤법이 있거든요. 그걸 어기면 다른 기기(컴퓨터나 휴대폰)에서 안 나오거나 엉뚱한 모양으로 바뀔 수 있습니다. 또한 라틴문자나 한자 등 여러 문자를 섞어 쓰면 글자의 크기나 위치가 들쭉날쭉해 함부로 쓴 글처럼 보이기도 해요. 폰트도 사람처럼 궁합이 있어서 적절히 맞추지 않으면 반듯한 글줄이 나오지 않거든요. 그래서 여러 폰트를 섞어 쓸수록 손볼 곳이 늘어납니다. 이런 일을 잘하려면 폰트의 역사와 기술을 두루 알아야 합니다. 알고 보면 아주 흥미로운 일입니다.

똑같은 말도 누가 어떻게 하느냐에 따라 느낌이 다르듯, 똑같은 글도 무슨 폰트로 어떻게 조판하는가에 따라 느낌이 달라요. 그러니 폰트를 만들거나 다루는 일은 아나운서나 배우의 일과 닮았습니다. 섬세하죠. 특히 글자는 가독성과 심미성을 고려해야 합니다. 그래야 많은 분이 읽어주니까요. 뇌에게 읽기란 한여름 오후 2시에 등산하기 같아서 용을 쓰며 마다하죠. 그런데도 읽게 만드는 기술을 타이포그래피, 그런 사람을 타이포그라퍼라고 해요.

이어서 타이포그래피의 재료인 ②폰트를 '만드는' 일이에요. 글자체를 디자인하는 사람을 타입디자이너, 타입디자인의 콘셉트를 만들고 그것과 결과물의 차이를 최소화하는 사람을 타입디렉터라고 합니다. 그렇게 만든 상품이 폰트입니다. 이들의 역량에 따라 한 사회가 읽고 쓰는 정보의 질이 달라집니다. 지적 공동체의 건강을 책임지는 직업군이죠. 공교롭게도 font의 어원은 라틴어 fons로 샘·원천(fountain)을 뜻합니다. 자부심을 가질 만하죠. 그중 제 역할은 타입디렉터입니다. 어떤 상황에서 쓸 폰트를, 누군가와, 어떤 수준·범위·방법으로 만들어, 무슨 이야기로 알릴지까지 두루 살피는 일이죠. 요즘에는 한·중·일 통합 패밀리나 글로벌 통합 패밀리도 나와요. 다양한 문자를 하나의 스타일로 디자인한 폰트 가족입니다. 폰트가 국경을 허물고 있는 거죠. 글로벌 기업이 다국어 폰트로 브랜딩하는 사례가 늘고 있기 때문입니다. 기업·지자체의 타입브랜딩이 활발한 한국의 폰트 회사가 글로벌 시장에 진출하기도 좋은 흐름입니다. 뒤에서 살피겠지만 한국은 글자에 유별난 구석이 많은 나라입니다.

글자와 관련해 여러 가지 일을 해왔지만 요즘엔 약간의 위기감을 느낍니다. 폰트는 디지털 시대의 필수재가 되었는데 글자의 다양성을 지지하는 일상적 쓰기가 약해지고 있거든요. 글자의 일상-문화-산업을 아우르는 이야기를 하고 싶었던 것도 책을 쓴 이유입니다. 글자의 뽀송뽀송한 솜털을 보여드리고 싶었어요. 재밌어하실 분이 계실 거로 생각하니 머릿속에 뚜렷한 독자층이 생겼습니다. 그래서 글도 존댓말로 썼어요. 대화하듯 현장감 있게요. 하지만 모아놓고 천천히 읽어보니 —했어요, —했습니다가 너무 많아 글자 수 대비 정보량이 떨어졌어요. 그래서 다시 고쳐 썼습니다. 첫인사까지만 이렇게 말씀드리고요, 이제부터 짧은 말로 할게요.

기묘하고 느린 아이

어려서부터 어머니에게 자주 들은 말이 있다. "우진아 넌 머리가 안 좋으니, 남들보다 두 배 세 배 노력해야 한다". 내가 봐도 난 느렸다. 선생님의 농담을 못 알아듣고 멀뚱거리다가 어떤 날은 혼자 빵 터져 적막을 깼다. 쉬운 문제를 잘 틀리고 어려운 문제를 곧잘 맞혔으며, 안 중요한 것에 빠져 중요한 것을 놓쳤다. 특히 객관식 문제에 매우 약했다. 문제나 문항을 남들과 다르게 이해하고는 왜 이게 답이 될 수 없냐며 답답해했다. 주변의 똑똑한 친구들에게 열등감도 느꼈다. 고등학생이 되자 세상과 살짝 어긋났다는 걸 어렴풋이 느꼈으나, 쉬운 걸 어렵게 풀어가는 기묘하고 느린 기질 때문이라는 건 서른을 넘겨서야 (그것도 조금씩) 깨닫기 시작했다.

우연인지 필연인지 내 이름엔 어리석을 우(愚)가 있다. 돌림자다. 아마도 도덕경의 대지약우(大智若愚, 큰 지혜는 어리석어 보인다)에서 따온 것 같다. 어릴 땐 이름도 바보라고 놀림당했지만, 어른이 되니 스티브 잡스도 'Stay hungry. Stay foolish.'라며 지지해 줬다. 2005년 스탠퍼드대학 졸업 연설의 마지막 멘트로 유명해진 이 말은, 그가 젊은 시절 크게 영향받은 잡지 「The Whole Earth Catalog」의 폐간호 뒤표지에 적힌 문구로, 자유분방한 히피 문화를 토대로 혁신을 추구하는 실리콘밸리의 정신적 지주 스튜어트 브랜드(Stewart Brand)의 말이다. 그들의 치열함에도 어리석음이 깔려 있었다.

어떻게 하면 이런 게 나오지?

우울하고 소심하던 시절을 지나 대학에 갔더니 모든 것이 재밌고 신기했다. 똘끼 넘치는 친구들 덕분에 노는 재미를 속성으로 익혔다.

미친 듯이 놀고 작업하다가 문득 나를 아주 낯설게 느꼈다. '난 누구지?' '내가 이런 사람이었나?' 갑자기 체한 것처럼 이걸 풀지 못하면 못 살 것 같았다. '나의 것을 만들자. 그러면 내가 누군지 알겠지…'하며 자기 향 물씬 풍기는 일러스트레이션·애니메이션·포스터·책·폰트를 만들려 했다. 그게 얼마나 커다란 꿈인지 모르고 섣불리 달려들었으니 잘 될 리 없고 시간은 흘러 마음만 급해졌다.

누군가의 멋진 디자인을 봐도 즐기거나 배우지 못하고 화가 치밀었다. 창피해서 티 내지도 못하고 '어떻게 하면 이런 게 나오지?' '누구랑 무슨 도구로 어떤 과정을 거치면 이런 게 나올까?' 고민했다. 3학년이 됐다. 생각은 많고 아는 건 없는데 진로를 정하라니 초조했다. 사람을 만나고 책을 읽었으며 다른 전공 수업도 들었다. 날것으로 마구 받아들이니 오히려 엉망진창이 됐다. 발버둥 칠수록 늪에 빠져들었다. 뭐지? 이 익숙한 기분은. 대학에 와서 잠시 잊었던 '세상과의 어긋남'이 도졌구나. 때 묻은 인형을 끌어안고 네거리 한복판에 선 아이가 됐다. 세상이 나를 집어삼킬 것만 같았다.

물론 난 무사했다. 세상은 나에게 관심조차 없었다. 방황한 덕분에 '어떻게 하면…'을 고민하는 습관도 얻었다. 그것에 '디자인 방법론'이라는 이름을 붙이고 뚜렷한 결과를 내는 사람의 그것을 추적했다. 일본 유학의 목적도 거장의 방법론 탐사였고, 졸업 후 목표도 거장의 방법론 체득이었다. 한국에 돌아와서는 IT 업계에서 많이 쓰는 협업 방법론인 애자일(agile)을 적용해 새로운 타입디자인 프로세스에 도전했다[1]. 그렇게 만든 폰트가 이 글에도 쓰고 있는 「산돌 정체」다. 방법론 탐사는 여전히 현재진행형이다.

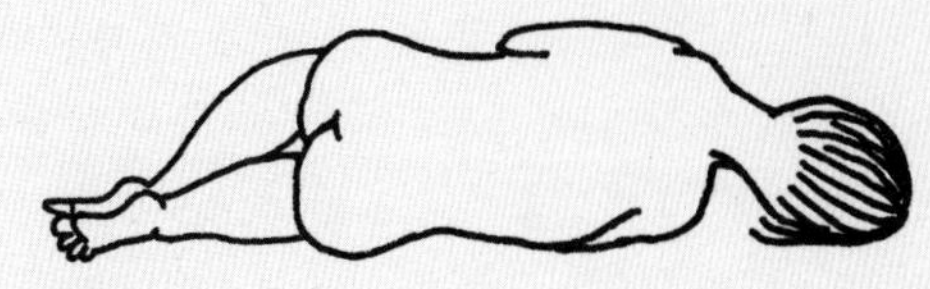

방황하던 시절의 그림. 그때는 그림일기를 많이 썼고 산울림의 「청춘」을 많이 들었다.

도망치듯 떠난 유학, 멍청한 깨달음

졸업 후 디자이너가 됐지만 정체성 혼란은 가시지 않았다. 뭘 해도 내가 했다는 확신이 없다 보니 자꾸 작아졌다. 어디서 본 것을 베끼고 있는 듯한 찝찝함이 너무도 싫었다. 혹시 공부가 부족한가? 그럼 떠나자. 한국의 근대 디자인에 커다란 영향을 미친 일본으로! 그들의 디자인 방법론이 궁금했고, 우주 최고 디자이너 스기우라 코헤이(杉浦康平)를 만나겠다는 명분을 만들어 무작정 떠났다.

몹시 아름다운 봄날, 날씨와 마음은 반비례했다. 낮에는 일본어 학원과 일본어 공부, 저녁에는 신주쿠의 야키니쿠야(고기구이집)에서 아르바이트하며 가을에 있을 대학원 입시를 준비했다. 가게 앞에서 황토색 셔츠-모자-앞치마를 갖춰 입고, 길을 지나는 사람들에게 전단을 뿌리며 어색한 일본어로 목청껏 호객행위를 할 때였다. (이 현실보다 지금을 창피해하는 내가 더 싫다고 생각하던 찰나) 내가 누군지 깨달아버렸다. '31세 남성 외국인 노동자'였다. 이방인의 정체성은 명료했다. 나의 가치는 성별, 나이, 비자로 쉽게 결정됐다. 누구도 그 이상은 궁금해하지 않았다. 십년 묵은 체증이 풀렸지만 얼떨떨하기만 했을 뿐 '환경이 나를 정의한다'는 깨달음은 한참 뒤에 왔다.

'공부'가 부족하다 싶어 유학까지 갔는데 '경험'이 부족했던 거였다. 배가 아프다며 치과를 박차고 들어간 셈이니 의사 선생님도 나도 얼마나 놀랐을까. 내가 기묘하고 느린 걸 알고도 몰랐다. 어머니가 말한 '남들보다 두 배 세 배'는 혼자서가 아니라 여럿이 하는 거였다. 남이 있어야 나도 있음을 알고도 몰랐다. 이럴 때 기분은 기묘하다. 멍청한 깨달음이라고 할까?

그땐 '젊어 고생 사서도 한다'는 말이 참 듣기 싫었는데 이제 생각하니 맞는 말이다. 고생을 도전으로 바꾸면 더 와닿지 싶다. 무모하면 예상할 수 없는 것을 얻는다.

그림자도 밟으면 안 되는 분들

소 서너 마리가 들어갈 만한 이민 가방과 히말라야 등반 수준의 배낭을 메고 하네다 공항에 도착했다. 누가 봐도 작정을 한 듯한 스케일과 불안한 눈빛으로 일본어학원 기숙사에 도착했다. 한국에서 6개월 동안 일본어 공부만 하고 왔지만 별 소용이 없었다. 내가 느리다는 것을 깜빡하고 성급하게 불안해버렸다. 그러다 사고를 쳤다. 정신 차리고 보니 스기우라오피스(스기우라 코헤이의 사무실)[2]에 전화를 걸고 있었다. (되도 않는 일본어로) "나는 한국에서 온 디자이너. 청소 가능. 만나주세요."라고 졸랐다. 무슨 배짱이었는지 모르겠다.

그는 동아시아 도상학에 조예가 깊었고 마침 책을 쓰고 계셨기에 한국 관련 자료를 찾고 초벌 번역을 해줄 사람이 필요했다. 운 좋게 전화를 받은 분은 업무 전반을 총괄하던 사토 아츠시(佐藤篤司)였다. 일단 와보라며 팩스로 지도를 보내주셨다. 너무 가슴이 뛰어 일찍 출발했더니 시부야(渋谷)역에 2시간 전에 도착해 버렸다. 늘 그렇듯 북적였지지만 그날만큼은 매우 평화로웠다. 하지만 아무리 지도를 봐도 사무실을 찾을 수 없었다. 난 엄청난 길치인데 그땐 그것도 몰랐다. 사람들에게 길을 물었지만 알아듣지를 못했다. 손짓·발짓해서 가까스로 10분 전에 도착한 주황색 벽돌 건물을 잊을 수 없다. 그날로 유일무이한 디자인 성지가 생겼다. 그렇게 선생과 인연을 맺고 불러주시면 달려갔다. (시키지도 않는데) 필요하실 것 같은 한국 책을 찾아 추천해 드리기도 했다. 나온 책에는 나의 소개까지 넣어주셨다. 선생은 책을 낼 때마다 도움받은 사람·내용을 자세히 기록하셨다. 그때의 감동은 잊을 수 없다.

어느 날 선생의 영향을 크게 받은 또 다른 거장 토다 츠토무(戸田ツトム)와 스즈키 히토시(鈴木一誌)를 만났다. 이들은 「季刊d/sign」이라는 잡지도 발간하고 단행본도 여러 권 집필하며 스기우라 선생처

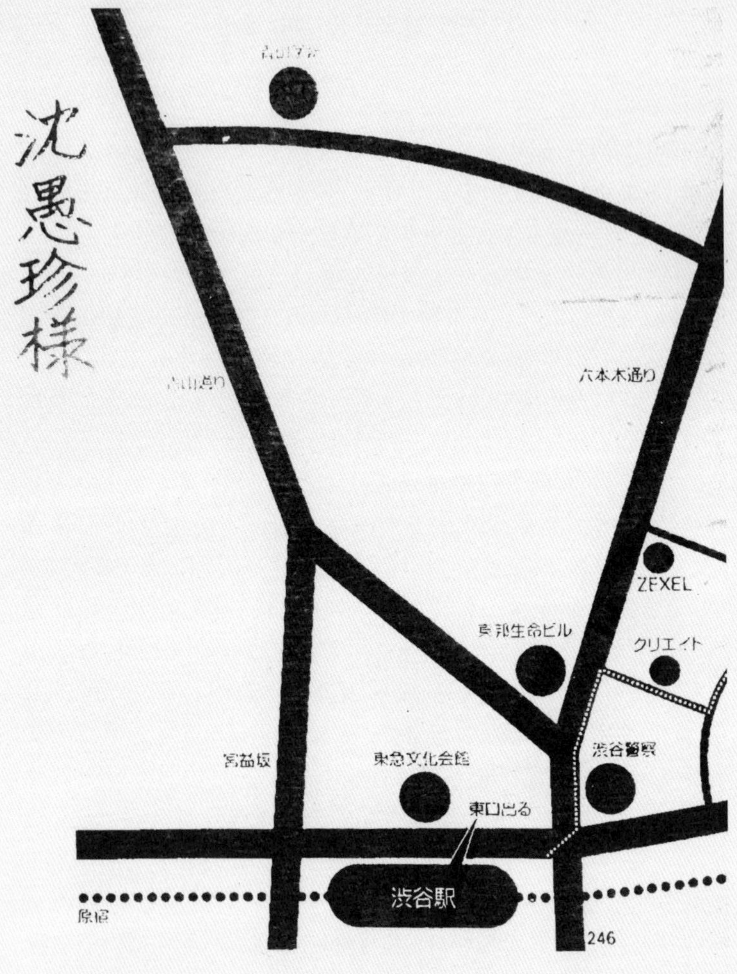

스기우라오피스에서 팩스로 보내준 약도. 어학원 팩스로 주소와 지도를 받았다. 일본 생활 내내 무서울 땐 부적, 혼란스러울 땐 나침반이 됐다. 소중히 간직해 왔으나 이제는 너무 빛이 바래서 디지털로 보정했다. 하지만 콩닥콩닥하던 기억만큼은 선명하다.

사토는 스기우라오피스에서만 삼십 년 가까이 일한 베테랑 디자이너로 하라 켄야와 무사시노미술대학 기초디자인학과 동기다. 아무거나 막 물어보기엔 까마득한 선배였으나 꼬치꼬치 많이도 물었다. 하루는 스기우라오피스에서 자주 쓰는 폰트가 뭔지 물었는데 매우 친절하게 나의 수첩에 직접 적어주셨다. 건네받고는 秀英体가 언제 만들어진 건지, 楷書의 발음은 무엇인지 다시 물었다. 아래쪽의 かいしょう (네모로 감싼 글자)와 제일 아래의 明治時代는 답변을 내가 받아 적은 것으로 글씨체가 완전히 다르다. 그는 하나하나 친절히 답하고 나서, 한글 명조체는 명조체로 안 보이는데 왜 명조체로 부르냐고 물었다. 나는 아무 대답도 못 했다. 그땐 한글에 대해서도 명조체에 대해서도 제대로 알지 못했다. 그는 항상 마음을 담아 글씨를 썼고 스기우라오피스에서는 사토민초(사토명조)라고 했다. 일본 생활 내내 그의 보살핌을 받으며 많은 것을 배웠다. 오른쪽 위 모서리에는 '04.8.8 사또상'이라고 적었다. 벌써 그렇게 됐구나.

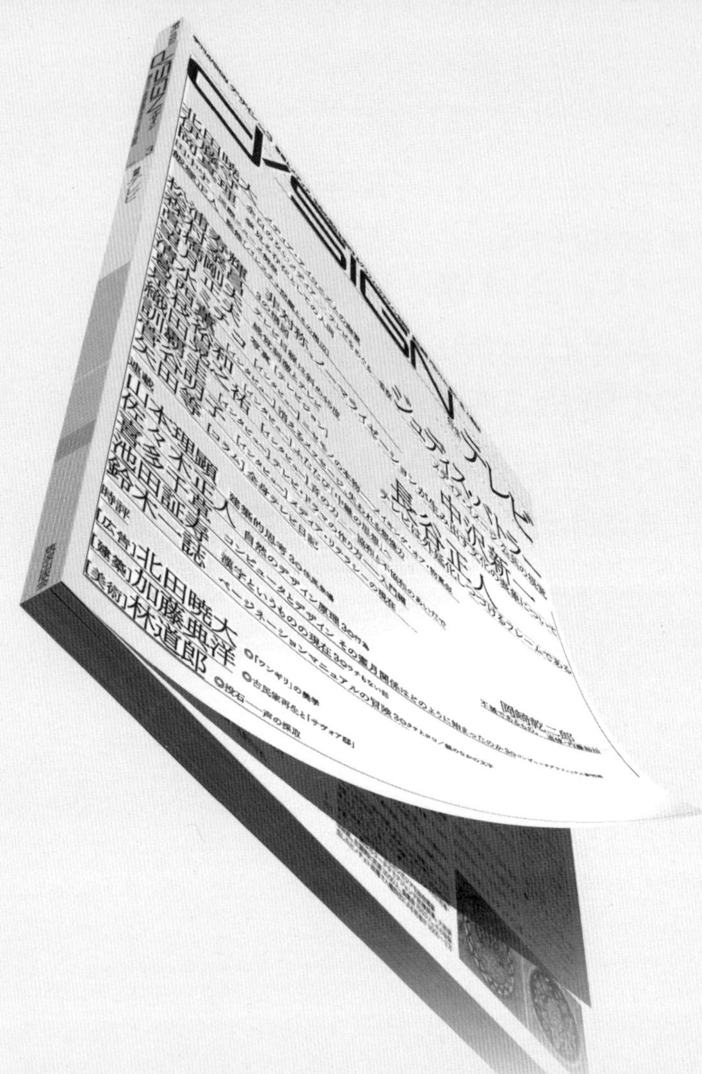

「季刊d/sign」 no.3(2002)의 3d 랜더링 이미지. 그는 본인이 디자인한 책의 모습을 묘사하는 방식에 굉장히 엄격했다. 90년대부터 3d 프로그램으로 책의 두께, 표지 질감, 각 단면의 이미지까지 섬세하게 구현했다. 그렇게 만든 책이 그의 대표작 중 하나인 『D-zoneーエディトリアルデザイン1975-1999』(青土社, 1999)이다. 「季刊d/sign」은 미디어와 디자인의 관계를 그래픽디자이너의 관점으로 풀어냈으며, 한 권을 읽는 데 한 달이 걸렸다는 독자가 있을 만큼 밀도 높은 내용과 미로 같은 디자인을 선보였다.

럼 글 쓰는 디자이너의 명맥을 이어가고 있었다. 나의 역할은 통역이었는데 너무 기뻐서 전자사전과 수첩을 꺼내놓고 고개를 획획 돌려가며 요란을 떨다가 기회다 싶으면 어설픈 일본어를 360도로 작렬했다. 그리고 몇 달 후 토다에게 뜻밖의 매우 짧은 이메일을 받았다. “아르바이트가 필요하면 말하게” 나도 모르게 자리에서 벌떡 일어나 만세를 불렀다. 머리가 하늘까지 닿을 만큼 뛰었다. 그는 납활자로 디자인에 입문해 사진식자로 전성기를 맞았고 디지털 타이포그래피를 가장 먼저 수용하며 제2의 전성기를 열었다. 그의 스튜디오인 토다사무소는 일본의 타이포그래피 실무를 제대로 익힐 수 있는 사관학교 같은 곳이었다. 겪어보니 한국에서 배우고 익힌 타이포그래피가 어디서 건너왔는지 보이기 시작했다.

그 외로도 참 많은 선생을 만났다. 허겁지겁 배를 채울 때는 생각하지 못했다. 누가 차려 주신 밥상인지…. 이제라도 떠올리려니 천천히 피어올라 사방을 채운 물안개처럼 아득하기만 하다. 그분들처럼 베풀며 살자.

얼떨결에 입문한 장인 도제 방식

첫 두 달은 천국이었다. 식사 자리까지 나를 데리고 다니며 이런저런 말씀을 해주셨다. 사무실이 두 곳이었는데 혼자 쓰시는 사무실에 내 자리를 마련해주셨다. 나에게 왜 이런 호의를 베푸시는지 몰랐지만 그건 별로 중요치 않았다. 그저 행복했다. 한국으로 돌아오고 나서도 한참이 지난 후에 깨달았지만, 그 두 달은 자신의 디자인 철학을 가르치고 나에게 맥락적 자율권을 주기 위한 과정이었다. 자율은 경계와 짝을 이뤄야 방종과 구분된다. 알아서 하되 선을 넘지 않기 위한, 다르게 말하자면 창의적 팀플레이를 위한 (요즘 기업에서 많이 하는) 온

보딩 교육이었다. 꿈결 같은 두 달을 보내자, 걸어서 25분 거리의 다른 사무실로 자리를 옮겼다. 토다 츠토무는 일본인도 혀를 내두를 정도로 일에 엄격했다. 일일이 가르쳐주지 않았고 모든 것을 어깨 너머로 알아서 체득해야 했다. 전형적인 장인 도제 방식이었다. 하루 14시간이 매우 촘촘하고 긴박하게 흘러갔으며 1분도 허투루 보내지 않았다. 아이디어가 절실하면 꿈이 힌트를 주기도 한다고 하셨다. 매일 아침 각자 하루 계획을 타임라인 양식에 적어 팩스로 보냈고, 수정 사항이 다시 팩스로 날아왔다. 종이 한 장에 몇 줄을 적는 것만으로 서로 어떻게 움직일지를 알았다(나만 빼고). 사무실 청소부터 화초에 물 주기까지 뚜렷한 철학과 프로세스가 있었고 일도 각자의 능력과 잠재력까지 정확히 파악해 분배했다. 일사불란했다(나만 빼고). 오기가 발동해 어금니 꽉 깨물고 좇아갔다. 인간이 이렇게 오랜 시간을 집중해서 일할 수 있다는 사실이 놀라웠다. 결과물은 당연히 좋았다. 이게 되는구나.

저한테 왜 이러세요

이런 일이 있었다. "심군, 근처에 A4를 정확히 재단해 주는 곳이 있으니 가서 잘라 와" "거기가 어디일까요?" "(나지막이) 알아서 찾아". 당황스러웠다. '나도 진짜 잘하고 싶은데 이건 아니잖아요'. 울화가 치밀었다. 그런데 신기하게도 금방 찾았다. 약이 바짝 오를 만큼…. 왠지 알고 있을 것 같은 가게에 들어가 공손히 여쭤보니 서너 번 만에 찾을 수 있었다. 그는 스스로 생각하고 부딪쳐 찾아내는 자세를 중시했다. 실수는 탓하지 않아도 자세가 흐트러지는 것은 엄하게 나무랐다. 날 어떻게 믿고 이런 것까지 시키실까 생각한 적도 많았다. 그때는 많이 원망했지만 돌이켜보면 큰 리스크를 안고 맡긴 것이다.

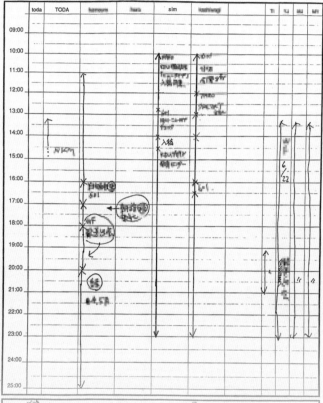

하루 일정표. 제일 위에는 그날의 가장 중요한 마감. 가운데에는 각자의 계획. 아래에는 꼭 전할 말을 적는다. 매일 아침 차례대로 각자의 계획을 쓰고 하마우라(메니저)의 검토를 거쳐 토다에게 팩스를 보내면, 그는 자기 일정과 의견을 보태 다시 보내왔다. 여러 일을 펼치지 않고 현재 일을 끝내고 다음 일을 했기 때문에 일정 공유는 빠르고 정확했다. 그래서 양식도 단순했다. 하라우라는 '선택과 집중'의 달인이었다. 토다와 하마우라는 눈빛만 마주쳐도 통했다. 토다사무소는 일찌감치 원격근무를 시작한 것이다.

몸에 밴 무언가는 한국에 돌아와서도 사라지지 않았다. 한참 뒤에야 깨달았다. “2년여의 짧은 기간이었지만 일을 대하는 자세를 익혔구나. 그렇게 학창 시절부터 궁금하던 ‘어떻게 하면 이런 게 나오지?’의 답을 주신 거구나”. 자세. 자세는 관점을 낳고 관점은 목표를 낳는다. 어디에서도 겪어보지 못한 깨달음이었다. 그는 자주 말했다. 언제 어디에서도 작업할 수 있도록 가방에 도구를 가지고 다녀야 한다고. 어디서 객사하더라도 가방을 열면 그래픽디자이너인 줄 알아야 한다고. 옷도 잘 입고 걸음걸이에 군더더기가 없어야 하며 바른 자세로 앉아야했고 다리를 떨어서도 안 됐고 도시락을 먹으며 일을 해도 안 됐다. 손을 자주 씻고 손수건으로 물기를 확실히 닦으라고 했다. 지금도 가방에는 필기구를 바지에는 손수건을 넣고 다닌다.

2020년 7월 28일 아침, 그가 일주일 전 세상을 떠났다는 닛케이(일본경제신문)의 뉴스를 봤다. 멍했다. 일단 다시 일을 했다. 그를 떠올리다가 다시 일하기를 반복했다. 어떻게 받아들여야 할지 몰랐다. 몇 달 후 회사로 일본의 지인이 소포를 보내왔다. 포장을 뜯기 전까지는 책인 줄도 몰랐다. 표지를 마주하자 ‘토다 츠토무 1951-2020’가 가장 먼저 눈에 들어왔다. 그제야 눈물이 터져 나왔다.

21세기행 환승역—디지털

21세기에 들어 사회 전반의 시스템을 빠르게 디지털로 바꿨다. 아날로그를 디지털로 바꾼다는 것은 (거칠게 말해) 일본식을 미국식으로 바꾸는 것이기도 했다. 여기서 일본식이란 근대 일본이 서구의 기술을 토착화한 하이브리드다. 이를 두고 화혼양재(和魂洋材)라 했고 이웃 나라인 중국은 중체서용(中體西用), 조선은 동도서기(東道西器)라고 했다. 모두 당대 엘리트가 주장한 근대화 콘셉트다. 멋지게 말하면

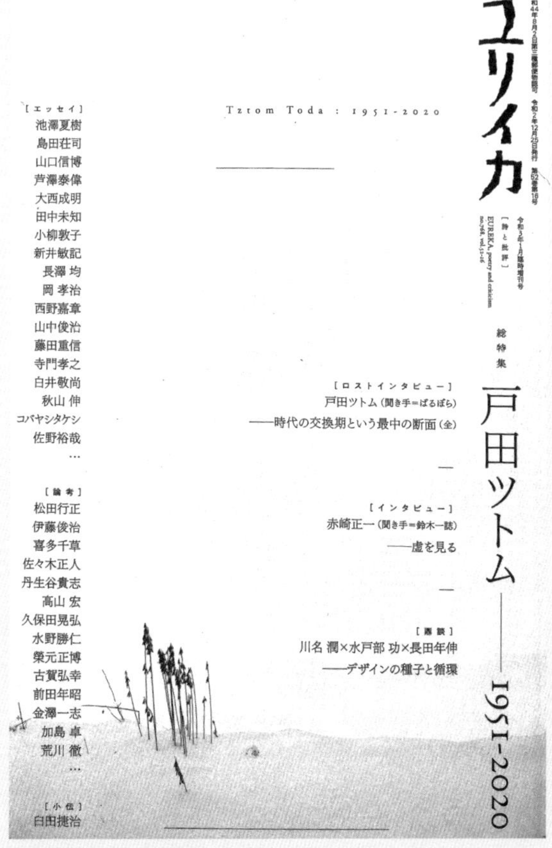

「유리이카 2021년 1월 임시증간호 총특집◎토다 츠토무—1951-2020」. 「유리이카」는 일본의 인문도서 출판사 세이도샤(青土社)가 발행하는 비정기 간행물이다. 세이도샤는 오랫동안 토다에게 북디자인을 맡겼다. 디자인을 의뢰할 때는 언제나 완성한 원고(모든 교정을 마치고 편집자의 손을 떠나 인쇄를 기다리는 원고)의 출력물과 의뢰서를 봉투에 담아 택배로 보내주었다. 토다사무소는 단 하나의 디자인을 보냈고 출판사는 가끔 질문을 할 뿐 별다른 수정 요청을 하지 않았다. 편집은 편집자가 디자인은 디자이너가 하는 거였다. 완벽을 추구하는 편집자와 디자이너가 함께 일하니 꼼꼼한데 빨랐다. 토다가 세상을 떠나자 그를 추모하는 책을 서둘러 낸 곳도 세이도샤였다. 그들의 우정에 다시 한번 고개를 숙이게 됐다.

'동양적 소프트웨어와 서양적 하드웨어의 조합'인데 실제는 '최대한 서구화'였다.

일제강점기에서 미군정기로 넘어가는 1945년부터 한국은 일본을 거치지 않고 서구 문물을 직수입하는 길을 튼다. 1960년대부터 널리 보급되기 시작한 한글타자기는 영미권의 타자기를 가져와 한글을 쓸 수 있도록 개발한 것으로 (일본식을 수입하지 않은) 자기 주도적 서구화를 상징한다. 덕분에 일반인이 ①기계(키보드)로 글을 쓰고 ②(인쇄소에 가지 않고) 책상 위에서 인쇄하고 ③가로로 쓰고 읽는 경험을 하게 된다. 일반인의 문자 생활이 이렇게 '한 번에 크게' 바뀐 것은 훈민정음 이후 처음이다. 비슷한 시기 주한미군을 통해 직수입한 '가로쓰기+화려한 그래픽'도 일본식 타이포그래피에서 서구식 타이포그래피로 눈을 돌리는 전환점이 된다.

본격적인 서구화는 디지털 전환기로 볼 수 있는 2000년 전후부터다. 미국 빅테크기업의 업무 방식과 라이프스타일을 (일본을 거치지 않고) 직수입하면서 체계-철학-문화까지 함께 들여왔다. 직접 맥락을 이해하니 스스로 바꾸고 발전시키는 흐름도 생겼다. 이런 흐름은 한국에 급속도로 퍼진 커피 문화와 닮았다. 그래서인지 커피도 어메리칸 스타일(희석식 커피)이 대세다. 스타벅스는 1999년에 국내 진출했고 22년 기준 한국은 세계 3위의 커피 소비국이다. 일과 커피는 자주 붙어 다닌다.

타이포그래피 용어도 서구식으로 바꿨다. 한국 최초의 타이포그래피 강의는 1982년 홍익대학교 미술대학 산업도안과(현 시각디자인 전공)의 '타이포그라피'(담당교수 안상수)로 과목명에 '활판인쇄술'같은 일본식 번역어를 쓰지 않았다. 1988년에는 일본식 학과명인 '산업도안과'도 '시각디자인과'로 바꿨다. 언론도 '산업미술' '응용미술'을 '디자인'으로 바꿨다. 하지만 여전히 34-1번 버스는 '삼십사다시일'로 읽는다. Dash가 일본으로 건너가 *ダッシュ*(닷슈)가 되고 한국으로 건너와 다시가 된 것이다.

머릿말

1982년부터 홍익대학교 미술대학에 우리나라 처음으로 타이포그라피 강좌가 개설되었다. 게다가 이 강좌를 내가 맡게 되는 행운까지 안았다.

강의 시작 후 3년 간 교재가 없었다.
교재를 갖고 싶은 충동은 늘 있었지만, 그것은 단 시간 내에 해결될 일은 아니었다. 미흡하지만 결정을 내려 작년에 주섬주섬 정리하여 마스터판으로 한 권 만들었다. 그것이 "홍익대학교 미술대학 1985년도 제2학기 타이포그라피 교재"였다.

이제 그것을 또 보완하여 다시 책(?)을 꾸몄다.
아직도 미흡한 과정의 모음일 뿐이다.
이 과정을 앞으로 계속될 것이다.

이러한 과정 속에 나에게 배움을 도리어 준 학생들에게 미안함과 고마움을 느낀다.

1986. 8

훈민정음이 만들어지매 우주 만물의 이치가 다 구비되었으니 참으로 신비하도다. 이것은 아마 하늘이 성왕의 마음을 열어서 그의 손을 빌어 만든 것인가 보다.

-훈민정음 해례본

안상수가 만든 타이포그라피 강의 교재 「타이포그래피」(1986)의 머리말. 다양한 참고 자료와 이론을 편집한 책이다. 386쪽, 242×345mm.

일본에서 만난 일본식

대학 2학년 때 '시각디자인 연습'이라는 전공 필수 과목이 있었는데, '연습'이란 말에서 왠지 설렁설렁해도 될 것 같은 느낌이 들어 어색했다. 일본에 와보니 여러 대학에 ○○디자인연습(○○デザイン演習) 과목이 있었다. 그 연습이 일본에서 왔다는 걸 직감했으나 한자가 낯설었다. 보통 연습이라고 하면 되풀이해 익힌다는 練習을 쓰는데, 과목명의 연습은 실제로 하듯 익힌다는 演習이었다. 찾아보니 練은 훈련의 연이고 演은 연출의 연이었다.

이 일로 많은 걸 알게 됐다. ①연습으로 읽는 한자어는 두 개인데 어느 것도 설렁설렁을 뜻하진 않는다. ②디자인연습은 현장을 옮겨놓은 듯한 실무교육으로 실전을 방불케 하는 마지막 점검을 뜻한다. ③일본어 사전에 의하면 演習은 실기 수업(Practice), 토론식 수업(seminar), 실전 훈련(군사 용어)을 뜻한다. 일본에서도 일상에서는 演習이건 練習이건 '실제로 하기 전에 미리 익힘' 정도로 통용된다. 한자를 모국어로 쓰는 사람들도 그렇게 한 글자의 의미 하나하나까지 신경 쓰며 살진 않는다. 하지만 과목명은 한 글자의 의미까지 신경 써서 지어야 한다. 그래야 학생이 스스로 생각하며 깨우칠 수 있기 때문이다. 아쉽게도 한국으로 건너오면서 의도는 날아가고 '연습'이라는 발음만 남았다. 한자를 안 쓰면 뜻을 정확히 알기 어렵고, 한자를 쓰면 뜻이 너무 많아 어렵다.

한국에서 배운 일본식은 '그들이 억지로 이식한 것'이 많았으나, 일본에서 만난 일본식은 '우리가 스스로 가져온 것'이 많았다. 둘 다 맞지 않는 옷이었으니 스스로 만들어야 했다. 마침 찾아온 디지털 시대는 대규모 구조조정의 기회였다. 때는 2000년 전후였고 나는 2004년에 한국에서 일본으로 건너갔다. 그땐 몰랐으나 지나고 보니 그때가 그런 때였다. 아날로그의 석양을 봤다고 할까.

두 개의 심장을 달고 귀국

일본의 디자인 현장을 몸소 겪으며 막연했던 궁금증을 하나둘씩 해소하니 슬슬 돌아가고 싶어졌다. '일본의 디자인 방법론을 체득하러 왔고 얼추 큰 그림을 봤으니 이제 한국으로 돌아가 나의 본론을 펼치자'고 생각한 것도 사실이지만, 타향살이에 지쳐 그저 돌아가고 싶었던 것이 진실이다. 아무리 생각해 봐도 도피성 출국과 회피성 귀국이지만 결과적으로는 환경이 바뀌면 달라지는 것을 익힌 소중한 체험이었다. 무모해도 저지르면 얻는 게 있으니 가만히 앉아 불안해하는 것보단 훨씬 낫다.

영광스럽게도 스기우라오피스에서 송별회를 열어주셨다. 한참을 헤매며 찾은 오아시스 같은 곳에서 일본 생활을 마무리할 수 있어 기쁘고 고마웠다. 모두의 한마디가 담긴 카드도 받았다. 스기우라 선생은 '愚徹たれ!'(구테츠타레, 제대로 어리석어라)라고 써주셨다. 선생은 처음 뵌 날부터 이름에 어리석을 우(愚)가 있다며 좋아하셨고, 주변 사람에게 나를 소개할 때마다 이름에 바보가 들었다는 말씀을 잊지 않으셨다. 본인도 그런 마음가짐으로 디자인을 해왔기 때문이어서인지 헤어질 때도 愚로 격려해 주셨다. 서예가 이노우에 유이치(井上有一)의 작품명이기도 한 愚徹(구테츠)는 그날부터 나의 오른쪽 심장이 됐다. 어리석은 삶은 무엇일까. 어쩌면 나를 잊고 더불어 사는 풍요일지도 모른다.

꿈을 안고 2008년 한국으로 돌아왔으나 몇 달 후 미국발 금융위기가 터졌다. 일거리도 없었고 새로운 디자이너를 애써 찾는 분위기도 아니었으며 내 실력도 그리 좋지 못했다. 닥치는 대로 일했지만 수입은 적고 불안정했다. 녹록지 않던 일본 생활을 달콤했다고 추억할 정도였다. 돌파구가 필요했다. 내가 지금 제일 잘할 수 있는 건 뭘까. 분명 바보 같은 일일 텐데….

좌충우돌파구 인디자인

어도비(Adobe Systems)의 인디자인(InDesign)은 실무 타이포그래피의 출발점으로 삼기 좋은 애플리케이션이다. 당시 많이 쓰던 쿼크익스프레스(QuarkXPress) 보다 정교하고 빨랐다. 하지만 한국에는 이제 알려지기 시작한 터라 책이나 강의가 귀했다. 이걸 돌파구로 삼자.

처음 계획은 북디자이너로 자리를 잡고 나서 출판사를 만드는 것이었으나 일이 안 풀리니 도리가 없었다. 선배 디자이너 윤여웅이 삼겹살까지 구워주며 물심양면으로 도와줬다. 그와 함께 물고기라는 출판사를 만들고 2년 반을 준비해서 2011년 『찾기 쉬운 인디자인 사전』을 출간했다. 남는 시간에 틈틈이 쓰는 것이 아니라 엄연한 일로 진행했다. 출간 일정에 지장을 줄 것 같으면 일이 들어와도 거절했다. 그렇게라도 독하게 하지 않으면 포기해 버릴 것 같았다.

운 좋게 반응은 나쁘지 않았고 의도한 대로 작은 돌파구가 되어 형편도 조금씩 나아졌다. 2년 뒤인 2013년에 『찾기 쉬운 인디자인 사전 2판』을, 다시 2년 뒤인 2015년에 『찾기 쉬운 인디자인 사전 3판』과 『찾아보는 본문 조판 참고서』를 냈다.

그렇다고 수익을 낸 것은 아니었다. 당시 어도비는 2년 주기로 새 버전을 발표했기 때문에, 700쪽이 넘는 사전이 이익을 내려면, 제작 기간을 6개월로 잡아도 1년 6개월 안에는 완판해야 했다. 게다가 개정판 작업은 바뀐 내용을 샅샅이 검토해야 해서 시간이 오래 걸렸다. 초판을 2년 반 동안 만들고 2년마다 개정판을 두 번 냈으니 6년을 넘게 본전치기 출판에 공들인 셈이다. 제대로 어리석었다. 실제로 출판 그렇게 하는 거 아니라며 말리는 분도 있었다. 그래도 손해는 면했고 책을 반기는 독자를 만났으며 조금씩 이름도 알리게 됐다. 굳이 나를 소개하지 않아도 된다는 것이 얼마나 고마운 일인지 조금씩 알아갔다.

『찾기 쉬운 인디자인 사전 개정증보3판』(2015)

천생연분 인디자인

인디자인과는 사연이 많다. 인디자인으로 일본어 타이포그래피를 독학했고, 인디자인으로 토다사무소의 실무를 익혔으며, 인디자인으로 첫 책을 출간했고, 인디자인으로 조판 강의를 14년째 하고 있다. 소중한 인연의 시작은 2005년 대학원 연구실에서 논문 조판에 사용한 Adobe InDesign CS(3.0) 일본어판이었다.

첫인상은 '뭐가 이리 복잡해?'였다. 화면을 가득 채운 설정 창이 비행기 조종석처럼 보였다. 하지만 그 복잡함의 원리를 하나둘씩 이해하니 타이포그래피의 역사가 생생하게 다가왔다. 그 인터페이스(작업공간)는 납활자 조판공의 작업실을 디지털 환경으로 옮긴 것이었다. 수백년 실무의 역사가 고스란히 담겨있으니 선생과 다름없었다. 1999년에 처음 출시한 인디자인(영문판)은 그래픽 디자인의 판도를 바꾸는 커다란 사건이었다. 이어서 2년 뒤인 2001년에 출시한 일본어판은 단순히 영문판을 일본어로 번역한 것이 아니라, 동아시아 조판 원리와 체계를 디지털 프로그램으로 온전히 구현한 획기적인 사건이었다. 애플리케이션의 체계뿐 아니라 출력물의 완성도까지 살펴야 하는 어려운 프로젝트였다.

그 감수를 토다가 맡았다. 그는 매킨토시 컴퓨터와 사무용 프린터로 일본 최초의 DTP(Desktop Publishing) 서적인 「森の書物」(1989)를 펴낼 만큼 디지털 도구가 가져올 확장성에 적극적이었고 그 생각을 담아 『전자적 사고를 향해…』(電子思考へ…, 2001)도 저술했다. 디지털 조판에 진심이었던 그는 매우 높은 수준의 일본어 조판 완성도를 요구하며 어도비 저팬 관계자를 수없이 돌려보냈다고 한다. 린 셰이드(Lynn Shade)도 당시 멤버 중 한 사람으로, 토다를 추모하는 책이 나오자마자 선물로 보내줬던 장본인이기도 하다. 우린 같은 마음으로 토다를 기렸다.

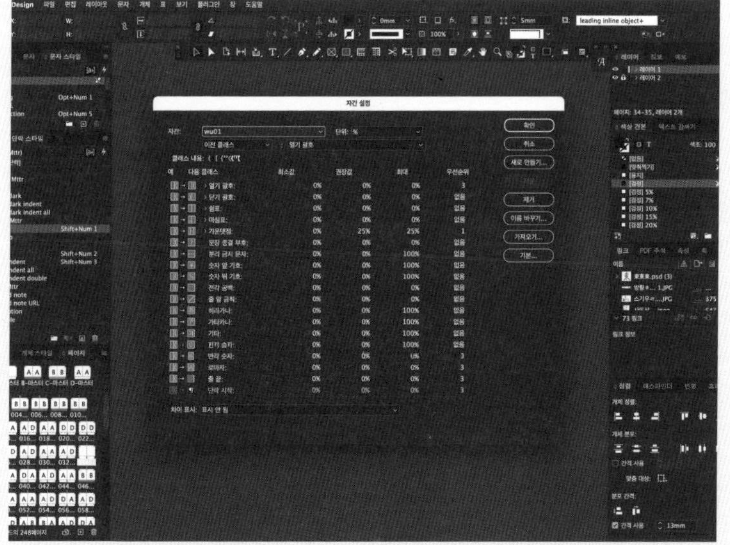

인디자인의 인터페이스에서 가장 복잡한 [자간설정]창. 글자와 글자의 간격조정이 아니라, 괄호류와 문장종결부호류의 간격처럼 문자 그룹끼리의 간격을 조정한다. 글자 사이를 이렇게까지 섬세하게 조정할 수 있는 애플리케이션은 없다. 하나하나의 조합마다 다르게 설정하고 우선순위를 매긴다. 일본어 조판에는 매우 훌륭한 옵션이지만, 안타깝게도 한국어 조판에는 최적화되지 않았다. 일본처럼 폰트 회사가 제작 표준을 엄격하게 따르면 어도비 같은 소프트웨어 회사도 그것을 기준으로 애플리케이션을 만든다. 폰트 표준과 애플리케이션의 상호 신뢰와 공생 관계는 매우 중요하다.

고수의 비법—덜어내기와 집중하기

그래픽디자이너에게 잡지 디자인은 올림픽이다. 타이포그래피-컬러-사진-일러스트레이션-레이아웃-문해력-체력 등 많은 소양을 갖춰야 한다. 토다사무실에서는 토다가 먼저 포맷을 잡으면 디자이너는 그것을 토대로 파생했다. 토다가 세팅한 인디자인 파일은 단순치 않았지만 군더더기가 없었다. 집으로 가져와 비법을 알아내느라 한참을 끙끙댔다. 조판과 그리드 설정이 정교했지만, 쓰는 것과 쓰지 않는 것, 맞는 것과 맞지 않는 것이 있어 정확한 의도를 파악하지 못했고 흉내 내기는 더욱 어려웠다. 감 잡는 데만 1년 넘게 걸렸지만, 덕분에 머릿속에서도 스케치할 수 있게 됐다.

나에게 디자인의 걸음마를 가르쳐준 정병규는 스케치를 중시했다. 하지만 제대로 따르지 못했다. 머릿속에 무언가를 떠올리는 게 어려웠다. 컴퓨터 화면에 띄워놓고 만드는 게 편했다. 하지만 계획 없이 모니터 속 그래픽에 반응하며 직관적으로 살을 붙이며 마음에 들 때까지 만지다 보니 시간이 부족해 야근했다.

토다에게도 물어봤다. "작업 전에 스케치하시나요?" 답변은 짧고 빨랐다. "아니, (하지만) 머리론 하지". 그는 글·그림의 크기·위치·색상을 1:1 스케일의 모눈종이에 (설계 도면처럼) 정량화하던 사진식자 시대를 거친 디자이너였다. 그때는 자간-행간-글줄 길이-글자 수-여백-색상까지 숫자로 지정했고 흑백 도면만으로 실제 모습을 정확히 떠올려야 했다. 이게 되면 일이 빨라진다. 머릿속에서 시행착오까지 겪기 때문이다. 모니터도 15인치로 충분했고 책상은 80×60cm 정도로 아담했으며 서랍은 상판 아래에 붙은 얕고 넓은 한 칸이 전부였다. 의자도 작고 동그랬다. 원리를 체득하니 도구가 간소해졌다. 처음엔 힘들었으나 적응하니 되돌아가기 싫을 만큼 쾌적했다. 아직도 그 이상의 미니멀은 겪어보지 못했다.

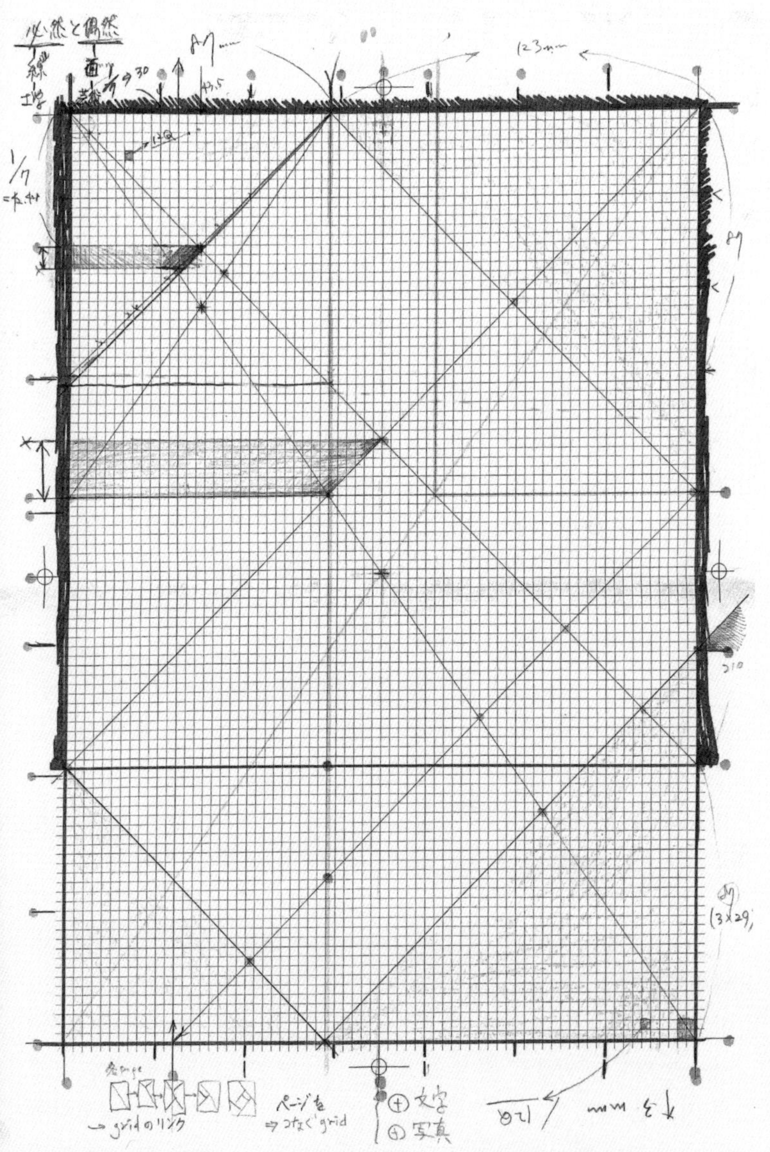

퇴근 후 그리드 자율학습. 필연 속에서 우연한 조화를 발견코자 끙끙거렸으나 아무것도 찾지 못했다. 뭘 모르는지도 모르고 암중모색했다. 하지만 토다는 그런 자세를 중시했다.

생계형 강사

귀국하자마자 갑작스레 비게 된 타이포그래피 강의 하나를 얼떨결에 진행하게 됐다. 서서 말하는 게 그렇게 힘들 줄 몰랐다. 다신 못하겠다 싶었지만 학생들의 초롱초롱한 눈망울은 마법 같았다. 뭐라도 더 챙겨주고 싶고 그럴수록 고마워하는 학생을 보며 보람을 느꼈다. 그 기분이 나를 생계형 강사로 이끌었다. 먹고 살기 위한 생계가 아니라 삶의 목적을 찾는 생계였다. 강의 계획과 진행에도 디자인 방법론을 적용했다. 학생의 수준과 상황에 맞게 커리큘럼을 짤 때마다 재밌었다. 그렇게 시작한 타이포그래피 강의가 10년을 훌쩍 넘겼다. 대략 세어봐도 1만 시간을 넘긴다.

3시간짜리 수업에서는 조 작업이 문제였다. 협업의 가치보다 불협화음의 트라우마를 겪는 경우가 많았다. MBTI·진로·취향·공강·아르바이트 시간·집 위치·태어난 달까지 맞춰 조를 짜도 효과를 보지 못했다. 그러다 하루 8시간짜리 전공 수업을 맡았다. 힘들 거라 예상했으나 반대였다. 하루에 두세 강의를 몰아 듣다가 하나만 듣는 학생들은 높은 집중력을 보여줬다. 또한 차분하게 충분히 대화하니 협업을 즐기는 사람이 늘어났다. 조 작업의 문제는 합이 맞는 사람 찾기가 아니라 '합을 맞추는 대화의 양과 질'이었고, 강사의 역할은 그 시간과 공간의 확보였다.

인디자인 강의도 했다. 인디자인이 입소문을 타던 2009년부터 한국출판인회의에서 시작했다. 책 한 권 없던 터라 강사가 적었고, 인디자인 팁을 영업 비밀로 여기는 이도 있었으며, 인디자인으로 작업하면 디자인 비용을 더 받는 회사도 있었기에 인기가 좋았다. 그렇게 시작한 강의를 지금까지 하고 있다. 수업 끝나고 듣는 고맙다는 말이 큰 힘이 됐기 때문이다. 한국출판인회의는 옹달샘 같은 곳이다. 물 마시러 갔다가 소중한 인연을 많이 만났다.

소소하지만 확실한 일

2011년에는 타입디자이너 이용제와 '타이포그라피학교 히읗'을 함께 했다. 그는 타입디자인에 삶을 건 사람이다. 나는 그만큼은 아니지만 한글 타이포그래피 환경이 열악하다고 생각했기에 뜻이 잘 통했고 많이 대화했다. 글자의 생김새에 대한 심오한 이야기부터 누가 무엇을 가르치고 어떻게 이익을 나눌지까지 고민했다. 일도 많이 벌였다. 각자 주말마다 타이포그래피 수업을 서너 개 맡았고, 방학마다 워크숍과 체험학습을 함께 진행했다. 그의 초청으로 서지학자의 특강을 들었고 「타이포그라피 교양지 히읗」 6호와 7호를 함께 편집·저술했다. 공동 프로젝트로 「글꼴 산업의 현황조사와 전망」(국립한글박물관, 2015), 「사용 수준별 한글 코드 구분 제안—한글 폰트 코드 규격」(한국폰트협회, 2017)을 진행했으며 이를 바탕으로 어도비의 한국어 폰트 표준인 Adobe KR 1-9(2018)의 완성을 도왔다.

『활자흔적』(물고기, 2015)과 『섞어짜기』(활자공간, 2016)도 발간했다. 형제 같은 책을 물고기와 활자공간에서 한 권씩 냈다. 『찾아보는 본문 조판 참고서』(물고기, 2015)도 이때 발간했다. 모든 쪽마다 본문을 다르게 조판하고 조판 설정값을 적어놓은 책으로, 책 제목에는 이용제가 디자인한 글자를 썼다. 그의 글자는 자연스럽고 아름답다. 기쁘고 고맙고 자랑스러웠다.

4년 동안 뜻이 맞는 분과 소소하지만 많은 일을 우여곡절 좌충우돌했다. 돌이켜보니 참 많은 일을 함께 저질렀다. 이리도 번거롭고 어려운 일들을 해치운 힘은 도대체 어디서 나왔을까. 복잡하게 얽힌 불만과 불안이었다. 먼저 나란 인간이 그랬고 한글 타이포그래피도 그래 보였다. 성에 차지 않았고 뭐라도 해야 마음이 편할 것 같았다. 버거울 때마다 이런 농담을 했다. "죽어야 끝나지". 뿌리 깊은 나무가 되고 싶었다.

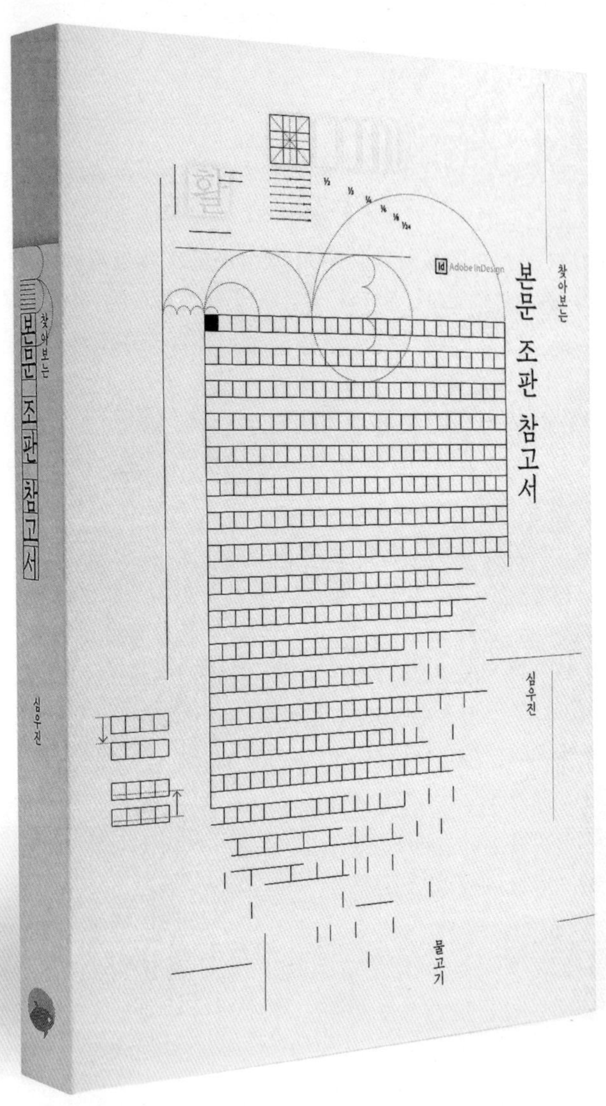

『찾아보는 본문 조판 참고서』(2015). 지금 봐도 기분 좋은 이용제의 글자체. 세로쓰기에 맞게 디자인한 폰트를 쓰면 가로쓰기에서는 접할 수 없었던 한글의 아름다움을 즐길 수 있다. 한글이 세로쓰기 태생이란 것을 새삼 느낀다.

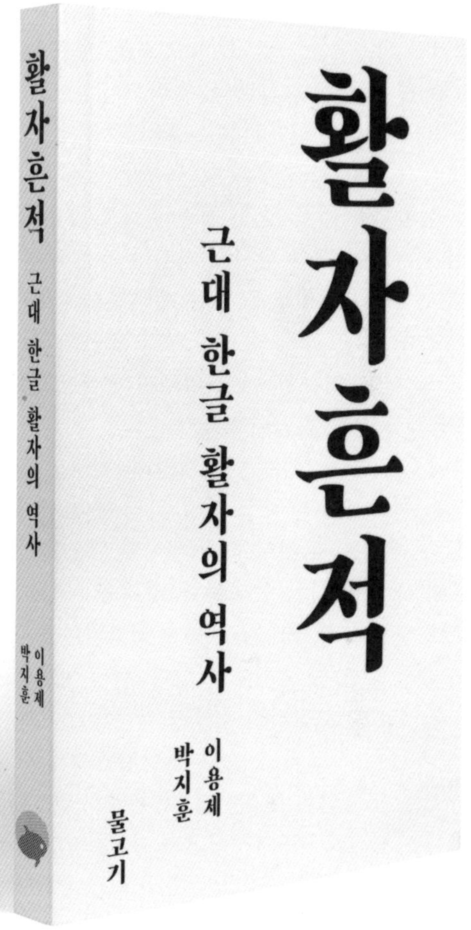

『활자흔적—근대 한글 활자의 역사』(2015). 이렇게 작은 책에 이렇게 큰 글자를 쓰는 건 글자체를 믿기 때문이다. 「바람체」는 타이포그래퍼를 더 자유롭게 했다. 한글 폰트로도 이런 기분을 느낄 수 있어 감격스러웠다. 지난 10년 동안 한글 폰트가 보여준 가파른 성장세는 보기 드문 일이다.

박쥐 같은 삶

달콤한 인생이란 '하고 싶은 일'로 먹고 사는 거로 생각했는데 막상 해보니 밍밍할 뿐 달콤하지 않았다. 겪어보니 [하고 싶은 일]=[할 수 있는 일]−[하기 싫은 일]이었다. 결국 곧 죽어도 하기 싫은 일이 뭔지 아는 것이 먼저였다. 그래야 할 수 있는 일이 드러나고 그걸 하다가 고맙다·잘한다는 말을 몇 번 들어야 하고 싶은 일이 됐다. 뒤죽박죽, 얼기설기, 너덜너덜은 반드시 거쳐야 하는 과정이었으며 그렇게 알게 된 곧 죽어도 하기 싫은 일은 재미없거나 대충 하거나 억지로 하는 일이었다. 연구·강의·출판은 할 수 있는 일이었다. 출판에서 할 수 있는 일도 저술·디자인·편집·발행까지 늘어났다. 그렇게 나의 서식지도 조금씩 듬성듬성 넓어졌다.

새도 아니고 쥐도 아닌 게 박쥐지만, 새이며 쥐인 것도 박쥐다. 하기 싫은 일을 피하다 보니 새도 되고 쥐도 됐다. (남들이 알아주는) 번듯한 직장 없이 떠도는 것 같아 속이 헛헛할 때도 있었으나, 오래 하니 견고한 루틴이 되어 삶이 안정됐다. 강의는 시간표대로 또박또박 진행되고, 진행하는 프로젝트는 변수가 생기더라도 규모가 크지 않아 충분히 수습할 수 있는 범위에 있었다. 여러 일을 하니 질리지 않았고 스케줄을 스스로 조정하니 집중도 잘 됐다. 어렵다는 인간관계도 얕고 넓게 지내니 비교적 순탄했다. 윗사람에게 보고하거나 승인받고, 아랫사람을 면담하며 성장시켜야 할 일도 없었다. 조직 생활의 절반을 차지하는 회의도 적었다. 모르는 게 있으면 도서관에서 자료를 찾거나 사람에게 물어볼 수 있어 연구도 수월했다. 그렇게 10년을 온전히 나와 일에 집중하니 지식도 쌓이고 벌이도 좋아졌다.

하지만 불안하기도 했다. '언제까지 이런 삶이 가능할까?' 한술 더 떠 '왜 예전만큼 재밌지 않지?' 언제부턴가 로봇처럼 똑같은 말과 행동을 되풀이하고 있었다.

조직의 달고 쓴 맛

'혹시 내가 멈춘 건가?' 이미 여러 해 전부터 낌새가 보였으나 애써 외면하던 것들이 차곡차곡 쌓여 역치를 넘었다. 목구멍에 턱 하니 걸리기 전에 도전이 필요했다. 이름하여 '곧 죽어도 하기 싫던 일 중, 이제는 할 수 있는 일 찾기'다. 그렇게 10년 만에 조직 생활을 다시 하기로 했다. 혼자 일하면 밀도 있게 성장할 수 있지만 시야가 좁아진다. 함께 만들어 가는 경험을 쌓자고 다짐했다.

1984년부터 폰트를 만들어 온 주식회사 산돌이 본문용 폰트(이하 본문용)를 만든다며 타입디렉팅을 의뢰했다. 본문용은 제대로 만들기가 매우 까다롭고 시간도 오래 걸려 서로에게 모험이었다. 2017년 2월 디렉터이자 프로젝트 매니저로 1년 계약을 맺었다. 오래전부터 본문용 폰트의 중요성을 강조해 온 터라 막상 시작하자니 뱉은 말을 죄다 주워 담고 싶었다. (실은 아무도 관심 없겠지만) 머리에 뿔을 단 사람들이 '그래 니 을마나 잘하는지 함 보자'며 벼르고 있을 것 같았다. 감기도 안 걸릴 만큼 찰지게 쫄았다. 다행히 뛰어난 디자이너를 만나 2019년 4월 「산돌 정체」를 출시하고, 다음 달 15일 「다시 기본으로—산돌 정체」를 열어 제작 과정을 발표했다. 오랜 시간 여러 사람과 많은 대화를 나누며 협업의 힘과 재미를 맛봤다.

처음엔 외부 디렉터로서 한글 바탕체 개발 프로세스를 다져놓는 것이 목표였으나 이듬해에 산돌연구소장으로 입사하며 역할이 늘었다. 그래픽디자이너에서 타입디렉터로, 혼자 일하기에서 여럿 이끌기로 일의 무게 중심이 바뀌었다. 그렇게 4년을 겪은 조직 생활은 쓴맛이 디폴트, 단맛은 디저트였다. 씁쓸하다가 달기에 기막힌 맛이 난다. 영어에도 달콤쌉싸름을 뜻하는 bitter-sweet란 말이 있었다. 그러고 보니 가장 좋아하는 일본어 낱말도 떫음·멋짐을 뜻하는 渋い(시부이)다.

「다시 기본으로—산돌 정체」 발표회(2019년 5월 15일). 그동안 정리한 본문용 글자체에 대해 생각과 시도에 대해 사용자 여러분께 직접 말씀드릴 수 있었던 뜻깊은 자리였다. 정체 출시 수개월 전에 제너럴그래픽스 문장현, 워크룸 이경수, 민음사 황일선에게 베타 버전을 건네며 신랄한 사용 후기를 부탁드렸다. 행사 2부는 그들이 실제 작업에 사용한 경험을 소개하는 비평 시간이었다.

첫 출근은 인천공항

비행기를 처음으로 탄 건 군대 수송기였다. 각종 장비와 전선이 노출되어 어수선했고 어두컴컴했으며 무엇보다 엔진소리가 엄청났다. 넋이 나갈 때쯤 누군가 문을 열었다. 갑자기 눈이 부셨고 세찬 바람에 정신이 하나도 없었다. 곧이어 그린라이트가 켜지고 고함과 함께 후다닥 뛰어내렸다. 등에 멘 낙하산은 4초 후 알아서 펴진다. 안 펴지면 가슴에 멘 예비 낙하산을 재빨리 까야 한다. 이상하게도 시간이 지날수록 당시의 긴장감이 되살아나 지금은 비행기를 꺼린다.

고약스럽게도 산돌의 첫 출근은 인천공항이었다. 일본어 폰트를 스스로 만들기 위해 자료를 찾고 전문가에게 조언을 구하는 출장이었다. 산돌은 오래전 한자 폰트를 개발했으나 그사이 제작 환경이 많이 바뀌어서, 최신 제작 도구와 프로세스가 어떻게 달라졌는지 꼼꼼히 살펴볼 게 많았다. 또한 일본어 폰트의 디자인은 한자뿐 아니라 히라가나·가타카나·숫자·부호 등 문자의 종류가 많고 여기에 탁음·반탁음, 전각문자·반각문자 등의 파생과 세로짜기·가로짜기 검수 등 확인 사항이 많아 만들기가 매우 까다롭다.

한국의 타입디자이너가 일본어·중국어 폰트까지 디자인하는 것은 이전에는 상상도 못 할 일이었다. 그만큼 제작·소통 기술이 좋아졌고 메니지먼트 측면에서는 한 회사가 총괄하는 것이 유리한 측면도 있었다. 오랫동안 한자를 써왔기 때문에 한국인이 일본어까지 디자인하면 CJK(Chinese, Japanese, Korean) 폰트를 통합적으로 제작할 수 있을 거라는 확신이 있었다. 무모했으나 자신 있었다.

우렁찬 엔진소리와 함께 이륙하자 내 마음은 「미션 임파서블 5」의 톰 크루즈처럼 비행기에 매달려 옷자락을 펄럭였다. 하지만 출장은 별다른 성과가 없었다. 그러나 끝까지 방법을 찾았고 뛰어난 동료들과 함께 해냈다. 그렇게 만든 국산 일본어 폰트가 IBM Plex JP다.[3]

글 쓰는 디자이너

글 쓰는 디자이너를 꿈꿨다. 지금 떠오르는 건 이렇다.

①예체능이라는 편견을 뚫고 높은 문해력으로 완고한 상대를 설득하는 디자이너가 멋져 보였다. 사람은 새로운 걸 원하면서도 새로운 걸 불안해한다. 디자이너에게 설득 대상은 '마음'이고 목적은 '안심'이다. 안전 설계된 새로움을 설명하려면 디자인을 말로 전환하는 능력이 필요하다. 그렇게 디자인하는 선생의 등을 졸졸 따라다녔다. 거인의 어깨에 올라 지혜의 숲을 거니는 기분이었다.

②글-글자-그림은 닮았다. 이들을 하나로 묶으면 쓰거나 그리는 끄적임으로 Graphic의 어원이다. 글을 끄적이고 글자를 끄적이고 그림을 끄적이다 보면 태초의 그래픽을 다루는 초월적 매력을 느낀다. 옛날 사람들도 이 기분을 느꼈겠거니 생각하면 신기하다.

③색다른 사람이 풍기는 매력이 좋다. 향수를 뿌려놓으면 움직일 때마다 향의 농도와 방향이 미묘하게 달라진다. 있으면 좋지만 없어도 별 탈 없는 향처럼, 무언가 얇게 여러 겹 두껍게 쌓이면 매력이 된다. 가벼이 던진 한 마디 한 마디가 민들레 갓털처럼 여유롭게 흩날리다 비수처럼 파고들면, 가슴을 움켜쥐며 쓰러지는 자의 입꼬리도 살짝 올라간다. 이렇게 목숨을 앗아갈 만큼 치명적인 매력을 한문으로 쓰면 寸鐵殺人(촌철살인)이고 영문으로 쓰면 Killing me softly다. 디자인과 글은 밀접해 보이진 않으나 물밑으로 맞닿아 치명적 매력의 연대를 이끈다. 언제부턴가 같은 느낌으로 글을 쓰고 글씨를 쓰고 글자를 그리고 그림도 그린다.

④그냥 좋다. 바닥엔 무엇을 깔았고 천장엔 무엇을 둘렀는지 모르겠지만 혹하는 무언가가 있다. 글 쓰는 디자이너는 그런 존재다. 그게 왜 좋냐고 물으면 성심껏 답하려 노력하겠지만 아마도 그때그때 다르게 답할 것이다. 그것은 액체로 된 동물 같다.

'고양이'라고 말한 후 100명에게 들은 대로 말하라고 시키면 100개의 목소리로 고양이를 말할 것이다. 서로 다른 목소리지만 알아들은 이유는 '고양이'로 알아듣는 발음 영역이 있기 때문이다. 문자도 그렇다. '고양이'로 읽는 모양 영역이 있다.

'고양이'라고 쓴 후 100명에게 본 대로 쓰라고 시키면 100개의 글자체로 고양이를 쓸 것이다. 이것들을 보여주고 타이핑시키면 하나같이 ㄱㅗㅇㅑㅇㅇㅣ를 입력할 것이다. 문자코드로 저장된 '고양이'(ACE0+C591+C774)는 언제든 다시 읽거나 따라 쓸 수 있다. 몸을 거쳐 유일한 고양이로 태어났다가 컴퓨터를 거쳐 하나의 '고양이'로 저장된다.

이렇게 하나가 여럿이 되는 변이와 여럿이 하나가 되는 변환은, 말한 걸 듣고, 들은 걸 쓰고, 쓴 걸 읽기 위해 반드시 거치는 과정이다. 결국 소통(말하기-듣기-쓰기-읽기)의 본질은 '하나로 모으기와 여럿으로 펼치기'의 반복이다.

쓰기는 살아있는 동물의 움직임이 남긴 독특한 궤적으로 만인의 예술이다. 그리고 타이포그래피는 그 궤적을 모아 폰트로 재현한 움직임으로, 만인을 위한 예술이다.

쓰기의 물리—자세

운동은 자세가 중요하다. 특히 힘을 빼야 안 다치고 잘한다. 쓰기도 그렇다. 손에 힘이 들어가면 금세 피곤하고 몸이 쑤신다. 연필은 매력적인 필기구지만 잘못 익히면 힘줘서 꾹꾹 눌러쓰는 나쁜 버릇이 몸에 뱄다.

연필을 쥐고 자기 이름을 써보며 손을 관찰해보자. 엄지-검지-중지 끝에 피가 통하지 않아 살이 누렇게 보인다면 힘이 많이 들어간 거다. 계속 두면 중지 첫마디가 움푹 패고 굳은살이 박인다. 심하면 연필심을 부러뜨리고 종이까지 할퀴고도 재료를 탓한다. 그러다가 만년필까지 눌러 쓴다. 만년필은 종이 위에 가볍게 올려놓고 미끄러지듯 쓰는 도구다. 촉을 얹기만 해도 종이가 잉크를 흡수하기 때문이다. 손은 펜촉을 상·하·좌·우로 움직일 때만 쓰며, 누르는 힘은 펜의 무게나 움직임의 관성을 이용한다. 따라서 필기구의 무게감은 필기감에 큰 영향을 미친다. 차의 무게감이 승차감에 미치는 것과 비슷하다. 고급 만년필도 대부분 묵직하다. 가벼운 필기구로 눌러 쓰는 게 몸에 뱄다면, 묵직한 펜은 재빠르게 가누기가 어려워 부담스러울 수 있다. 하지만 힘을 빼고 얹혀 쓰면 묵직한 펜도 가볍게 움직인다. 특히 지면을 감각하며 부드럽게 나아가는 주행 질감은 일품이다.

디지털 펜슬도 마찬가지다. 힘을 줄수록 플라스틱 펜촉이 유리 액정 위를 통통 튀며 미끄러진다. 펜촉에 고무 캡을 씌우거나 종이 질감의 필름을 붙이기도 하지만, 가볍게 쥐고 얹혀 쓰는 게 먼저다. 도구와 자세의 결이 어긋나면 몸이 상한다.

편안하게 쓰고 싶다면 일단 손가락이 누렇게 되지 않을 만큼 힘을 빼고 써보길 권한다. 습관을 고치는 건 어렵지만, 이젠 너무들 오래 살아 성공하면 본전을 뽑고도 남는다. 100세 시대란 첫 번째 습관과의 피비린내 나는 전쟁이다.

쓰기의 미학—부드러운 저항

키보드로 문서를 쓰게 되면서 손글씨의 역할은 점차 내면적인 소통으로 바뀌었다. 나를 돌아보며 마음을 챙기는 글씨는 하루하루의 의미를 되새겨 행복하게 만든다. 다꾸(다이어리 꾸미기)는 힘겨운 시간 관리에 쓰기 감성이 얼마나 힘이 되는지 보여준다. 이제는 남에게 또박또박 쓰기보다 나에게 사부작사부작 쓰기가 중요하다.

머릿속 생각을 가래떡처럼 주욱주욱 뽑아내려면 민첩한 도구와 순발력이 필요하다. 금세 휘발되는 생각을 쓸어 담아야 하기 때문이다. 번뜩이는 아이디어나 스치는 생각을 적을 땐 1초가 아쉽다. 영화 「헤어질 결심」(2022)에 등장하는 형사 해준(박해일)은 수사 현장에서 스마트워치의 음성메모 기능을 잘 활용했다. 현재를 동물적으로 감각하고 인간적으로 기록하는 삶이 인상 깊었다. 똑같이 흉내도 내 보았다(이건 정말 중요하다).

필기구가 지면 위를 지나며 받는 저항은 구불구불한 길을 헤쳐 나가는 속력에 비례한다. 느리면 저항도 떨어져 그리기의 감각으로 바뀐다. 옛날엔 글씨를 못 쓰면 그렸냐고 했다. 낙서가 그렇다. 글자인데 그림 같다. 그런 색다른 쓰기도 엄청 재밌지만 쓰기의 미학을 익히기에는 적합지 않다. 초등교육을 연필로 하는 데는 분명한 이유가 있을 것이다. 천천히 또박또박 쓸 때는 연필의 높은 마찰력이 과속을 방지하고 반듯한 획을 긋는 데 도움을 준다. 문제는 언제까지 연필을 쓸 것인가다. 쓰기의 감성은 '글자＋글자＋글자'가 아니라 '문장＋문장＋문장'이다. 글자의 나열이 아니라 이야기의 흐름이다. 한 글자씩 익히는 단계를 지나, 문장으로 기승전결의 서사를 풀어내는 단계부터는 연필보다 부드러운 필기구가 어울린다.

쓰기의 미학은 펜촉이 지면을 거스르듯 시간에 맞서 현재를 새기는 끊임없는 저항에 있다. 그래서 부드러워야 한다.

일하기 싫으면 창문을 열고 환기하듯 도구를 바꾼다. 일의 성격·날씨·기분에 따라 펜·종이·키보드·마우스·책상·공간까지 고른다. 도구로 현재를 감각해 기분을 전환하는 것도 몰입의 요령이다.

붓에도 다양한 감각이 있다. 털의 종류·양·길이에 따라 탱탱하거나 흐느적거린다. 전자는 손의 움직임에 기민하게 반응하며 직진성·날카로움이 두드러지고, 후자는 여유 있게 움직이며 유연성·부드러움이 두드러진다. 또한 털이 많을수록 지면에 닿는 면적이 늘어 마찰이 커진다. 먹물을 머금은 양에 따라서도 저항이 바뀐다. 넉넉할수록 부드럽지만 지나치면 번져버린다. 또한 붓의 길이와 쥐는 법에 따라서도 쓰는 감각이 달라진다.

감각과 글자의 관계를 이론적으로 설명한 학자도 있다. 서예가이자 이론가인 이시카와 큐요(石川九楊, 1945-)는 '먹을 쥐고 벼루에 가는 마찰'로 시작해서 '붓을 쥐고 종이에 쓰는 마찰'에 이르는 과정이 쓰기의 본질이며 이를 필촉(筆蝕)[4]이라고 했다. 쓰기란 몸의 감각을 일깨워 현재에 집중해 글자의 모양새로 나를 비추는 마음챙김인데, 이 맥락에서 글자만 끄집어내 결과에 집착한다는 (글자에 등급을 매겨 상을 주는 행태에 대한) 비판이기도 하다.

마음을 챙기면 몰입하기 좋다. 집착과 불안으로 붕 떠 있는 나를 현실로 끌어내려 지금 해야 할 단 하나의 일을 감각하기 때문이다. 일기를 쓰면 마음이 개운해진다. 운동을 했기 때문이다. 우리 몸의 뼈 206개 중 ¼인 54개가 조그만 두 손에 모여 있다. 땀이 나진 않지만 생각을 움직임으로 전환하는 쓰기도 정교한 운동이자 마음챙김이다. 그러고 보니 쓰기는 걷기와 닮았다. 땅을 내디디며 감각하는 잔진동이 몸과 마음을 개운하게 만들듯, 지면을 거스르는 필촉은 감각의 최소단위를 갱신하는 운동이다.

필촉 탐험대

이시카와 큐요의 글을 처음 접한 것은 2007년이다. 토다사무소 시절 디자인한 고베예술대학 특강 시리즈 강연록[5]에 그의 글이 있었다. 이후 필촉은 일-도구-운동-학습을 관통하는 삶의 관점이 되었다.

서예가 김종건에게 쓰기의 기초를 배울 때도 머리 한쪽에는 필촉을 떠올리며 감각을 곤두세웠다. 그때 썼던 이합지는 마찰이 강해서 초심자도 쉽게 감촉할 수 있었다. 하지만 먹물을 많이 흡수해 금세 붓끝이 갈라졌다. 이후 접한 일본의 초등교육용 종이는 만질만질해서 먹이 번지지 않고 붓이 잘 뻗어나가 쓰기 쉬웠다. 그는 한·중·일이 즐겨 쓰는 먹과 종이의 종류가 다른 것은 그곳의 풍토·기후와 연관 있다고 했다.

필촉을 생각하니 히라가나도 다르게 보인다. 예전에는 동글동글한 문양으로 보였는데 이제는 붓놀림의 궤적을 좇으며 쓰기의 속도 변화를 느낀다. "큰 붓을 썼을까 작은 붓을 썼을까. 천천히 썼을까 빠르게 썼을까. 이렇게 가다가 여기서 틀면서 눌러앉았다가 이쪽으로 튕겨 나갔구나. 개구리가 움츠렸다 뛰듯…. 여기서는 구름 위를 거닐듯 스쳐 지나갔구나. 아… 되게 기분 좋았겠다."

꾸준히 필촉을 겪고 관찰하는 습관은 글자를 보는 감각을 확장해 폰트를 고르거나 다루거나 만드는 토대가 된다. 일상적 쓰기와 관찰 습관이 가져오는 나비효과다. 나만의 감각 사전 없이 새로운 글자체를 기획한다고 마른 수건 쥐어짜듯 고민할 때도 있었다. 순서가 바뀐게 문제다. 입력이 좋아야 출력도 좋을 수 있다.

누군가의 손글씨를 보는 일은 운동선수의 몸놀림을 보듯 신비롭다. 쓰레기를 버리지 말라는 경고, 급하게 갈겨쓴 메모, 그동안 고마웠다는 편지 모두 삶의 장면이다. 갈수록 글씨 볼 일이 줄어들다 보니 담벼락의 낙서를 감상하는 버릇이 생겼다.

가로와 세로 어느 쪽이 반듯이 긋기 어려울까

그으려면 방향과 속력이 필요하다. 일반적으로 필기구는 엄지-검지-중지 세 손가락으로 쥔다. 필기구를 세 방향에서 지지하며 세 접점은 대략 120도의 간격을 유지한다. 위에서 아래로 내리그을 때는 검지의 힘으로 내리고 엄지와 중지가 받친다. 왼쪽에서 오른쪽으로 그을 때는 엄지가 밀고 검지와 중지가 받친다. 그러나 오른쪽에서 왼쪽으로, 아래에서 위로는 긋기 어렵다. 중지는 미는 역할보다 받치는 역할에 익숙하기 때문이다.

긋는 방향에 따라 크게 '가로금(→)-세로금(↓)-빗금(↙↘)-둥근금(↻↺)'이 있다. 가로금과 세로금 중 어느 쪽이 긋기 어려울까. 같은 길이로 반듯하게 그어보면 알 수 있다. 차이가 없다면 더 길게 그어보자. 그래도 모르겠다면 더 빠르게 그어보자. 세로금이 더 쉽게 많이 휜다. 가로금은 손목 관절이 좌우로 움직이며 도와주지만, 세로금은 그럴 수 없어 가동범위(ROM, range of motion)가 좁기 때문이다. 굳이 그으려면 엄지손가락을 억지로 굽혀야 한다. 자연스럽지 않다. 일반적으로 가로금(→)-세로금(↓)-빗금(↙↘) 순으로 반듯이 긋기 어렵고, 가로와 세로의 속도(방향과 속력)가 연동하는 둥근금(↻↺)이 가장 어렵다.

같은 글자를 양손으로 똑같은 글자체로 쓰려면, 두 번째 손으로 쓸 때는 글자도 데칼코마니처럼 뒤집어써야 한다. 가로로 긋기 좋은 방향이 반대이기 때문이다. 이렇게 필기구를 쥐는 법은 가동범위에 영향을 미쳐 글자체까지 바꾼다. 뭐든 질리지 않고 오래 하려면 자세에 대한 꾸준한 관찰과 새로운 발견이 필요하다.

현재 가장 중요하게 생각하는 자세는 힘 빼고 쓰기와 자주 쓰는 도구에서 새로운 느낌 찾기다. 100살까지 똘망똘망하게 살려면 쓰기도 걷기만큼 중요하다.

말하기보다 유연한 쓰기

유럽의 여러 나라가 '다른 말-같은 문자(라틴 문자)'를 쓴다. 말은 그대로 쓰면서 문자만 바꾼 것이다. 외국어를 배울 때도 말하기보다 쓰기가 쉽다. 바꿔 말하면 성대-혀-입술이 겪는 어색함보다 손이 겪는 어색함이 적다. 종교나 제국주의가 한 문자를 퍼뜨려 단일 문자권을 만든 것도 말하기보다 쓰기가 유연하기 때문이다.

유럽의 디자이너는 라틴문자뿐 아니라 아랍문자까지 디자인하기도 한다. 고대 이집트 상형 문자가 아랍을 거쳐 그리스-로마로 건너가 라틴 문자로 파생된 역사에서도 알 수 있듯 그들의 문자는 가깝다. 다국어 디자이너 몇 명이 모이면 세계 인구 대부분이 사용하는 폰트 패밀리를 디자인할 수 있는 세상이 됐다.

한·중·일의 문자도 가깝다. 더 이상 한자 문자권이 아니지만 여전히 모아쓰기 문자권이다. 모아쓰기는 눈-코-입을 모아 얼굴을 그리는 그리기(상형) 방법이다. 상형문자인 한자는 모아쓰기의 원류다. 일본의 히라가나는 한자의 형태를 간추렸고(加→か) 가타카나는 일부를 추려 쓴 것(伊→イ)이니 한자와 같은 모아쓰기 계열이다. 한글은 설계한 지 600년도 안 된 최신 버전의 문자로 가장 논리적으로 모아쓰기 체계를 갖췄다. 또한 가독성을 양보하면 풀어 쓸 수도 있다.

20세기 들어 진지한 풀어쓰기 제안이 나타난다. 주시경은 『국문연구안』(國文硏究案, 1908)에서 횡서(橫書)·횡문서법(橫文書法)이란 용어로 풀어쓰기를 처음 말했고 이후 그의 제자를 중심으로 본격적인 이론을 전개한다. 최현배는 1920년대부터 풀어쓰기에 힘을 쏟기 시작해 한글 가로글씨 연구회(1946)를 세웠고 『글자의 혁명』(1947)에서는 구체적인 풀어쓰기 방안을 제안했다. 이후 문교부는 『漢字 안쓰기의 이론』(1948)에서 풀어쓰기의 당위성을 역설했다. 국어심의회(한글분과위원회)는 한글간소화 방안으로 풀어쓰기를 제안(1954)했

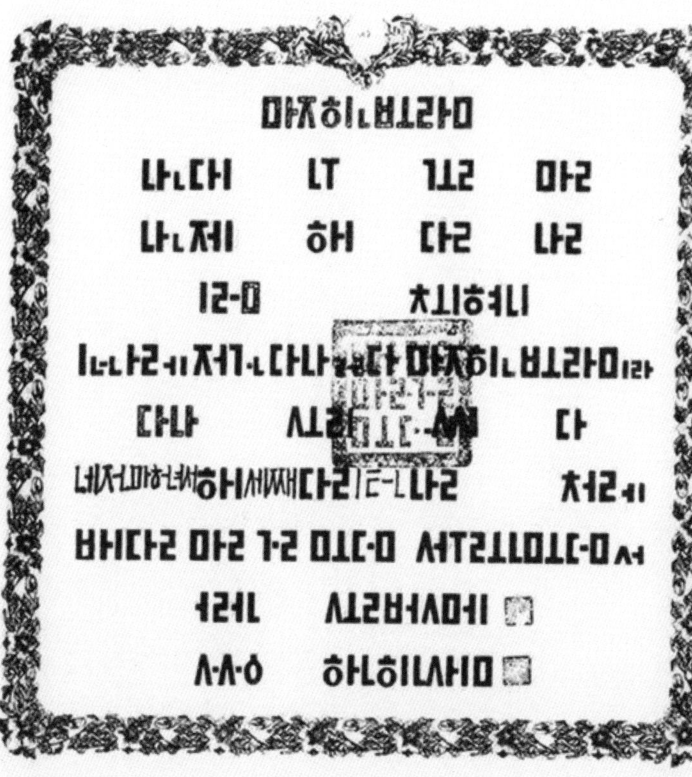

국어연구학회가 설립한 '강습소' 2회 수료생인 최현이(최현배의 다른 이름)에게 수여한 증명서(1910). 지금까지 공개된 풀어쓰기 방식과 글자체 중 디자인 완성도가 가장 높다. 가장 아래의 한힌샘은 주시경의 호다. 아래는 모아쓰기로 바꾼 것이다.

맞힌 보람
난대(태어난 곳) ○○누 ○○골 ○○말
난제(태어난 때) ○○해 ○○달 ○○날
이름 최현이
이는 알에 적은 다나를 다 맞힌 보람이라
다나 소리 씨 다
네즌마흔녀서해 세째달 이튼날 ○○처레
배달 말글 모듬 서울온모듬서
어런 솔벗메
스승 한힘샘

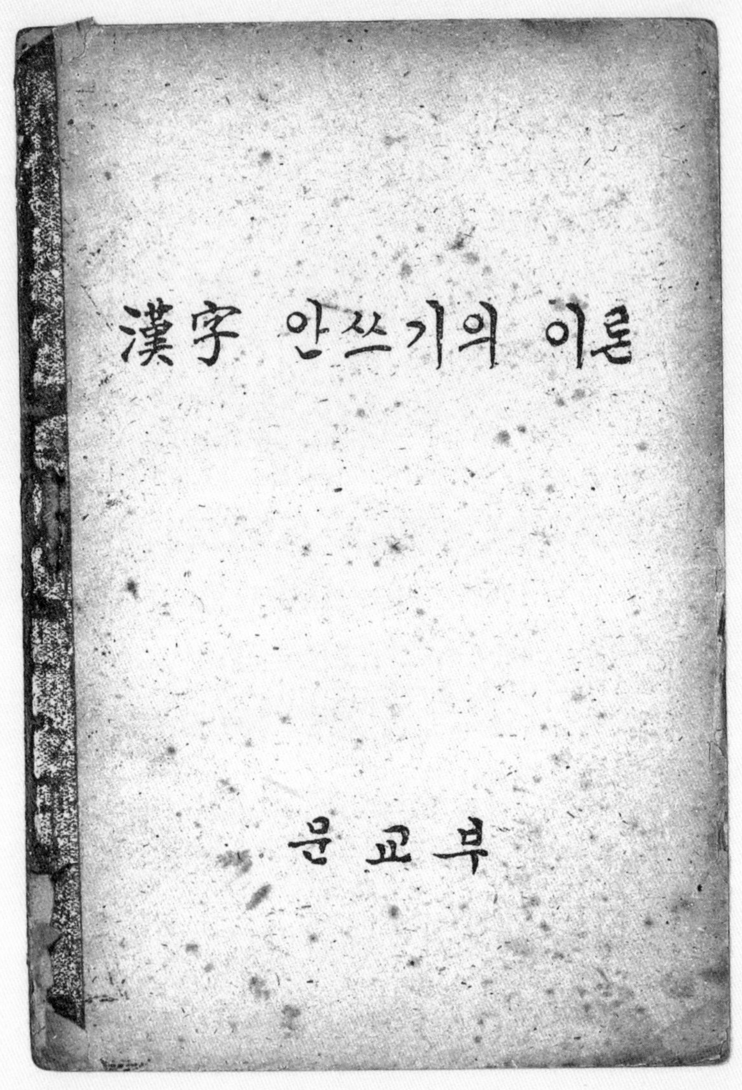

『漢字 안쓰기의 이론』(문교부, 1948년 8월 6일). 한자 안쓰기를 漢字로 썼다.

으나 강한 반발로 무산됐다.[6] 이후 기계화-전산화-디지털화를 겪으며 기계화가 쉽다는 풀어쓰기의 장점도 사라졌다. 그러나 이후에도 한글 풀어쓰기 연구회(1971)나 한글 풀어쓰기 모임(1982)이 있었으며 색다른 한글을 모색하는 사람들에게 꾸준한 관심을 받아왔다.

쓰기가 꿈꾸는 건강—근골혈육

서성(書聖)이라 칭송받는 왕희지(王羲之, 303~361)의 스승으로 알려진 위부인(衛夫人, 272-349)은 『필진도』(筆陳圖)에서 이렇게 말했다. "필력이 좋은 자는 뼈가 많고 그렇지 못한 자는 살이 많다." 여기서 뼈는 글자를 쓰는 축의 궤적이다. 이후 여러 서예가가 붓글씨의 요소로 근골혈육(筋骨血肉; 힘줄, 뼈, 피, 살)을 들었다.

하지만 어디서부터 어디까지가 근육이고 뼈이고 피이고 살인가를 구분하려 들면 어렵다. 한문은 구체적 묘사보다 맥락적 해석을 즐기기 때문이다. 하나하나의 의미보다 관계에 집중해 보자. 병든 몸의 근골혈육은 어떤가. 뭉친 근육이 뼈를 잡아당겨 몸을 뒤틀고, 피가 돌지 않아 얼굴이 허옇다. 결국 글씨도 건강한 몸의 균형과 순환을 따른다는 말이다. 생명체의 들숨과 날숨처럼 '순환하는 하나'를 지향한다. '잘 쓰기'의 기준을 자연에서 찾은 것이다. 빛-그림자, 낮-밤, 봄-여름-가을-겨울도 그렇다. 스핑크스도 세상의 이치를 묻는 수수께끼에서 순환적 대칭 구조를 다뤘다. "오전에 컸다가 정오에는 다시 작아지고 오후에는 다시 커지다가 밤에 사라지는 것은?"—그림자／"언니가 동생을 낳고 동생이 다시 언니를 낳는 것은?"—낮과 밤(그리스어로 낮과 밤은 여성형 명사)

위부인이나 스핑크스도 '다름은 같음의 시간적 변이'라는 깨달음을 노래한 예술가다.

쓰기에 비친 나 감각하기

어느 겨울날 벼루에 적당량의 물을 붓고 가볍게 먹을 감싸 쥐고 기분 좋은 마찰을 느끼며 (쓰는 동안 물이 증발하는 것까지 고려해) 살짝 연하게 갈고 그 성분에 잘 맞는 섬유질의 종이에 적당한 자세와 힘으로 써 내려갔더니 이전과는 다른 획이 듬성듬성 나타나기 시작했다. 맑고 담백한데 깊고 단단한, 묘한 아름다움이었다.

서예에서 자주 하는 말 중에 서여기인(書如其人, 글자는 곧 그 사람)이 있다. 처음엔 '콩 심은 데 콩 나고 팥 심은 데 팥 난다'처럼 멋진 사람이 멋진 글자를 쓴다는 능력주의로 들렸다. 하지만 아무리 봐도 사람과 글자의 됨됨이는 무관한 듯하다. 조선을 대표하는 명필 추사 김정희도 남이 알아주지 않더라도 그런가 보다 하는 군자의 모습과는 거리가 멀었다. 우린 능력자에게 그에 걸맞은 인품을 기대하기 마련이지만 그건 직업윤리로 풀어야 할 문제다. 도덕은 모든 인간이 지켜야 할 도리이므로 특정인에게만 엄격한 잣대를 들이대는 것이야말로 부도덕하다. 결국 누구나 스스로 지킴이가 되어 야비하지 않기 위한 훈련을 해야 한다. 군자에게 쓰기란 그런 것이었을지도 모른다.

그러니 서여기인은 '그 사람의 몸 상태가 글자에 드러난다'는 뜻으로 풀이하는 것이 적절하다. 낮게 나는 잠자리로 비 소식을 감각하듯, 쓰기는 나의 현재를 감각하는 일이다. 특히 붓글씨는 뇌파측정기처럼 아주 작은 떨림까지 잡아내기 때문에 몸 상태를 고스란히 드러낸다. 요즘 필촉이 무디다면 몸이 보내는 빨간불일지도 모른다. 매가리 없는 획과 멍하니 따로 노는 글자도 현재의 청사진이다. 속이 시끄러우면 책상 위가 너저분해지는 것도 마찬가지다. 얼른 치우라는 신호가 아니라 얼른 쉬라는 신호다.

이렇듯 몸으로 현재(하늘과 땅)를 감각하는 일상이 곧 천지인(天地人) 삼재(三才)의 예술이니, 쓰기는 만인의 예술이다.

「새봄왔곧꽃많」(2022). 춘첩(春帖)을 써 붙이는 것은 혹독한 겨울을 무사히 치른 사람끼리 나누는 축하 인사다. 누구나 마음 가는 대로 쓰면 된다. 철이 바뀌었음을 알리는 것이 더욱 중요하기 때문이다. 세상 돌아가는 것에 둔하면 철없는 사람이 된다. 물질은 풍요로운데 마음은 스산하니 텃밭에 물 주듯 자주 써서 주고받아야 한다. 처음엔 立春大吉로 썼고, 이듬해에는 한글로 입춘대길이라고도 썼다. 여전히 이도 저도 아닌 것 같아 그다음 해부터 '새봄왔곧꽃많'으로 썼다.

직관의 힘을 키우려면

계절이 바뀌면 기온과 풍경뿐 아니라 소리와 냄새도 달라진다. 날씨가 바뀌면 빛의 반사도 달라져 시야가 뚜렷해지거나 푸근해지며 세상의 색깔까지 바꿔놓는다.

눈 위를 걸으면 뽀드득뽀드득 소리가 난다. 슬로비디오로 판독하듯 움직임을 관찰하면, 뒤꿈치가 먼저 닿고 발바닥의 각도가 수평에 가까워지며 드드드득한다. 걸음마다 소리와 떨림이 조금씩 바뀐다. 드득 뜨드드득 드드득. 어떤 눈은 푸석해서 소리 나지 않는다. 비 오는 날엔 발바닥이 찰팍거리고 맑은 날엔 질근질근 모래가 갈리며 건물 안에 들어서면 뒤꿈치가 바닥을 내리쳐 맑게 울린다.

차를 탈 때도 노면을 감각해본다. 독일차의 주행 질감은 도로 상태를 사실적으로 전달해 단단하고, 미국차의 주행 질감은 충격을 넉넉히 흡수해 부드럽다. 자전거를 타면 도로 상태뿐 아니라 바람-햇살-온도-소리까지 감각할 수 있다.

복식호흡이나 단전호흡도 몸을 감각하는 방법의 하나다. 얼굴 씻고, 머리 감고, 발 닦을 때도 손으로 몸 구석구석을 감각한다. 이 닦을 때는 소리에 집중해 본다. 앞니를 닦을 때는 고음이, 어금니를 닦을 때는 저음이 난다. 치카치카 추쿠추쿠 처커처커 차카차카…. 칫솔모와 칫솔질에 따라서도 소리가 달라진다. 이 닦기와 서예는 같은 붓(brush)을 쓰는 사촌지간이다.

직관의 힘을 키우려면 시인이 되어 일상 속 감각에 이름을 지어주는 습관이 필요하다. 써먹으려고 하지 말고 쓸데없이 하는 것이 핵심이다. 안 그러면 타고난 감각도 무뎌진다. '감각이 죽었다'라고도 말하듯, 죽느냐 사느냐의 문제이니 꾸준히 가꿔야 한다. 그렇게 저장한 수많은 기억을 차곡차곡 정리해 필요할 때마다 재빠르게 연결 짓는 기술이 직관[7]이다.

도구로 감각하는 현재

생각은 두더지잡기 게임처럼 여기저기서 끊임없이 튀어나오는데 오탈자가 나서 delete 키를 타다다닥 누르는 사이에 밀려있던 생각들은 휘발·변형되고 흐름은 집중에서 권태로 넘어간다.

'어떤 걸 쓸까…' 도구를 고를 때면 먼저 현재의 기분·몸 상태·환경을 살핀다. 진찰을 마치면 알맞은 도구를 처방하고 쓰기 시작한다. 병원 놀이하듯 나와 주변의 현재를 관찰하는 습관은 몰입의 기쁨을 준다. 몰입의 반대는 번아웃이다. 성과없는 노력은 요란스레 공회전하는 엔진처럼 까맣게 속을 태워 마음 둘 곳을 없앤다. 도구의 감성은 기지개 켜는 산만의 인기척을 느꼈을 때 부르는 119다. 그렇게 도구는 몰입의 라이프스타일에 녹아든다.

의욕이나 집중력이 떨어지면 손에 잡히는 도구로 뭐라도 끄적이면 자연스레 집중 모드로 바뀐다. 물론 여유가 있을 땐 도구부터 고른다. 만년필·수성펜·잉크·샤프·샤프심 등 현재에 어울리는 감각을 찾는다. 만년필은 F촉과 B촉, 잉크는 파란색만 해도 블루 블랙, 스카이 블루, 에메랄드 블루가 있다. 샤프는 0.3mm HB, 0.7mm 2B, 2mm 3B를 즐겨 쓴다. 스케치할 때는 용지부터 고른다. 원고지·모눈종이·갱지·A4용지가 있고, 방향은 가로·세로·비스듬히 놓기가 있다. 키보드는 멤브레인·팬터그래프·기계식·정전용량무접점 방식이 있고 마우스는 무소음 버튼이 늘고 있다. 디지털 펜슬은 애플리케이션에 따라 쓰기 감성이 크게 다르다. 공간도 중요하다. 집-사무실, 버스-지하철, 낮-밤, 푸른 조명-노란 조명, 뚫린 공간-밀폐된 공간, 클래식-화이트노이즈 등 모두 다른 감성이다.

세팅이 끝나면 타이머를 25분으로 맞추고 몰입에 들어간다. 손으로 쓰건 키보드로 치건 변치 않는 쓰기의 본질은 연속성의 감각, 즉 끊임없이 써가면서 몸이 느끼는 소리와 진동이다.

텁텁한 한글 쓰기 교육

한자는 획이 많고 복잡해서 격자(格子, grid)를 대고 따라 쓰는 학습법이 발전했다. 획의 시작점과 끝점을 격자 위의 좌표로 확인하며 따라 쓰면, 글자의 뼈대를 익히거나 여러 체의 특성을 비교·분석하기 좋기 때문이다.

격자의 종류도 많다. 대표적으로 구궁지▦(九宮紙, 정사각형을 아홉 칸으로 쪼갠 격자를 인쇄한 용지)와 사궁지⊞(四宮紙)가 있다. 사궁지는 정사각형을 十자로 쪼갰다고 십자격(十字格), 田자를 닮았다고 전자격(田字格)이라고도 한다. 또한 정사각형을 米자로 쪼갠 미자격(米字格)⊠, 回자와 米자로 쪼갠 회미격(回米格)▣도 있다.

한·중·일 모두 사궁지에 연필로 쓰기 교육을 시작하지만, 한글에 한자 교육 방식이 유효한지도 따져봐야 한다. 유효하다면 어떤 격자가 좋을지, 학생들이 그 격자를 쓰는 이유와 방법을 제대로 알고 있는지 확인해야 한다. 격자 활용 요령을 간추리면 세 가지다.

①긋는 지점: 긋기 시작해서 멈추는 지점 맞추기
②글자 중심: 글자 중심을 격자 중심에 맞추기
③글줄 흐름: 글자끼리 끄트머리를 맞추기

미리보기용 글자체도 중요하다. 바탕체는 적합지 않다. 오래 읽기 좋게 반듯·균질하게 만든 글자체를 어린이에게 보여주며 그대로 따라 쓰라고 하면, '왜 나는 직선으로 못 긋지? 비뚤어지면 틀린 건데…'라고 생각할 수 있다. 또박또박 쓰기와 수직 수평의 기계적인 획은 전혀 다른 스타일이다. 일찍이 만든 쓰기 교육용 글자체인 「문화체육부 쓰기 정체」(1994)[8]를 봐도 알 수 있다.

글자 크기도 중요하다. 손날을 바닥에 대고 쓰는 펜글씨 자세는 작은 글자를 쓰는 방법으로 글자 크기는 손 크기를 따른다. 어린이 쓰기 교재에는 어른 손 크기에 걸맞은 글자 크기도 있다.

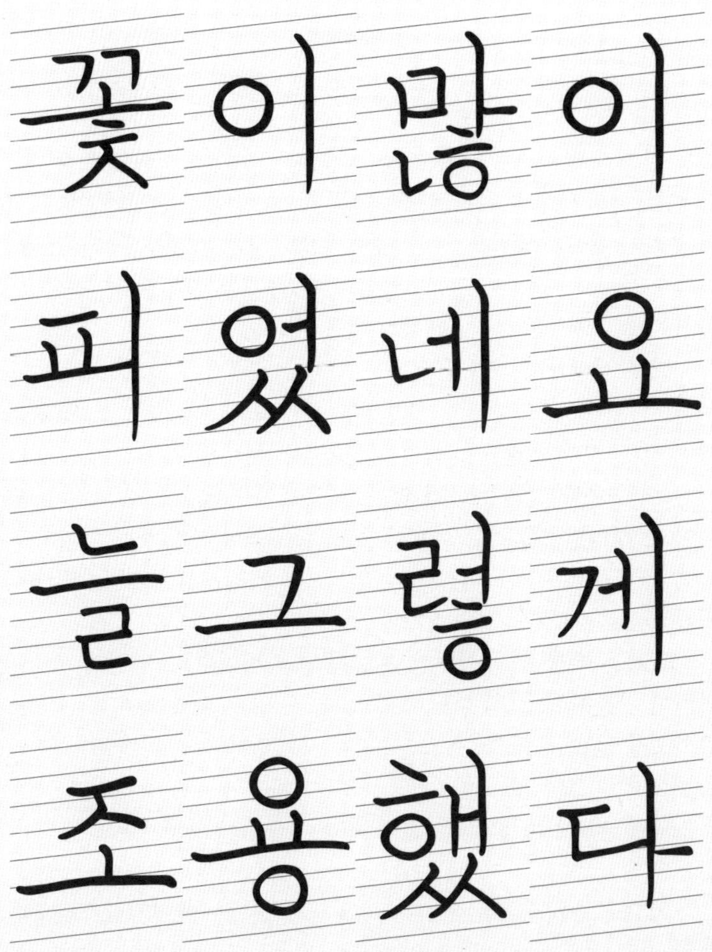

꽃이많이
피었네요
늘그렇게
조용했다

글씨를 쓸 때 가로로 편하게 그으면 살짝 기울어진다. 6도 기울인 기준선에 맞춰본 「문화체육부 쓰기 정체」. 물론 모든 가로금의 기울기를 일정하게 맞추려 애쓸 필요는 없다. 「문화체육부 쓰기 정체」는 초창기 디지털 폰트인 만큼 만듦새가 거칠다. 두 번째 줄 '었'과 '네'의 굵기 차이도 그런 아쉬움 중 하나다.

쓰기의 흥

자기 이름을 정자체로 쓰는 것을 서명(署名, signature)이라고 한다. 나의 체로 나의 이름을 써서 나를 증명하는 것이니 굳이 남이 따라 쓰지 못하게 애쓰지 않아도 된다. 유서나 공문서의 위조를 수사하는 필적감정은 고대 로마 시대에도 있었다고 한다. 그만큼 오래전부터 남의 글씨를 따라 쓰는 게 어렵다는 것을 알고 있었다.

각자 머릿속에 저장한 모범적인 문자의 형태가 서로 다르기 때문이다. 흥미롭게도 본인을 포함해 누구도 그걸 구체적으로 확인할 길이 없다. 그래서 글씨를 뇌의 지문이라고 한다.[9] 또한 다섯 손가락의 뼈대와 근육도 똑같을 리 없다. 비유하자면 글씨는 손의 걸음걸이다. 그렇다면 쌍둥이는 어떨까. 실제로 쌍둥이 형의 무면허 운전을 동생 면허증으로 무마하려다 진술서 필적감정으로 발각된 사건이 있다.[10]

쓰기는 가장 쉽고 확실한 본인 증명 방법이다. 그냥 쓰면 된다. 하지만 기분이 또 그게 아닐 때가 있다. 돈 쓰는 맛의 화룡점정은 신용카드를 긁고 나서 '스스스슥 츄악' 사인하기다. 그러면 도파민도 팡팡 터진다. 하지만 스마트폰을 가져다 대는 결제는 마무리가 약해 과소비를 부추긴다. 건전한 소비 습관을 들이기 위해서라도 흥겨운 사인은 중요하다.

메모와 스케치에도 항상 날짜와 사인을 넣는다. 지하실 골방에 혼자 있더라도 구름처럼 몰린 팬에게 둘러싸여 사인하듯 '스스스슥 츄악'한다. 일을 즐기려 쓰기의 흥이 필요하다.

쓰기의 기계적 확장——복제술 이야기

서구의 쓰기 문화는 15세기 구텐베르크의 활판인쇄술(타이포그래피)의 발명으로 갑작스레 찍기 문화를 맞는다. 이 혁명은 복제의 패러다임을 쓰기→찍기, 필서체(손글씨체)→인서체(활자체), 몸→기계로 바꾸며 중세→근대로 넘어간다.

한편 동아시아의 쓰기 문화는 목판술의 발명으로 일찌감치 찍기 문화를 꽃피운다. 8세기 중반에 『무구정광대다라니경』을 찍었으니 천년 넘게 이어온 셈이다. 목판술의 번성은 목활자로 이어져 금속활자 발명의 토대가 됐다. 목판술은 서구 중심의 타이포그래피 역사관으로는 설명하기 애매해 홀대받았지만, 동아시아 타이포그래피의 기틀을 다진 보물 같은 존재다.

오랫동안 꾸준히 가꿔온 복제술의 맥락에 '쓰기의 기계적 확장'이라는 이름을 붙여 봤다.

목판——면 단위로 복제하기

목판은 오랫동안 동아시아 문화를 지탱해 왔다. 신라의 『무구정광대다라니경』(751 무렵 추정), 고려의 『팔만대장경』(1236~1251), 조선의 『훈민정음』(1446)과 「대동여지도」(1861) 등 1000년 이상 주요 문화재를 찍어낸 복제술이다. 특히 목판에서 태어난 인서체(印書體, 인쇄용 글자체)는 높은 가독성과 제작 효율로 지식 전파를 도왔다는 점에서 동아시아가 함께 만든 유산이다. 그 안에서 고려와 조선의 활판술도 꽃피웠다.

목판 제작 공정을 간추리면 이렇다. ①종이에 글을 쓴다. ②종이를 뒤집어 나무에 붙인다. ③먹은 남기고 백은 파낸다. ④나무에 먹을 묻혀 종이로 찍어낸다. 나무는 30년 이상 된 것을 바닷물에 1~2년 담갔다가 소금물로 삶은 후 제대로 말린 것을 써야 한다. 나중에 뒤틀리거나 갈라지기 때문이다. 글자를 새기는 일도 만만치 않다. 한 판에 모든 글자를 새기므로 마지막에 실수하면 아주 곤란했다. 보관 시설도 일정한 온도·습도를 유지하도록 설계해야 했다.

목판술은 여러 장인의 손길을 거치는 복잡한 일이었지만 많이 찍을수록 부수당 제작 단가는 낮아지고 제작 속도는 올라갔다. 특히 필사본(筆寫本, 손으로 써서 베낀 문서나 책)의 단점인 '옮겨쓰는 과정에서 정보가 바뀌거나 누락될 가능성'을 원천적으로 없앤 확실한 복제술이었다. 어디가 어떻게 잘못됐을지 모를 필사본과 그럴 리 없는 목판본(木版本, 목판으로 찍은 문서나 책)의 가치는 크게 달랐다.

목판은 최초의 본격적인 대량 인쇄 체계였기에 사회·경제적 파급효과가 컸고 정교하게 만들면 고급스러웠으므로 문화 수준을 과시하는 수단이기도 했다. 현대사회로 치면 정권의 정당성을 주장하거나 정보·심리전에 사용한 프로파간다(propaganda, 선전宣傳; 어떤 효능을 설득하는 일)의 대표 매체였다.

대중문화를 이끈 목판

왕실이나 사찰의 정치·종교적 목적으로 발전한 목판술은 존귀했다. 아무나 읽지 못하던 시대일수록 읽기는 품격 있는 행위였고, 인쇄물이 귀하던 때에 잘 찍은 목판의 아름다움은 보는 이의 마음을 사로잡기 충분했다.

안정기에 접어든 목판술은 상업 출판이나 미술로 확장해 대중문화를 이끌기도 했다. 중국에서 비롯되어 조선으로 건너온 방각본(坊刻本, 민간 상업 출판물)도 (매무새는 거칠지만) 목판본이 대부분이었다. 책의 내용은 『천자문』, 옥편(한자 사전) 등의 교재나 『사서삼경』 같은 유학서도 있었으나 서민들에게는 한글 소설이 크게 유행했다. 조선 후기(19세기~20세기 초)에는 세책점(貰冊店, 도서대여점)에서 『춘향전』 『홍길동전』 등의 소설을 빌려 읽었으며 대여료를 충당하려 비녀나 팔찌를 팔고 빚까지 내는 등 사회문제로 번지기도 했다. 세책점의 책은 필사본이었지만 '돈 내고 읽는 문화'를 이끌며 한글과 방각본 보급에도 영향을 미쳤다.

일본 에도시대에 유행한 세속화 우키요에(浮世絵)[11]도 목판화다. 단출한 색과 선은 작업이 쉬워 대중이 부담 없이 그림을 즐기는 싸고 예쁜 실용주의 대중문화를 만들었다. 만화(漫畵)[12]라는 말도 우키요에 대표 작가인 카츠시카 호쿠사이(葛飾北斎, 1760?-1849?)의 스케치 모음집인 『호쿠사이 만화』(北斎漫畵)에서 유래했다. 이렇게 기존의 예술 양식을 단순화해 상업적으로 확장하는 패턴은 디자인이 미술에서 파생되는 서구 디자인사에도 나타난다. '쉽고 빠르게 복제하되 매력적일 것'이라는 아슬아슬한 세속적 효용의 줄타기가 그래픽디자인의 사명이었듯, 일본 근대 목판화의 상업적 성공은 대량생산-디자인-대중-문화의 경제적 연대를 알리는 신호탄이었다. 또한 목판은 대량 복제용 글자체의 탄생에도 결정적인 역할을 한다.

방각본 『양풍운전』(楊豊雲傳, 작자·연대 미상) 간기면. 왼쪽 하단의 간기(刊記, 간행 기록) '안셩동문이신판'로 보아 경기도 안성 동문리에서 펴냈음을 알 수 있다. [소장] 일본 동양문고

[위] 카츠시카 호쿠사이(葛飾北斎)의 「카나가와해변 파도 아래」(神奈川沖波裏, 1831-33추정) [소장] 도쿄국립박물관

[아래] 『호쿠사이 만화』(北斎漫画, 1814)

직접 칼을 쥐고 새겨보니…

2010년 겨울 타이포그래피를 좋아하는 동료 디자이너들과 강원서각 이창석 각자장을 찾았다. 목판 장인에 대한 막연한 궁금증 때문이었다. 큰 난로에 둘러앉아 나무를 어떻게 구해서 어떻게 새기고 찍는지 사소한 것까지 물었다. 다음 날에는 목판 워크숍을 했다. A4에 몇 글자를 그린 후 뒤집어지도록 복사해 나무판에 붙이고 칼로 새겼다. 도구도 낯설고 몸도 마음처럼 움직이지 않아 초집중했더니 2시간이 쏜살같이 지나갔다. 머릿속은 몹시 개운했지만 적잖은 뻐근함에 기지개를 켜다 문득 생각했다. '이 일을 업으로 매일 하려면 새기기 좋게 그린 글자가 정말 필요했겠구나'. 새기는 입장에서 생각해보니 그냥 쓴 글자와 나무의 내구성과 결에 맞춰 그린 글자는 혼잣말과 친절한 안내 방송만큼 다른 거였다.

한글타이포그라피학교 히읗에서는 여러 번 치악산 명주사 고판화박물관으로 목판 워크숍을 갔다. 전시 관람한 후 체험하는 목판은 또 달랐다. 강원서각과는 사용하는 도구와 새기는 방법도 달랐다. 지방마다 음식의 재료와 맛이 다른 것처럼 당연한 얘기지만 막상 피부로 느끼니 신기하고 재밌었다. "매번 오는 워크숍이지만 올 때마다 크게 배우는 이유는 뭘까?" 생각해 보니 직접 보고 만지며 대화했기 때문이었다. 몸으로 익힐 것과 글로 배울 것은 따로 있었다.

노트북만으로 기초를 익힐 수 있을까 고민하다가 1학년 타이포그래피 수업에 목판 실습을 (겁도 없이) 넣었다. 쓰기의 역사를 조사한 후 스스로 디자인한 글자체를 (디지털이 아닌) 목판으로 새기고 찍어내는 과정이었다. 시간 관계상 새기기에 많은 시간을 쓰지는 못했으나 현재 우리가 쓰는 바탕체의 모양에 재료-도구-몸이 어떤 영향을 미쳤는지까지는 몸소 익힐 수 있었다. 학생-강사-학과 모두가 고생했지만, '기초는 몸소 익히는 것'이란 생각은 더욱 확고해졌다.

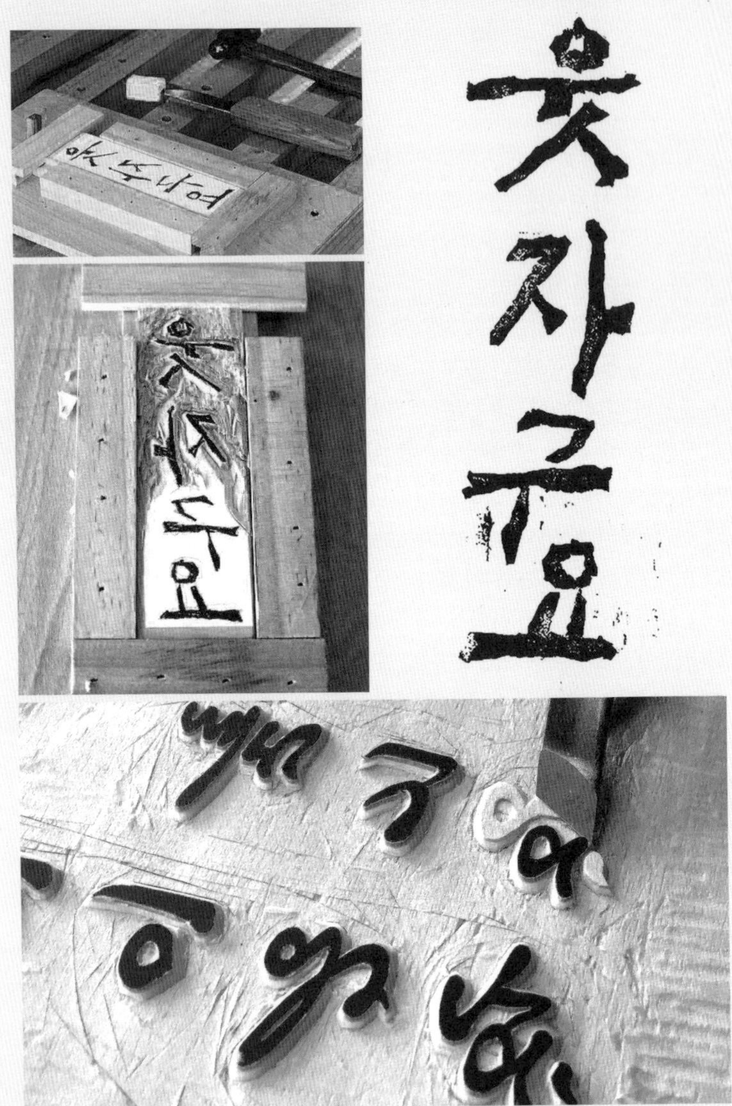

[위] 강원서각 판각 실습. 조각도(왼손)와 손망치(오른손)를 사용.
[아래] 시각디자인과 1학년 타이포그래피 수업의 목판 실습. 한 손으로 조각도만 사용.

필서체(筆書體)와 인서체(印書體)를 비교하면 아래와 같다.

①필서체—육필의 생동감이 넘치지만 오래 읽기에는 적합지 않다. 글자가 지나치게 관심을 끌어 글에 대한 몰입을 방해하거니와 새기고 찍기도 어렵기 때문이다.

②인서체—차갑고 기계적인 인상이지만 높은 가독성과 제작 효율로 본문용 글자체로 자리 잡는다. 서예의 관점에서는 억지스럽다 못해 기괴한 글자체지만 손글씨를 정제(생략과 강조)하는 전략은 명분과 실리 모두를 챙기는 대성공이었다. 특히 단순한 모양새는 작은 크기에서도 높은 가독성을 유지하며 작은 책 시대를 열었다. '인서체-작은 책-낮은 비용-높은 휴대성' 연대는 읽기의 대중화에 큰 역할을 하며 디지털로 이어진다.

말과 글의 스타일에는 사적인 스타일과 공적인 스타일이 있다. 구어체:문어체, 필서체:인서체도 그렇다. 만일 필서체로 교과서를 찍어낸다면 친구와 얘기하듯 뉴스를 전하는 느낌일 것이다. 재미있겠지만 신속·정확이라는 뉴스의 목적에 벗어난다.

구분	①필서체—筆書體印書體	②인서체—筆書體印書體
말투 비유	랩	아나운서
스타일	라이브	녹화 방송
주요 감성	쓰는 사람의 감성	읽는 사람의 감성
판단 기준	좋아하는 사람이 많은가	싫어하는 사람이 적은가
본질	몸	기계
미학	즉흥성	일관성
	변화무쌍—變化無雙	무색무취—無色無臭
호흡	불규칙	규칙

목판 제작 현장을 떠올리며

목판 제작 현장에는 ①(종이에) 글자를 쓰는 사람, ②(쓴 종이를 뒤집어 나무에 붙이고) 칼로 새기는 사람, ③(목판에 적당량의 먹물을 고르게 바르고 또렷하게) 찍어내는 사람이 있다. 이들의 작업 환경을 떠올리며 인서체라는 개념이 탄생하는 순간을 멋대로 상상해 봤다.

[쓰는 이] 다 썼으니 잘 한번 새겨봐.

[새기는 이] (쓴 글자를 훑어보더니) 아이고 가늘고 구부러진 획이 너무 많잖아. 잘 쓰면 뭐 해 못 새기면 그만인걸….

[쓰는 이] 그러니까 솜씨 좋은 너한테 맡기는 거지.

[새기는 이] 솜씨 문제가 아니라 재료 문제라고. 나무와 칼의 속성을 알고 써야지. 나무는 결이 있어서 직진성이 강하다고!

[찍는 이] (듣다못해 한마디 거든다) 그래 맞아. 그렇게 가늘고 길게 쓰면 아무리 잘 새겨도 제대로 찍히지 않아. 먹이 잘 묻지도 않고 밀다가 툭 하고 떨어져 나간단 말이야. 획끼리 너무 가까워도 틈새에 먹이 고여 찍을 때 번진다고!

[쓰는 이] (정색하며) 아니 그걸 왜 이제 말하는 거야?

[새기는 이] 앞으로는 쓰지말고 그려. 완전히 다른 관점으로 접근하자고. 니 역할은 새기기 위한 밑그림을 마련하는 거야. 그러니 멋 부리지 말고 쭉쭉 시원시원하게 그려줘. 포인트에서만 쓰기의 맛을 살려주고.

인서체는 '글씨 쓰기→글자 그리기'라는 발상의 전환으로 태어난 효율적인 원가절감형 스타일로 초기 목판본의 높은 제작비, 낮은 가독성 문제를 해결했다. 목적에 맞은 스타일과 제작 프로세스를 만드는 디자인 사고(design thinking, 사용자 중심 문제 해결 체계)의 결과였다.

손글씨의 글자체는 직접 그은 것이고, 활자의 글자체는 테두리를 그리고 색을 채운 것이다. 굵은 획을 표현한다면, 손글씨는 눌러쓰고 활자는 테두리를 크게 두른다. 이러한 긋기와 그리기의 차이를 기준으로 글자체의 요소를 둘로 나누기도 한다.

①필서체 요소——긋기의 요소로, 찍거나 긋는 모양에서 따온다. 점을 찍거나 획을 그어 글자로 엮는 모양을 사실적으로 재현한다.

②인서체 요소——다듬기의 요소로, 글씨를 부위별로 나누고 다듬어 단위화한다. 조립식 글자체의 부품이다.

둘의 차이는 획이 적은 글자에서 두드러진다. 户와 戸의 첫 획을 비교해 보자. 어느 획에 인서체 요소가 있는가. 점을 자연스럽게 찍은 필서체 户와 점을 찍지 않고 획을 억지로 길게 늘린 인서체 戸는 글자를 대하는 자세가 다르다. 가지런한 글줄을 중시하는 인서체는 획이 적으면 특정 획의 길이를 과하게 늘여서라도 덩치를 부풀린다.

둘의 차이는 여백에서도 두드러진다(전문가일수록 여백을 살핀다). 房·房을 비교해 보자. 어떤 것이 인서체에 가까운가. 전자는 네 귀퉁이에 백을 채웠고 후자는 먹을 채웠다. 그 결과 전자는 마름모꼴, 후자는 네모꼴이 됐다. 戸房國·戸房國을 비교해 보면 네모꼴의 글줄이 더 가지런하다.

요소의 양도 다르다. 필서체에 비해 인서체는 적은 요소로 많은 글자를 그린다. 요소가 많으면 개성이 풍성해지지만 그만큼 해독해야 할 정보가 많아 빠르게 넘어가기 어렵다.

물론 戸처럼 인서체 요소를 지닌 필서체, 户처럼 필서체 요소를 지닌 인서체도 있다. 인서체라고 인서체 요소만 쓰는 건 아니다. 요소의 선택은 폰트의 목적과 콘셉트를 따를 뿐이다.

인서체 요소와 9차로 도로

여럿이 오가다 보면 자연스레 큰 길이 생긴다. 탁 트여 안전하고 편하다. 큰길을 벗어나면 불편하고 위험하지만, 어떤 디자이너는 아슬아슬하게 경계를 타다가 샛길로 빠진다. 그러다 지름길을 찾아내고 입소문을 타고 사람이 몰리면 새로운 큰 길이 생긴다. 체도 그렇다. 지류(支流, 자잘한 흐름)로 시작해 주류(主流, 큰 흐름)가 되고 그렇게 트랜드를 이끌다 새로운 주류에 밀려난다.

한 폰트에 들어있는 글자들(한글 폰트의 경우 최대 11,172자)은 모두 단 하나의 스타일로 완벽하게 통제됐을 거로 생각하기 마련이지만 꼼꼼히 따져보면 그 안에도 주류와 지류가 있다. 고속도로를 예로 들면 1차로는 인서체고 9차로는 필서체다. 3차로는 필서체 요소를 살짝 가미한 인서체고 5차로는 균형 잡힌 하이브리드다.

1	2	3	4	5	6	7	8	9
인서체		○						필서체

나무를 나뭇잎으로 구분할 때가 있다. 그러나 한 나무의 나뭇잎들도 대보면 조금씩 다르다. 폰트도 살짝살짝 다른 여럿이 모여 하나를 만든다. 어떤 폰트의 콘셉트(주류)가 3차로라면, 그 폰트의 모든 글자가 3차로만 달릴까. 몇몇은 인서의 향이 더 나서 2차로로 빠지고 몇몇은 필서의 향이 더 나서 4차로로 빠질 것이다. 글자마다 획 수와 체의 요소가 다르기 때문이다. 획 수가 많아 체의 향이 물씬 풍기는 글자와 획 수가 적어 체의 향이 옅은 글자는 입장 차이가 생길 수밖에 없다. 따라서 모든 글자의 체가 정확히 일치해 한 차로만 달릴 수는 없다. 물론 그 와중에 알뜰살뜰 만들어 가는 일체감이 폰트의 맛이자 이치다.

그렇다면 높은 일관성을 갖춰야 하는 본문용 폰트는 어떻게 만들까. 역할·속성별로 그룹을 나눠 일관성을 추구하는 방법이 있다. 예를 들면 ①가/각, 고/곡, 과/곽 같은 민글자/받침글자, ②'가·각' 같은 가로모임(ㄱ과 ㅏ를 가로로 모아씀), ③'고·곡'같은 세로모임(ㄱ과 ㅗ를 세로로 모아씀) ④'과·곽'같은 섞은모임로 구분한다.

	받침 유무 / 모임꼴	②가로모임	③세로모임	④섞은모임
①	민글자(받침×)	가	고	과
	받침글자	각	곡	곽

가장 극단적인 대비를 찾는다면 그-퀡처럼 '세로모임 민글자-섞은모임 받침글자' 조합이다. '그'는 획이 너무 적어서 스타일 적용이 어렵고 반대로 '퀡'은 획이 너무 많아서 스타일 적용이 어렵다.

라틴 문자의 본문용 폰트도 신경쓸 체가 많다. 영어 문장을 대문자로 시작하는 방식은 문장 첫 글자의 덩치를 부풀려 시작을 강조하는 문장부호 역할을 한다. 소문자 체에 대문자 체를 섞어 가독성을 올린 것으로, 두 체를 엮어 한 문장을 만드는 멋진 팀플레이다. 이런 역사적인 맥락을 중시하는 엄격한 타이포그래퍼들은 낱말 전체를 대문자로 쓰는 것을 금한다. I'm GOOD은 I보다 GOOD이 돋보여 문장 시작을 강조하는 흐름을 깨기 때문이다. 그럴 때는 I'm "good"처럼 따옴표로 묶거나, I'm *good*같은 이탤릭(italic)이나 I'm ɢᴏᴏᴅ같은 작은대문자(SC, small caps)로 체를 바꾸는 방법이 있다. 본문용 라틴폰트 패밀리에는 대부분 이탤릭과 작은대문자가 들어있다.

인서체는 독자의 가독성과 타이포그래퍼의 사용성을 높이기 위해 다양한 대안을 꾸준히 마련해 왔다. 앞으로도 디자이너는 경계를 탐구하며 새로운 스타일을 제안할 것이고, 그 과정에서 여러 지류와 주류가 생겨날 것이다. 가로쓰기-세로쓰기, 모아쓰기-풀어쓰기, 한글 문장부호, 베리어블 폰트 등 할 수 있는 것이 아주 많다.

미묘하게 틀어지는 복제의 맛

목판의 한자는 두 가지가 있다. 木板(건축·가구에 쓰는 나무판)과 木版(인쇄에 쓰는 나무판)으로 판의 한자가 다르다. 板(널빤지 판)에 있는 木(나무 목)은 소재를, 版(판목 판)에 있는 片(조각 편)은 쓰임새를 강조한다. 木版이란 한자에는 나무를 새겨서 찍어낸 것이라는 뜻이 고스란히 담겨있다. 나뭇결-칼-먹물-종이가 어울리며 목판 스타일이 생겨나고, 이 과정에서 글자는 뒤집기와 복제를 반복한다.

구체적으로 살펴보자. 종이에 그린 글자를 뒤집어 나무에 붙이고 흰 바탕을 칼로 새기면, 미묘한 곡선은 직선으로, 뿌옇게 번진 곳은 뚜렷한 경계로 바뀐다. 그렇게 만든 목판을 종이에 다시 찍으면 먹물이 살짝 번지면서 날카로웠던 경계가 다시 부드러워진다. 이렇게 '(종이에 그린) 글자-(나무에 새긴) 글자-(종이에 찍은) 글자'로 복제를 반복하며 글자는 미묘하게 변형된다. 복사기가 그랬다. 복사물의 복사를 거듭할수록 모서리가 마모되고 먹과 백이 뚜렷해져 깔끔하고 부드럽게 바뀐다. ① 빛을 쬐어 원본을 본뜨는 스캔 과정에서 중간톤이 날아가고 ② 종이에 검은 가루(토너)를 고착시키는 인쇄 과정에서 살짝 번지기 때문이다. 포토샵이 없던 시절 디자이너들이 종종 쓰던 수법이다. 미묘한 틀어짐을 노린 것이다.

디지털은 어떨까? 폰트 파일을 완벽하게 복제하는 건 의외로 어렵다. 복제의 범위가 매우 다양하고 OS(운영체제)나 애플리케이션에 따라 정보를 읽고 쓰는 기준도 다르기 때문이다. 파일 하나를 여는데도 권한을 따지고 버전이 맞지 않아 열지 못하거나 열어도 변형되는 데이터가 있다. 이미지는 애플리케이션마다 해석이 다르고 디스플레이마다 밝기와 색상이 다르다. 목판은 필사의 정보 왜곡을 원천 차단하는 확실한 복제술이었으나 찍을 때마다 느낌이 달라서 완벽한 복제는 아니었다. 그리고 이건 디지털도 마찬가지다.

알고 보면 되게 다른 목판과 활판

목판(木版)과 활판(活版)은 결과(인쇄물)만 놓고 보면 비슷하지만, 과정은 크게 다르다. 목판은 큰 나무판 한 면에 수백 자를 새긴 것이고, 활판은 한 글자씩 새겨넣은 글자 조각 수백 개를 한 판에 짜 넣은 것이다. 인쇄 과정의 차이도 크다. 목판은 찍으면 되지만, 활판은 ①원고대로 활자를 찾아서 ②글줄 길이에 맞춰 가지런히 정렬한 다음 ③활자끼리 높낮이 차이가 없도록 편평하게 다진 후 ④판이 흔들리지 않도록 단단히 고정하고 ⑤찍어낸 다음 ⑥다시 판을 해체해 활자를 원래 위치로 돌려놓아야 한다. 따라서 활판에는 한 자씩 나열해서 문장을 짜는 조판(組版) 과정과 이를 다시 해체해 활자 상자로 되돌리는 해판(解版) 과정이 있다.

활자는 집에 있다가 일 있을 때만 나갔다가 끝나면 돌아온다. 인기가 좋아 자주 들락날락하는 '이'같은 글자도 있고 주로 집에만 있는 '뚫'같은 글자도 있다. 이를 빈출도(頻出度 자주 나가는 정도)라고 하며 납활자 시절에는 대출(大出)과 소출(小出)로 구분했다.

활자의 자격—벌

종종 이런 질문을 받는다. "도장도 일 있을 때만 나갔다 돌아오는 복제용 글자이니 활자 아닌가". 그렇게 생각할 수 있지만 복제의 규모가 다르다. 활자의 역할은 글자가 아닌 글(불특정 문자의 연속)의 복제다. 글을 쓰는 데 부족함이 없을 만큼 글자를 갖춰야 해서 활자의 단위는 '벌'이다. 아무리 잘 쓰다가도 특정 글자가 없어서 문제가 생기면 순식간에 신뢰를 잃는 것이 활자다.

한국산업표준(KS C 5601)은 1987년 한글 2350자를 한 벌로 삼았으나 부족한 글자가 많아 외국어·사투리·유행어 표기에 취약하다. 예를 들면 슈퇼, 숟지, 퀽, 쬞차, 펲시, 쑛다리 등이 있다. 한국폰트협회는 2017년 430자를 추가한 2780자를 발표했고, 2018년 어도비사의 한국어 폰트 규격인 Adobe KR 1-9에도 반영됐다. 점차 11172자(현대한글 풀세트=초성 19×중성 21×종성 28)로 만드는 추세다.

활판——글자 단위로 복제하기

목판을 처음 새기면 금세 손에 물집이 잡히고 목이 결리며 허리가 쑤신다. 특히 같은 글자를 여러 번 새기면 생각이 많아진다. "하나만 새겨 놓고 계속 쓰면 얼마나 좋을까". 그 간절한 바람이 그 어렵고 복잡한 활자를 고안하게 했을지도 모른다. 오래전부터 '나무판 단위의 복제'(목판)를 '나무조각 단위 복제'(활판)로 바꾸려는 시도가 있었으나 '작은 글자 조각의 내구성 확보'에 고전했다. 끼웠다 빼기를 빈번히 반복하며 인쇄하려면 견고해야 했다. 일찍이 고안된 도활자(陶活字, 도자기 활자)나 목활자도 그 문턱을 넘지 못한 채 제한적인 활용에 그쳤다. 고려와 조선이 이끈 금속활자는 이 문제에 정면으로 도전해 실용화에 성공한 커다란 사건이다.

활판은 순발력이 좋아 소량 다종의 인쇄에 유리했고, 목판은 견고해서 대량 인쇄에 유리했다. 오랫동안 활판과 목판이 공존한 이유는 발행 목적·부수·예산에 따라 적합한 방식을 골라 썼기 때문이다. 뒤집어 말하면 고려·조선의 금속활판술은 대단한 발명이지만 이웃 나라들이 앞다퉈 따라 해 동아시아 전역으로 퍼질 만큼 경제적이지는 않았다. 활자 크기가 규격화되지 않아 조판 효율이 떨어졌고, 많게는 수십만 자까지 만들었기 때문에 주조 방법의 개선도 필요했다.

필경사라는 직업이 있다. 중세 신학자 보나벤투라는 필경을 '타인의 것을 옮겨 적되 어떤 것도 덧대거나 바꾸지 않는 일'로 정의했다.[13] 불교에서는 사경이라 하며 한국은 사경장을 국가무형문화재로 지정하고 있다. 흥미롭게도 필경(筆耕)과 사경(寫經)은 다른 경을 쓴다. 耕은 밭을 갈듯 열심히 생계를 꾸린다는 뜻이므로 필경(筆耕)은 붓으로 농사를 대신한다는 뜻이다. 한편 經은 경전을 뜻하므로 사경(寫經)은 경전을 베낀다는 뜻이다. 밭을 가는 마음으로 또박또박 틀림없이 쓰려는 필경사의 노력에도 불구하고, 필사본은 읽기 어려웠고 정보의 누락·변형으로 신뢰도가 떨어졌으며 대량생산에도 취약했다.

15세기 중반 구텐베르크는 규격화된 활자를 주조·조판하는 타이포그래피(소프트웨어)와 인쇄기(하드웨어)를 발명해 '빠르고-정교하게-많이'라는 굵직굵직한 욕망을 기계화하며 출판의 패러다임을 바꿨다. 이 새로운 복제술은 면죄부를 가격대별로 빠르고 고급스럽게 인쇄해 교회의 욕망을 구현했고, 그것의 문제점을 지적하는 마르틴 루터의 「96개조 반박문」도 빠르고 고급스럽게 인쇄해 종교개혁의 욕망도 구현했다. 그 비결은 이름에 있다. 활자는 영어로 movable type이다. 주로 type으로 부르지만 활자의 정체성은 오히려 movable이라는 움직임에 잘 드러난다. 活字(활자)의 活도 '살아있다'는 뜻으로 움직임을 나타낸다. 민첩하게 움직이는 활자는 메시지의 내용·목적을 가리지 않고 실어 나르는 증폭기 역할을 한다.

그렇게 발전한 서구 타이포그래피는 19세기 후반 일본을 통해 동아시아로 유입된다. 확실한 대량생산 체계를 갖춘 일본식 납활자 주조술은 경제적으로 목판을 압도하며 한자 문자권에 일제히 퍼진다. 이를 통해 수천 자의 한자 납활자를 경제적으로 주조하고 체계적으로 조판하며 정교하게 인쇄하게 됐다.

새 기술은 새 용어를 만들고…

활자라고 하면 고려·조선의 구리활자, 개화기부터 20세기 후반까지 사용한 납활자를 떠올리지만, 납대신 필름을 쓴 사진식자기나 모든 글자 정보를 디지털로 전환한 디지털 폰트도 '글자의 복제틀'이라는 점에서 활자다. 이들의 이름을 '재료+활자'로 통일하면 목활자-금속활자-사진활자-디지털활자가 되어 알기 쉽다. 하지만 관습적으로 붙여 쓰던 용어들과 충돌한다.

예를 들어 폰트-구독은 익숙하지만 활자-구독은 골동품 구독처럼 들린다. 금속-활자는 익숙하지만 금속-서체는 어색하다. 하지만 기업전용-서체는 익숙하다. 확실히 익숙한 용어-맥락 조합이 있다. 아래는 어떤 용어가 어떤 맥락에 잘 어울리는지 알아본 표로 익숙한 조합에 동그라미 표시를 해 봤다. 익숙한 표현을 고수하자니 비슷한 용어가 많고, 하나의 용어로 통일하자니 생뚱맞은 조합이 생긴다.

용어 \ 맥락	○○디자인	○○브랜딩	기업전용○○	금속○○	디지털○○	○○구독
활자				○		
타입	○	○				
폰트					○	○
서체	○		○			
글꼴	○					

우리는 유구한 활판술의 역사가 있지만 아쉽게도 '어떻게'에 대한 기록이 없어, 철학·기술·용어의 유산이 없다. 급하게 외국의 것을 가져다 썼더니 위 표에서도 드러나듯 체계가 약하다. 이제부터 하나 둘씩 차근차근 만들어 가면 된다. 다행히 '어려워도 뜻깊은 일을 해내는 유산'을 『훈민정음』으로 받았기 때문이다.

디지털활자는 각종 메신저와 함께 인스턴트(instant, 즉석) 소통 시대를 열었다. 스마트폰의 높은 온라인 접근성과 터치 키보드의 사용성은 (글자를 직접 쓰지 않아 개성은 사라졌지만) 말보다 문자메시지를 선호할 만큼 일상 깊숙이 스며들었다. 이를 위해 활자가 걸어온 길은 길다.

활판인쇄술의 발전을 요약하면, 글자 크기는 작아지고 해상도(resolution)는 올랐다. 목판본의 글자는 엄지손톱만 한 크기로 한쪽에 200여 자가 들어가고, 현대 단행본의 글자는 콩알만 한 크기로 한쪽에 800여 자가 들어간다. 수백년에 걸쳐 쪽당 글자 수는 4배 늘고 한쪽의 크기는 ½ 이하로 줄었다. 큼직한 글자가 읽기 좋을 거로 생각하지만 10pt 안팎(이 책을 포함해 단행본에서 쉽게 접하는 크기)이 가장 좋다.[14] 글자가 커지면 글줄 길이도 늘어나 피로도가 올라간다.[15]

'작은 크기+높은 가독성'의 인서체는 '작은 책-저비용-높은 휴대성'으로 이어져 읽기 산업의 핵심 소프트웨어가 된다. 작은 글자의 힘은 디지털로도 이어져 화면에서 작게 쓰기 유용한 돋움체(산세리프)가 디지털의 기본 스타일로 자리 잡는다. 스마트폰의 글자 크기는 단행본의 ⅔ 이하로, 화면 크기는 단행본의 ⅓ 이하로 더 줄었으니 작은 글자의 경제·사회·문화적 영향력은 컸다.

수백년 동안 충분히 작고 정교해졌다면 그다음의 장기 목표는 뭘까. 어쩌면 한글이 꿈꾸던 (말과 글이 하나 되는) 언문일치의 본격화일지도 모른다. 디지털은 '말의 휘발성'과 '글의 보존성'을 하나로 묶어, 말을 글로 녹취하고 글을 말로 재생한다. SF영화 「her」(2013)의 주인공 테오도르는 머지않은 미래의 편지 대필가인데 직접 글을 쓰지 않는다. 의뢰인의 사연을 읽고 답장할 내용을 말하면 AI가 감정선까지 읽어내 적합한 글자체로 편지를 써서 인쇄까지 해준다.

말과 글이 더 가까워지면 어떤 재미난 게 생길까. 기대된다.

실험이나 논문에서 말하는 가독성은 '단위 시간에 읽은 양'을 뜻하지만 여기에는 읽자고 마음먹기까지 걸리는 시간과 에너지가 빠졌다. 물론 읽고 싶게 만드는 감성적 접근까지 가독성의 일부다.

길 가다 통유리 속 멋진 카페를 보면 들어가고 싶다. 하지만 텅텅 비어있으면 왠지 불안하다. 몇몇 사람들이 여유롭게 담소를 나누고 있어야 편안하다. 공간(하늘과 땅)과 사람은 한 벌(천지인天地人 삼재三才)이기 때문이다. 읽기도 비슷하다. 그윽한 공간과 기품 있는 글자의 조합이 나를 유혹한다. 이 일체감이 읽기를 유도하므로, 어떤 조건에서 이 기분을 느끼는지 알면 필요에 따라 의도할 수 있다.

타이포그래피의 콘셉트도 여기서 나온다. 내가 언제 어떻게 읽고 싶은지를 알아야 비로소 남은 어떨지 가늠할 수 있다. 이 감각은 꾸준히 관찰하고 대화하며 익혀야 하는 능력이다. 가독성은 글-글자-공간의 어울림을 따지는 개념이기 때문이다. 예를 들어 지하철-버스정류장-카페-내 방 책상 중 어디에서 읽기 좋은 글인가? 그렇게 특정할 수는 없으니 무난하게 설정하자. 하지만 무난함의 기준도 모호하다. 관찰과 통계가 없으면 피하고만 싶어진다.

여백(餘白)은 단순히 '빈 곳'이 아니라 디자이너가 밝게 '채운 곳'으로 읽기 공간의 빛이다. 이 개념이 서면 '백의 디자인'을 할 수 있다. 없던 곳, 안 보이던 곳이 시야에 들어오며 공간을 넓고 깊게 운용하게 된다. 타이포그래피에서 백의 발견은 수학의 0의 발견만큼 중요한 사건이지만 나도 모르게 업신여긴다. 일상에서 공간을 살피는 습관을 들이는 것도 좋은 방법이다.

에밀 루더(Emil Ruder)의 『타이포그래피』(1967)[16]는 (단순한 글자 배치가 아닌) 타이포그래피를 읽기 공간의 디자인으로 보고, 관계와 맥락의 의미에 대해 여러 이미지를 곁들여 친절히 설명한다.

갖가지 용어——문자·글자·활자·타입·폰트·서체

여기저기서 흘러들어온 갖가지 용어 중 어떤 걸 써야 할까. 골치 아프면 가장 넓은 뜻의 용어를 쓰자. 예를 들면 글자의 디자인을 말할 때는 글자체가 가장 무난하다. 더욱 정확하게 좁혀서 말할 때는 스스로 용어를 정의하고 그에 맞춰 쓰면 된다. 그런 의미에서 용어의 뜻과 유래를 알아 둘 필요가 있다. 그렇다고 절대적으로 옳고 그름이 있는 건 아니므로 얽매일 필요도 없다.

글자에 관해 비스름한 용어가 많은 이유는 오래 썼기 때문이다. 수천년 문자의 역사를 생각하면 당연하다. 모두 이곳에 쌓인 문화적 지층이므로 살펴볼 가치는 충분하다. 아래에 비슷한 용어를 가볍게 정리해 봤다. 혼란을 막기 위해 미리 밝혀두자면, ①한글 타이포그래피의 맥락에서 정리한 용어이고 ②문자와 글자의 뜻을 뚜렷이 구분했다(대부분의 사전과 책은 그렇지 않다). ③굳이 구분한 이유는 일반 사전의 정의를 따르면 타이포그래피의 맥락에서 말할 때 개념 공백이 생기기 때문이다.

⓪문자(文字)——읽고 쓰기 위해 몸에 익힌 개념적 기호체계다. '개념적'은 '머릿속에 뿌옇게'라는 뜻이다. 예를 들어 머릿속에 떠올린 미음은 대략적인 얼개만 있을 뿐 명확한 색깔·위치·비례·크기·굵기·테두리가 없다.

①글자——도구로 문자를 표현한 결과로 '감각할 수 있는 물성'(색깔·위치·비례·크기·굵기·테두리)을 지닌다. 예를 들어 머릿속에 있는 미음(문자)을 쓴 ㅁ은 글자다.

②활자(活字)——문장을 나타내는 매체로 글자에 관한 여러 속성을 지닌다. 대표적인 속성은 글자의 모양(주로 검은색)과 그것이 들어가는 네모 틀(주로 흰색)의 모양이다. 화면에서 글자를 선택하면 바탕색이 바뀌는 것도 틀이 있기 때문이다. 이름도 국문

·영문, 맥용·윈도용 등 수십 종이 있으며, 웨이트·지원 언어·기능(opentype features)·포맷·글립 수·저작자 정보 등 매우 많다.

③ 타입(type)——활자와 같은 말. 그러나 type이란 낱말은 뜻이 많아 '활자'로 해석하는 일반인이 드물다. 어쩔 수 없이 타입디자인 대신 폰트디자인을 쓰기도 한다.

④ 폰트(font)——같은 크기의 납활자 한 벌. 9pt와 10pt는 별개의 상품이므로 다른 폰트다. 그러나 크기를 자유롭게 조정하는 디지털 폰트가 등장하며 크기별로 폰트를 구분하는 관행은 사라졌다. 활자와 폰트의 차이는, 활자는 매체 이름이고 폰트는 상품 단위다. 따라서 무료활자보다는 무료폰트가 어울리며, '이 ○○ 얼마에요?'에 들어갈 알맞은 용어도 폰트다.

폰트는 구텐베르크의 활판술 발명 이래 활자의 주조·판매·유통과 관련해 생긴 말이지만, 디지털 용어로 착각하는 사람이 있을 만큼 21세기 들어 널리 퍼졌다. 서양의 문헌이나 웹에서도 (digital type보다는) digital font가 자주 보인다. 아마도 디지털 시대의 폰트 구매층이 인쇄소에서 학생·프리랜스 디자이너·기업으로 퍼지면서 폰트 상품 정보도 늘어난 것으로 추측한다. 물론 여전히 타입 파운드리(type foundry, 활자 주조소)로 소개하는 디지털 폰트 회사도 있다. 결국 digital type은 복제술의 역사적 맥락, digital font는 비즈니스의 경제적 맥락에 알맞은 용어다.

디지털 폰트는 크기별로 만들던 납활자의 관행을 없애고 하나로 통합했다. 또한 오픈타입 피쳐(opentype feature)까지 생겨 폰트 파일 하나로 할 수 있는 일이 늘었다. 통합과 거대화는 최신 폰트 기술의 흐름이다. 때로는 최신 폰트 하나가 여러 폰트를 모은 것보다 더 클 수 있으니 스펙을 꼼꼼히 살펴야 한다. 기본은 어떤 언어를 어느 수준까지 지원하는가이다. 라틴 폰트는 기본(basic, 영미권)과 확장(extended, 유럽권 포함)이 있으며 한국어 폰트의 한글도 2350·2780·11172자 규격이 있다.

⑤ 서체(書體)――font를 번역한 일본식 한자어로 근대 일본이 활자 상품을 제작·유통·판매하며 퍼진 말로 추측한다. 당연히 조선시대에는 없던 용어이고 서예 이론에서도 쓰지 않는다. 때론 서체를 곧이곧대로 '쓰기의 체'로 직역해 '글자체'와 같은 말로 쓰기도 한다. 한자 용어를 당대의 사회적 의미에서 벗어나 직역해 버리는 오류는 한자를 멀리하며 생긴 부작용이다. 이 책은 서체 대신 폰트를, 글꼴 대신 글자체를 썼다. 특히 글꼴은 글자·활자·폰트를 아우르므로 전문적 맥락에서는 쓰기 어렵다.

문자와 글자의 뜻을 나눈 이유

a a ɑ *a* a에서 에이는 몇 개인가? 하나로 답했다면 문자를 센 것이고 다섯으로 답했다면 글자를 센 것이다. 모두 같은 문자(소문자 에이)지만 모두 다른 글자다. 다르게 생겨도 뼈대가 같으면 같은 문자로 읽는다. 항상 모두가 똑같은 모양으로 쓸 수는 없으니 구체적인 모양으로 문자를 익히면 못 읽는 글자가 늘어난다. 그러니 '얼개와 범위'로 문자를 익힌다. 마치 점을 이어 그림을 그리듯 이 언저리에서 시작해서 이쯤에서 꺾고 이 부근에서 맺는 정도로만 규정한다.

뇌과학에서는 이를 통계적 추론으로 설명한다. "경험이 많아질수록 평균값에 관한 데이터베이스는 정확해지고 심적 표상은 더욱 정교해진다. ã라는 모음을 서른 번 들은 아기는 같은 모음을 3만 번 들은 청소년만큼 이를 효율적으로 알아들을 수 없을 것이다. 이 같은 통계적 추론은 언어뿐만 아니라 우리가 학습하는 거의 모든 대상에 적용된다. (…) 알파벳 문자가 다양한 글꼴, 심지어 한 번도 본 적 없는 글꼴로 나타나더라도 이를 알아보고 읽는 법을 배우는 방법 역시 통계적 추론이다. 우리 뇌는 평균적인 글자 'a'가 어떤 모양인지 알고 있고 마치 자석처럼 그 글자의 다양한 형태를 평균 쪽으로 끌어당긴다.(…) 이것이 지각 학습의 일반 원칙이다."[17] 과학적으로 정의하면, 문자는 일상 속 글자를 모아 통계적 범주를 정한 것이고, 글자는 문자라는 범주 안에서 표현한 것이다. 문자-글자의 관계는 시나리오-연기, 시-낭독과 닮았다.

타이포그래피에서 중요한 것은 '머릿속에 있는 평균 개념'(문자)과 '내 눈앞에 있는 현상'(글자)을 나누어 생각하는 관점이다. 어떤 용어를 쓸지는 다음 문제다. 그렇게 하면 뭐가 좋을까.

글자를 입체적으로 즐길 수 있다. 예를 들어 글씨를 더욱 정갈하게 쓰고 싶다면 ①머릿속 문자의 뼈대를 다듬는 방법과 ②몸을 쓰는 자세와 기술을 익히는 방법으로 나눠 접근할 수 있다. 일반적으로 못썼다는 글씨는 한 글자 안에 공백이 많고, 직선보다 곡선 구간이 많다. 여백과 곡선은 정보가 많아 판독(추론)에 긴 시간이 걸린다. 문자의 통계적 범주에 아슬아슬하게 걸치는 글자가 많은 상황이므로, 문자의 뼈대를 평균적인 영역으로 이동하는 해법을 제안할 수 있다.

명필의 작품을 감상할 때도 ①문자의 재해석과 ②글자의 재해석이라는 축으로 나눠 볼 수 있다. 한자 서예가 예술로 발전한 이유도 두 축이 매우 유연해 표현과 해석의 폭이 넓기 때문이다. 추사 김정희도 축을 가지고 놀다시피 했다. 이런 관점은 폰트를 판단하고 고르고 디자인하는 기준이 된다. 안전한 새로움의 제1법칙도 한 축을 얼마나 바꿨고 한 축은 얼마나 바꾸지 않았는가이다.

둘의 분리는 폰트 저작권을 인정받기 위해서도 중요하다. 1993년 7월 석금호·안상수·윤영기·한재준은 「산돌체모음」「안상수체모음」「윤체B」「공한체 및 한체모음」 등 인쇄용 서체도안을 미술저작물(응용미술 작품)로 문화체육부에 저작물등록을 신청했다. 반려되어 문화체육부를 상대로 행정소송을 걸었고 패소했다(서울고법 1994. 4. 6. 선고 93구25075 판결). 대법원 상고도 패소했다(대법원 1996. 8. 23. 선고 94누5632 판결).[18] 소송 중이던 1994년 8월 김진평은 「시사저널」과의 인터뷰에서 "글자꼴이 디자인의 일종임을 인정한다면 응용미술 작품까지 저작권물로 인정한 현행 저작권법으로도 전향적인 판결이 가능하다. 이제 막 제 궤도에 오른 한글 글자꼴 개발 노력을 가로막지 말아야 한다"고 말했다.[19] 대법원판결 요지는 이렇다. "서체 도안들은 우리 민족의 문화유산으로서 누구나 자유롭게 사용해야 할 문자인 한글 자모의 모양을 기본으로 (…) 만들어진 것임이 분명해 저작물에 해당하지 아니함이 명백하므로…".

우리가 말하고 노래하고 글 쓰는 데 필요한 어법-창법-문법-문자는 오랫동안 함께 가꿔 온 문화유산이지만 나의 말-노래-글-글자는 그것을 활용한 개인의 창작물이다. 서명이 법적 효력을 갖는 이유도 누구도 따라 할 수 없는 뇌의 지문이기 때문이다.

문자는 공공재(public goods)이고 글자는 사유재(private goods)다. 이 둘의 배타적 구분은 국가가 문자를 보존하고 개인이 글자를 저작하는 건강한 문화의 개념적 토대가 된다.

용어는 맥락을 따를 뿐

용어가 많다는 것은 맥락이 많다는 뜻이다. 동아시아 각국이 강조하는 맥락도 다르다. 중국은 수천 년에 걸쳐 한자 글자체의 변천을 이끈 문화적 본거지였으므로 원류의 맥락이 두드러진다. 일본은 한자 납활자 시대를 열었고 사진식자를 꽃피우며 디지털의 초석을 다졌으므로 근대화의 맥락이 두드러진다. 한국은 금속활자, 훈민정음 창제, 한자를 한글로 바꾼 문자 개혁, 한글타자기 개발 등 불편하면 바꿔버리는 실용주의의 맥락이 두드러진다.

앞서 정리한 용어도 맥락별로 다시 설명할 수 있다. ⓪문자는 정보를 기록하는 언어적 맥락에, ①글자는 문자를 인식하는 물성적 맥락에, ②활자는 매체의 변천을 따지는 역사적 맥락에, ④폰트는 글자체의 제작·유통·거래를 따지는 경제적 맥락에 있다. 맥락의 해석은 관점에 따라 얼마든지 달라진다.

한때는 박물관의 방대한 유물에서 영감을 받아 디자인의 뿌리를 찾는 서구 디자이너가 부러웠다. 그렇게 쳐다보는 내가 초라해 보였다. 돌이켜보면 그저 남의 떡이 커 보이는 투정이었다. 인제야 내가 속한 맥락을 살핀다. 이곳의 유산은 무엇일까. 무엇이 두드러지는 곳인가. 돌과 종이에 남긴 글자체보다 '글자로 할 수 있는 것'을 추구한 정신문화가 두드러지는 곳이었다. 그렇게 열등감을 벗겨내니, 남들이 그러니 그런가 보다 했던 한글의 가치도 스스로 느끼게 됐다.

용어도 그렇다. 자기 관점으로 맥락을 이해하는 과정에서 알맞은 용어를 고르고 새로운 용어를 만드는 것은 그만큼 살아있다는 표시다. 예를 들어 한국의 젊은 세대가 의식적으로 '활자'를 쓰기 시작했다면 어떨까. 그래서 (활자는 옛것을 말할 때만 쓰는) 중국이나 일본 사람이 당신들은 왜 활자란 말을 아직도 쓰냐고 물었을 때, "예나 지금이나 활자의 본질은 달라지지 않았기 때문"이라고 답한다면 자기 관점으로 맥락을 짚고 있다는 뜻이다. 정말 이런 일이 벌어지면 적잖이 감격스러울 것이다. 빠르게 바뀌는 디지털 시대의 타이포그래피도 그렇게 풀어가야 한다.

우리의 활자 유산은 아쉽게도 왜(목적)와 어떻게(방법)가 남지 않아 개념이 약하다. 그래서 용어도 여기저기서 빌려 쓰다가 1970년대 후반부터 「글꼴모임」[20]을 중심으로 용어를 다듬고 새로 만들기 시작했다. '글꼴'도 이때 나온 용어다. 자기 관점으로 용어를 살피기 시작한 지 수십년이다. 길게 보면 지금도 암중모색 단계이며 믿을만한 사전적 정의는 100여년 후에나 가능할지도 모른다. 용어는 맥락을 따르고 맥락은 관점을 따른다. 자기 관점으로 맥락에 맞는 용어를 하나하나 가려 쓰면 자연스레 깊고 넓어진다. 사과나무를 심듯 하나씩 만들면 다시 유산이 될 것이다. 한글이 그래온 것처럼….

한 몸의 여러 움직임——스타일 이야기

디자인-스타일-트랜드는 하나처럼 붙어 다닌다. 헤어스타일이나 패션스타일이 그렇고 북유럽스타일이나 아메리칸스타일처럼 삶의 방식까지 포함하는 라이프스타일도 그렇다.

스타일은 무슨 뜻일까. 대부분의 사전은 양식(樣式)이나 방식(方式)으로 풀이한다. 식(式)은 여러 사람이 따르는 법(法)을 뜻하니 공동체의 규범인 셈이다. 그렇게 생각하면 양식은 함께 움직인 결과를 가리키고 방식은 함께 움직인 과정을 가리킨다. 그리고 때로는 함께 움직인 결과와 방식을 아울러서 스타일로 부른다.

어떤 스타일을 따른다는 것은 어떤 공동체(일종의 클럽)에 가입하는 것이다. 그곳의 규범에 따라 행동하고 소속감·연대감을 느끼며 심리적 안정을 찾기도 한다. 우리는 스타일을 따르거나 거스르기를 반복하며 자신을 드러낸다. 그렇게 다수가 따르는 스타일의 추세를 트랜드라고 한다.

인간은 더불어 살아가는 한 의·식·주에 걸쳐 여러 스타일을 따를 수밖에 없다. 단지 따르는 스타일이 많으면 세상의 변화를 빠르게 느낄 수 있고, 적으면 내 색깔을 뚜렷하게 만들 수 있을 뿐이다.

체——여럿을 묶는 하나

타이포그래피도 스타일이 중요하다. 라틴 타이포그래피의 역사와 방법론을 체계적으로 정리한 『The Elements of Typographic Style』(1992)[21]도 '타이포그래피 스타일의 요소'다. style의 어원은 쓰기 도구를 뜻하는 라틴어 stylus(tool of writing, 새김용 바늘)다. 디지털 펜슬도 스타일러스 펜(stylus pen)이라고 한다. graphic, typography, style 모두 쓰기·그리기와 밀접한 연관이 있는 낱말들이다.

스타일이란 여럿이 공유하는 요소의 집합으로 타이포그래피에서는 체(體)라는 말을 더 많이 쓴다. 말체·문체·서체·공동체 모두 여럿을 하나로 묶는 개념이다. 여럿이 쓴 롤링페이퍼나 방명록에는 여러 체가 있지만, 한 사람이 쓴 일기장에는 하나의 체가 있다. 한 몸이 썼기 때문이다. 따라서 글자체란 한 몸이 취한 여러 동작의 모둠이다. 이들을 빨리 돌리면 자연스러운 애니메이션이 된다.

글자의 모양새는 체와 형으로 나누기도 한다. 체는 여러 글자끼리 '얼마나 같은가'를, 형(形, form)은 한 글자가 '얼마나 다른가'를 살피는 개념이다. 따라서 자체(字體)는 글자의 일관성이고 자형(字形)은 글자의 개성이다. 예를 들어 한 사람이 아무 생각 없이 '별'을 세 번 연달아 썼다면 세 별은 같은 자체 다른 자형이다.

한자는 여러 체로 쓴다. 공적인 글은 알아보기 좋게 해서체(楷書體, 또박또박 쓰기)로, 사적인 글은 행서체(行書體, 살짝 흘려쓰기)나 초서체(草書體, 확 줄여 쓰기)로 썼다. 예를 들어 상소문은 해서체東로, 편지는 행서체東로, 시는 초서체东로 쓰는 것이다. 물론 같은 해서체도 쓰는 사람마다 차이가 있고, 유명 서예가를 기점으로 계보도 있다. 그들의 법첩(法帖, 본받을 만한 글자를 모은 책)을 따라 쓰며 기본을 익혔기 때문이다. 한국인에게 가장 익숙한 해서체는 본인이 많이 본 『천자문』의 글자체일 것이다. 나는 어릴 때 『한석봉 천자문』을 봤다.

[위] 최초의 연속사진으로 꼽히는 「달리는 샐리 가드너」(Sallie Gardner at a Gallop), 1878／[아래] 「달리는 남자」(A man sprinting), 1887. 사진 : 에드위어드 머이브리지(Eadweard Muybridge). 각 프레임끼리의 공통점이 체, 차이점이 형이다.

국 동 영 원 월 울

国東永遠月鬱

国東永遠月鬱

国東永遠月鬱

国東永遠月鬱

国東永遠月鬱

国東永遠月鬱

다양한 명조체 디지털 폰트. 가로로는 자체(얼마나 비슷한가)를 세로로는 자형(얼마나 다른가)을 알아볼 수 있다. 자형의 차이가 가장 큰 글자는 (획 수가 적은) 月이고 적은 글자는 (획 수가 많은) 鬱이다. 균형 잡힌 자체와 자형의 디자인을 하려면 수년 동안 높은 집중력을 일관되게 유지해야 한다. 폰트 이름은 위부터 차례로 Yu Mincho(Jiyukobo), Tsukushi Mincho(Fontworks), Toppan Bunkyu Mincho(Toppan), Hiragino Mincho(Screen GA), Kozuka Mincho(Adobe), Reimin(Morisawa)이다. 모두 디지털 폰트지만 깊은 지식·기술과 오랜 피·땀이 녹아든 소중한 문화유산이다.

한자 인서체의 여러 이름—송체·명조체·인서체

나라마다 한자 인서체를 가리키는 말이 다르다. 중국은 '송체(宋體, songti)'라고 한다. 목판술이 번성한 송나라 때 시작됐다고 보기 때문이다. 한편 일본은 '명조체'(明朝體, minchotai)라고 하는데 그 기원에 대해서는 여러 추측이 있다. 명나라 말기 승려 은원(隱元)이 도쿠가와 막부의 지원으로 교토에 만복사(万福寺, 1661~)[22]를 세웠는데, 이곳은 명나라 만복사를 그대로 베껴 이름뿐 아니라 인쇄·건축·미술·음악·차·요리 등 모든 것이 명나라 스타일이었다. 그곳에서 펴낸 대장경인 철안판일체경(鉄眼版一切経, 1678)의 글자체가 '명조체'의 기원이라는 설이 그중 하나다. 교토 만복사는 최대규모의 중국식 선종(禅宗) 사찰로 젠스타일(禅style)의 원류이기도 하다.

오늘날 한국은 인쇄용 체라는 '목적'을 따라 인서체(또는 인쇄체)라고 하고, 중국은 '기원'을 따라 송체라고 하며, 일본은 들여온 '시기'를 따라 명조체라고 한다. 결국 한국은 인쇄스타일, 중국은 송스타일, 일본은 명스타일로 부르는 셈이다. 우리도 한동안 일본의 영향으로 한글 폰트를 명조체로 이름 붙였다. 부적절한 표현이라는 여론이 일자, 1996년 문화체육부는 '明朝, 민쵸'를 바탕체(본문 즉 바탕글에 쓰는 체)로, '고싯쿠·고짓꾸'(gothic의 일본식 발음)를 돋움체(눈에 띄게 돋운 체)로 순화했다.[23] 하지만 이미 명조체라는 이름으로 퍼진 폰트가 너무 많아서 명조체란 말을 쓰지 않을 수 없었다. 다행히 요즘 나오는 본문용 폰트는 바탕, 부리, 세리프라는 이름을 쓰니 앞으로는 상황이 달라질 수 있다.

하지만 만일 누군가가 '본문용 돋움체'를 만들면 '바탕체인 돋움체'가 된다. 이렇게 새로운 것이 나타나면 용어도 복잡해지고 글자체의 분류와 정의도 어려워진다. 하지만 기존 체계를 흔드는 글자체가 나와야 깊고 풍성해지니 꾸준히 대화하며 즐길 필요가 있다.

일본식 근대 활판술과 명조체

일본 명조체의 유래가 명스타일이고 기원이 송스타일이라는 것을 역순으로 다시 설명하면 이렇다. ①송나라 때 한자 인서체가 퍼지기 시작했고 (하지만 크게 유행하지는 않았는데) ②명나라(중기) 때 인서체 서적이 유행했으며 ③(명 다음인 청 초기에) 조선과 일본은 명스타일을 들여와 트랜드를 따랐다.

1869년 상해의 선교사 윌리엄 갬블(William Gamble)은 성경 출간을 위해 만든 활판인쇄술 세트(인서체 납활자, '전기 도금 납활자 주조술', 인쇄술)를 모토키 쇼조(本木昌造, 1824~1875)[24]에게 가르쳐준다. 이 사건이 중요한 이유는 동아시아의 목판과 활판이 다듬어 온 ①한자 인서체 유산에 ②서구의 기술을 접목해 ③대량생산 체계를 완성하기 때문이다.

고전적인 서구의 금속활자 주조술은 수작업이었기 때문에 글자 수가 많은 한자에는 도입할 수 없었다. 그러나 갬블이 가르쳐준 방법은, 19세기 초부터 유럽에 퍼진 전기 도금 기술(electroplating)을 납활자 주조에 적용한 것으로, ①목활자로 볼록판을 만들고 ②밀랍에 찍어 오목판을 만든 다음 ③표면을 전기 도금해 볼록판을 만들고 ④이를 다시 전기 도금해 오목판(거푸집)을 만든 뒤 ⑤끓는 납을 부어 볼록판(활자)을 얻는 전태법(電胎法)이었다.[25] 즉 목활자로 볼록판(씨활자)을 만드는 단계까지는 고려·조선의 방식과 같으나, 금속 주조 과정을 크게 바꿔 '한자 납활자의 대량 생산 체계'를 만든 것이다.

일본은 이 사건을 계기로 동아시아 인쇄 시장 점유율과 영향력을 높인다. 여러 일본 기업이 명조체 폰트를 개발·판매하며 디자인 수준도 한 단계 끌어올렸으며, 이 과정에서 세련된 한자 인서체를 상징하는 '명조체' 브랜드도 만들어진다. 1970년대에는 한자 명조체와는 사뭇 다른 '한글 명조체'를 만들어 한국에 판매한다.

한글 명조체가 이상한 이유

송체(또는 송조체), 명조체 모두 폰트 이름에서 퍼진 말이다. 한국에 '명조'라는 낱말이 퍼진 이유도 ○○신명조(新明朝, 새로운 명조), ○○신신명조(新新明朝, 거듭 새로운 명조) 같은 폰트 이름 때문이다. 뜻을 추측하면 '한자 인서체 요소로 만든 한글 인서체'정도가 되겠으나 그러기엔 한자 인서체 요소가 너무 적다. 명조라고 말하기 어려운데 굳이 '새로운' 명조라고 하니 억지스럽다. 참고로 한자 인서체 요소를 충분히 넣어 디자인한 한글 폰트에는 순명조(純明朝, 순수한 명조)로 이름 붙이기도 했다.

많이 알려진 한글 명조체인 ○○신명조·세명조·중명조·태명조·견출명조 등은 일본의 사진식자 회사가 자사 명조체 폰트와 함께 쓸 한글 폰트에 붙인 이름으로 추측한다. 이후 한국 회사가 이를 베껴서 만든 폰트에도 명조라는 이름을 붙였다. 그러나 한자 명조체와 스타일이 달라 이치에 맞지 않았고, 일본 폰트 회사가 큰 고민 없이 붙인 상품명을 그대로 가져다 쓴다는 정서적 거부감도 있었다. 물론 이는 이름의 충돌이지 쓰임새의 충돌은 아니다. 한·일 본문용 폰트를 디자인한다면 바탕체(한글)+명조체(한자·가나) 조합을 벗어나기 어렵다. 이들은 각국에서 오랜 시간에 걸쳐 대표적인 본문 스타일로 자리 잡았기 때문이다.

인쇄하다 보면 옅은 색으로 애먹을 때가 많다. 잉크나 인쇄 압력이 살짝만 바뀌어도 다른 색이 되기 때문이다. 본문용 폰트도 그렇다. 작은 차이도 읽을수록 누적·증폭되어 커지므로 정밀하고 노련해야 한다. 잘 만든 본문용 폰트는 그 회사(또는 디자이너)의 얼굴이자 자부심이다. 특히 글자 수가 많은 동아시아에서는 더욱 그렇다. 그런 본문용의 역사가 곧 인서체의 역사이니 이름에 민감할 만도 하다. 외국의 영향을 받아서가 아니라 이치에 맞지 않아서 문제였다.

書롤잦히충밝

書롤잦히충밝

書롤잦히충밝

書롤잦히충밝

書롤잦히충밝

書롤잦히충밝

명조체 ‘書’와 바탕체 ‘롤잦히충밝’의 비교. 명조체 폰트는 「Hiragino Mincho」(Screen GA)이고 바탕체는 위로부터 「sm세명조」(직지소프트), 「sm중명조」(직지소프트), 「sm신신명조」(직지소프트), 「윤명조」(윤디자인), 「sm순명조」(직지소프트), 「클래식」(채희준)이다. 위 네 개는 필서체 요소인 붓맛이, 아래 두 개는 인서체 요소인 칼맛이 두드러진다.

옛 책 스타일—인서체+판식

디지털 이전에는 종이에 글자를 찍으려면 '활자 크기-글줄당 글자 수-총 글줄 수'를 계산해서 글이 차지하는 자리를 마련해 둬야 했다. 모니터로 미리 볼 수 없어 잘못된 계획은 고스란히 손실로 이어졌다. 그때의 방식은 '지나가면 끝'이었으므로 면밀한 계획은 일의 기본이었다. 하지만 생산성 높은 디지털 기술이 옛 스타일을 압도하지 못하고 있다. '빠릿빠릿 산만'은 수정 속도는 올리지만 '차근차근 집중'만큼 일의 속도는 올리지 못하기 때문이다. 언제든 이전으로 돌아갈 수 있다는 디지털의 안락함은 일의 순서를 뒤죽박죽 섞어버렸다. 일의 속도를 올리려면 이전 스타일(제작 양식+사고 방식)에서 '살려내 봄직한 요소'를 찾아볼 필요가 있다. 예를 들면 (모니터에 의존하지 않는) 디자인의 수학적 설계와 그에 따른 계획·소통·진행이다.

옛 책 스타일을 만드는 두 개의 축은 판식과 인서체다. 판식(版式)이란 판면(版面, 잉크를 묻혀 찍어내는 면)의 구성을 정량화한 양식으로 글줄당 글자 수와 쪽당 글줄 수를 따진다. 20자×10줄=200자(20자짜리 글줄 10개)의 판식이 대표적이다. 여기에 인서체 활자를 더하면 옛 책 스타일이 완성된다. 판식이 무대라면 인서체는 배우인 셈이다. 이 전통은 신문사의 정교하고 체계적인 조판으로 발전하였고 잡지·단행본 출판사에도 영향을 미쳤다. 본문용 활자의 가독성을 따질 때도 적합한 판식을 갖추고 실험 조건을 명확히 밝힌다.

옛 책 스타일(인서체+대장경 판식)을 현대적으로 압축한 글쓰기 플랫폼이 원고지다. 지금도 언론·출판사는 원고료 책정 기준으로 원고지 1매(20자×10줄=200자)당 단가를 쓴다. 원고지는 초등학교 쓰기 교육의 플랫폼이기도 했다. 원고지의 한 칸을 가져와 네모 칸 안에서 문자를 익히는 것이 1단계, 원고지로 돌아와 글쓰기를 익히는 것이 2단계, 원고를 인서체로 인쇄하는 게 3단계였다.

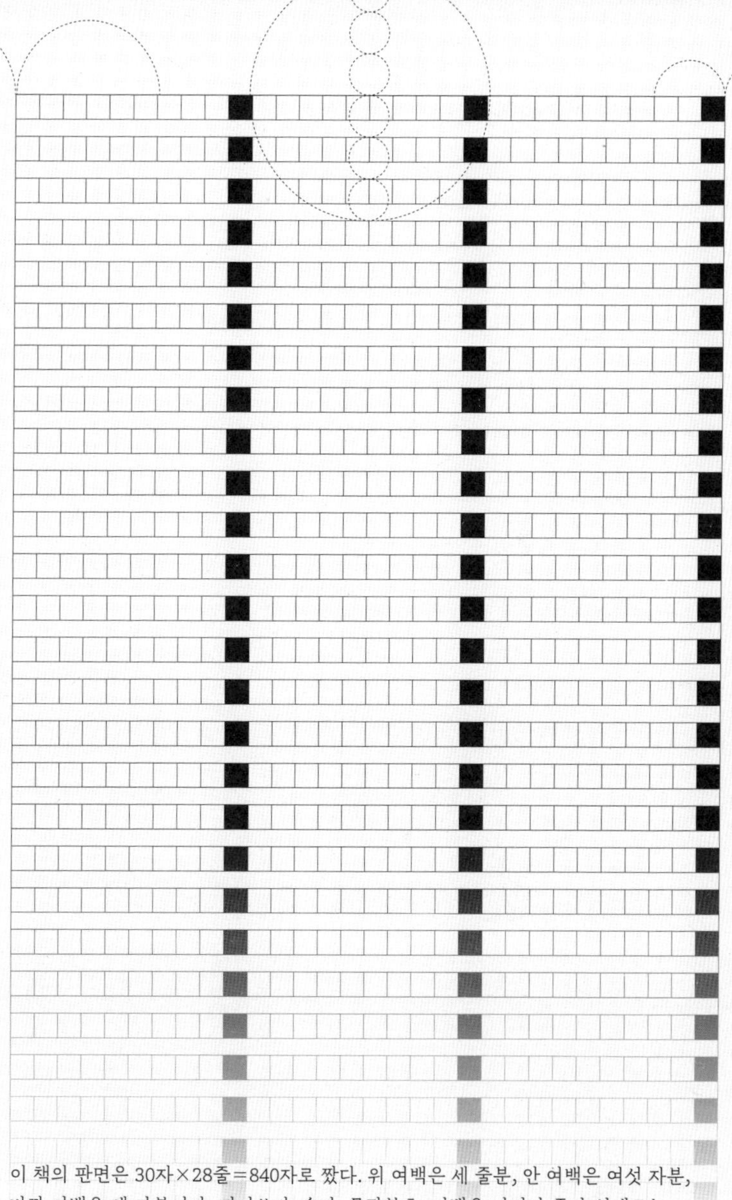

이 책의 판면은 30자×28줄=840자로 짰다. 위 여백은 세 줄분, 안 여백은 여섯 자분, 바깥 여백은 세 자분이다. 띄어쓰기, 숫자, 문장부호, 여백은 너비가 좁아 실제로는 10~20% 더 들어간다. 앞쪽의 실제 글자 수는 931자로 원고지 5매 분량이다.

동아시아 트랜드의 다른 말—당자·명조체·카라아게

숙종 때 교서관(校書館)에서 명나라 글자체를 들여와 조선 최초의 인서체 금속활자인 「교서관인서체자」(校書館印書體字)를 주조했다. 주조 시기는 정확지 않으나 1684년 『낙전선생귀전록』에 사용한 것으로 보아 그 이전일 것으로 추측한다. 일본 만복사도 명나라 글자체를 들여와 1678년에 『철안판일체경』을 찍었으니 비슷한 시기다.

조선·일본 모두 17세기 후반에 명나라 인쇄스타일 세트(인서체+대장경 판식)를 들여온 셈이다. 『낙전선생귀전록』과 『철안판일체경』은 글자체가 닮았고 판식도 20자×10줄로 같다. 단지 일본은 목판으로 찍어냈고 조선은 금속활자로 찍어냈을 뿐이다. (명조체라는 용어를 쓰지 않고) 인서체의 역사로 보면 닮은 점이 잘 보인다.

당시에는 「교서관인서체자」를 '운각당자'라고 했다. 운각(芸閣, 교서관의 다른 이름)에서 만든 당자(唐字, 중국식 글자체)라는 뜻이다.[26] 당(唐)은 중국을 일컫는 말로, 조선 후기에는 중국 문물을 배우려는 움직임을 당학(唐學)이라고 했다. 일본의 닭튀김 요리를 일컫는 카라아게(唐揚げ)도 '중국식 튀김'이라는 뜻이다. 이 튀김법의 유래도 일본 만복사를 세운 명나라 승려 은원이란 설이 있다.

優婆塞戒經卷第一　北涼天竺三藏法師曇無讖譯
集會品第一
如是我聞一時佛在舍衛國祇陀林中阿那邠坻精
舍與大比丘僧千二百五十人五百比丘尼千優婆
塞五百乞兒爾時會中有長者子名曰善生白佛言
世尊外道六師常演說法教衆生言若能晨朝敬禮
六方則得增長命之與財何以故東方之土屬于帝
釋有供養者釋提桓因則爲護助南方之土屬閻羅
王有供養者彼閻羅王則爲護助西方之土屬婆婁

철안판일체경(1678)[32]

일본은 16세기부터 19세기 후반(메이지유신 이전)까지 당(唐)을 외국의 의미로 사용했으며 조선인까지 당인(唐人)으로 부르기도 했다.[27] (청이 1636년에 건국했음에도 불구하고) 동아시아의 문화적 트랜드를 이끈 '당·송·명의 영향력'은 상당했다.

樂全先生歸田録

五言古

山居書事

早春在基百堂無所事事吟得五古五律七
絶七律各八首貼之户牖間皆率意無復點
檢云

拂衣歸梓里稅駕數椽屋疎籬揷江岸承雨種果木
萬象難强名變態相隨屬榮利不可極晩途嗜幽獨

二

志適勝神仙道存忘寵榮何勞上封事却笑昇天行

樂全堂歸田録 一

「교서관인서체자」(명나라 인서체를 들여와 조선 교서관에서 주조한 금속활자)로 찍은 『낙전선생귀전록』(樂全先生歸田錄, 1684), [소장] 한국학중앙연구원

한자의 분신술—자체

획 수가 많은 한자는 오랜 단순화 시도와 유행을 거치며 다양한 이체자(異體字, 음·뜻은 같고 체만 다른 글자)를 거느리게 됐다. 한 문자에 여러 자체(字體)가 있고 국가별 표준 자체도 다르다. 중국은 많이 간소화한 간체(簡體)를, 대만·홍콩은 거의 그대로인 번체(繁體)를, 일본은 살짝 간소화한 신자체(新字體)를 쓴다. 한국은 번체와 비슷한 정자를 쓴다. 몸 '체'자의 이체자는 體-体-躰-軆-骵가 있으며, 한국·대만·홍콩은 전통적인 體를, 중국·일본은 실용적인 体를 표준으로 한다.

<table>
<tr><th>문자 \ 자체</th><th>중국(간체)</th><th>일본(신자체)</th><th>대만·홍콩(번체)</th><th>한국(정자)</th></tr>
<tr><td>푸를 청</td><td colspan="3">青</td><td>靑</td></tr>
<tr><td>몸 체</td><td colspan="2">体</td><td colspan="2">體</td></tr>
<tr><td>둥글 원</td><td>圆</td><td>円</td><td colspan="2">圓</td></tr>
<tr><td>섬 도</td><td>岛</td><td colspan="3">島</td></tr>
<tr><td>입 구</td><td colspan="4">口</td></tr>
</table>

일본어 폰트의 이름 끝에 붙는 Pro, ProN, Pr6N은 일반용(std: standard) 보다 글자가 많은 전문용(pro: professional)을 뜻한다. 추가자는 대부분 이름용 한자다. 예를 들어 '요시'라는 이름에 쓰는 길할 '길'자는 吉-吉 중에서 골라 쓴다. 한때는 표준 자체밖에 쓸 수 없었으나 디지털 폰트의 규격 확장으로 한 폰트에 여러 이체자를 넣으면서 골라 쓸 수 있게 됐다. 앞서 체는 (같은 폰트 안에서) '여러 글자를 묶는 하나의 스타일'이라고 했는데, (위 표처럼 역사적 변천의 맥락에서) '하나의 문자가 지닌 여러 쓰기 스타일'을 뜻하기도 한다. 따라서 '吉과 吉'은 한 폰트 안에 있는 같은 글자체지만 역사적 맥락에서는 (한 문자의) 다른 체 즉 이체자다.

한자 인서체의 기원을 송나라나 명나라가 아니라 청나라 「강희자전체」(康熙字典體, 1716)로 보는 맥락도 있다.

20세기 중반 시작된 산업 표준화로 한자 이체자 중 하나를 표준 자체로 정하는 국가 표준을 만든다. 하지만 관습이 일관적이지 않고 이체자도 워낙 많아 표준 자체의 결정 기준을 찾는 데 어려움을 겪었다. 예를 들면 體의 이체자인 体도 원래는 전혀 다른 문자인 笨(거칠 분)의 이체자였다. 이런 상황에서 학자·전문가의 의견을 모으려면 강력한 권위가 필요했다.

이때 규범으로 삼은 것이 『강희자전』(康熙字典, 1716)을 찍어낸 「강희자전체」다. 『강희자전』은 근대 이전에 만든 최대 규모의 자전(글자의 뜻·음·형태를 풀이한 사전)으로 인서체의 표준 형태를 규정할 때 좋은 본보기가 된다. 이처럼 한자 인서체의 역사적 거점은 송나라(기원)도 되고 명나라(유행)도 되며 청나라(문서)가 되기도 한다.

「강희자전체」는 영조 5년(1729년)부터 유입되기 시작해 조선 후기의 인서체 트랜드에 커다란 영향을 미쳤다. 정조의 명으로 규장각에서 만든 목활자인 「생생자」(1792)도 그중 하나다. 또한 높은 완성도로 조선 후기를 대표하는 금속활자인 「정리자」(1796)도 「생생자」를 씨활자 삼아 금속활자로 주조한 것이다.

교육부도 '한문 교육용 기초 한자'의 표기 기준으로 '강희자전의 자형을 기본으로 한다'고 밝히고 있다. 일본 명조체도 마찬가지로 「강희자전체」의 계보에 있다.

『강희자전』은 한자 인서체의 본보기로 큰 영향력을 행사하지만 오류가 없는 것은 아니다. 폰트도 마찬가지다. 꼼꼼히 살펴보면 잘못 디자인되었거나 애매한 부분이 있으나 이미 배포되어 그렇게 쓰고 있는 사람이 한 명이라도 있는 이상 되돌리기 어렵다.

挈二十 按二十五 拒六 揷二 挌四 挍五 挎五 挏七 捍二 挐二十 挑十五

㊆ 挨二十五 挩六 挪三 挫十四 挭五 振二十五 捏三 挱五 挴六 揭七

挹二十 挺十七 挻六 挸四 括四 挼八 挽二十五 [illegible]三 挾十七 捁六 捂五

捃十 捄二十六 捅七 捆六 捇五 捈六 捎十八 捊十四 捋十四 捌十六 捍二十

捉二十五 捐二十 捒六 捓七 捔十四 捕二十五 捖八 捗六 捘四 ㊇ 捥十二

[illegible]四 掾三 捧二十五 捨二十 捩十四 揔四 捫十六 捬六 捭十二 据八 捱十二

捲十八 捶十三 捷二十五 掾三 捺六 捻六 捼八 捽十八 捾六 捿六 [illegible]三

掀十六 [illegible]四 掃十五 拼六 掁五 掄十六 掅八 掆六 授二十五 掉十七 掊十四

掌二十五 掍七 掎十六 掐七 掑四 排三十 [illegible]六 掔六 掖二十 掗四 掘二十

探二十五 掚五 掛二十 挸八 掝五 掞六 掟四 掠十五 採二十 [illegible]四 掙四

四畫

卅一

「생생자」(목활자, 1792)로 찍어낸 『생생자보』(生生字譜, 1794)[33]

한자의 매력—추상

한반도와 일본에서는 줄여 쓰거나 흘려 쓴 한자를 소리문자로 활용하는 방법을 오래전부터 써왔다. 美(미국), 英(영국), 佛(프랑스), 伊(이탈리아) 같은 외국명 표기도 청·일본이 자국 한자 발음으로 가차(假借, 소리만 빌림)한 것이다. 아메리카와 전혀 다른 美國이란 이름도 美利堅(American의 청나라식 가차)에서 美만 남기고 國을 붙인 것이다.

같은 원리로 소리문자를 만든 것이 일본의 가나(仮名, 뜻은 두고 소리만 빌림)다. 가타카나(片仮名)는 한자 해서체의 한쪽만 쓴 소리문자로 加의 왼쪽 부분인 カ만 골라 써서 [ka]로 읽는 방식이다. 히라가나(平仮名)는 한자 해서체를 흘려 쓴 초서체로 만든 소리문자로 加를 흘려 쓴 か를 [ka]로 읽는 방식이다. 우리도 한글 이전에는 이런 방식을 썼다. 신라의 구결(口訣)도 [ka]를 カ로 표기했으며 이를 가타카나의 기원으로 보는 학자들[28]도 있다.

발음	골라쓰기 → 가타카나		흘려쓰기 → 히라가나	
아	阿	ア	安	あ
카	加	カ	加	か
사	散	サ	左	さ
타	多	タ	太	た
나	奈	ナ	奈	な

일부만 골라 쓰거나 흘려 쓰는 게 일상이던 한자 문자권에서는 모든 체를 읽고 쓰는 것이 교양이었다. 특히 크로키(croquis, 빠른 특징 묘사)하듯 핵심만 추출하는 초서체로 뜻이 통할 땐 묘한 카타르시스를 느낀다. 추상화의 이치다. 어려워서 골치 아픈 한자지만 그림과 글자의 경계를 넘나드는 매력은 치명적이다.

한자 초서체를 서예의 극치로 꼽는 이유도 추상 때문이다. 한글에서도 그 매력을 느껴보고 싶지만 지극히 합리적인 설계로 추상할 곳이 적다. 점 하나만 사라져도 다른 글자가 되기 때문이다. 궁서체에도 흘림이 있으나 과감한 생략이 두드러지는 한자 초서체와는 차이가 크다.

스타일의 단위—인치-파이카-포인트

인치(inch, 약 25.4mm)는 엄지손가락 첫 마디 길이에서 유래했다. '세 치 혀'의 치(한자로는 촌寸)도 그렇다. 인치로 재기에 너무 자잘한 것엔 인치를 6으로 쪼갠 파이카(pica, 약 4.2mm)를 쓴다. 이 정도 스케일이면 글줄 길이를 재기 좋다. 그러나 활자 크기를 재기엔 여전히 커서 파이카를 12로 쪼갠 포인트(pt, 약 0.35mm)를 쓴다. 인치-파이카(⅙ 인치)-포인트(1/72인치)는 크기별로 정렬된 드라이버 세트처럼 종이-글줄 길이-활자 크기를 재기 좋다. 가끔 pt를 포인트가 아닌 피티로 읽을 만큼 낯선 단위지만 라틴 타이포그래피의 기본 단위다.

디지털 초창기의 '화면 해상도=72ppi(pixel per inch)'라는 공식은 1인치에 72개의 픽셀이 들어간다는 뜻으로 모니터 화소 단위(pixel)를 활자 단위(pt)와 똑같이 맞춘 것(1pixel=1pt=1/72 inch)이다. 덕분에 10포인트로 인쇄하던 스타일을 디지털 환경으로 가져올 수 있었다. 초기 모니터는 타자기처럼 읽고 쓰는 용도였기 때문에 단위 호환과 질서유지는 민감한 문제였다. 이후 모니터의 해상도가 높아지며 아날로그와 디지털의 1:1 스케일 관계는 복잡해졌다.

내 컴퓨터의 1:1 스케일 여부를 확인하려면, 자주 쓰는 애플리케이션에서 A4 크기의 문서를 만들어 100% 크기로 보이게 하고 화면에 A4용지를 대본다. 우리는 모니터를 맹신하는 경향이 있다.

활자에 담긴 마음은 '글씨 쓰는 부담, 말하는 부담을 줄여줄게'며, 원리는 '미리 마련해 두고 필요하면 꺼내쓰기'다. 그래서 활자는 손(글씨 쓰기)과 입(말하기)의 기계적 확장이다. 그렇다면 기계화 전과 후, 손으로 쓴 글자와 활자로 찍어낸 글자는 어떤 변화를 불러왔을까.

○사회적 역할과 인식의 변화——20세기까지 활자는 손글씨의 복제품, 영혼 없는 기계 취급을 받았으나 표현력·가독성을 꾸준히 끌어올려 디지털 사용자 경험의 핵심 요소가 됐다. 정부24, 홈텍스 같은 사무·행정의 온라인 서비스로, 손글씨의 대체제에서 비대면 소통의 필수재로 성장한 활자는 모든 공적 소통에 관여하며 '비대면 공간의 산소' 같은 존재가 됐다. 각종 상품·서비스·인포그래픽·사인 시스템은 어떤 폰트를 썼는가로 정체성을 드러내고 기업은 커스터마이징 폰트(전용 서체)로 브랜딩을 한다.

○미학의 변화——활자 미학의 핵심은 '기계적 균질함'이지만 그 이면에는 비균질적 속성도 있다. 운전할 때 도로가 너무 곧으면 졸리듯 글자도 너무 균질하면 지루하다. 목표·재료에 걸맞은 적당량의 효모가 빵과 술의 맛을 좌우하듯, 활자도 적당량의 노이즈(비균질 요소)가 읽고 쓰는 맛을 좌우한다. 디지털 시대에 들어 매체의 물성적 변수가 줄어들자, 타입디자이너는 필사본·활판본에서 쓰기나 찍기의 삐짐·삐뚤어짐·눌림·번짐의 요소를 추출해 글자체에 녹여냈다. 폰트뿐 아니라 메모·노트·일기·편지 같은 일상적 쓰기에서 노이즈를 감각하는 습관을 들이면 글줄의 질감을 보는 안목이 높아진다.

활자를 몸의 확장으로 보면 그동안 쌓은 감각-지식-감정을 활용할 수 있다. 읽기를 조깅에 비유하면 반반한 아스팔트길, 푹신한 숲길, 울퉁불퉁한 오솔길의 경험에서 글줄 질감의 디자인 콘셉트를 가져올 수 있다.

잘 만든 글자체의 조건—빼기

활자의 목적은 (글자가 아닌) 문장의 복제다. 특히 '오래 읽기' 위한 본문용 활자는 더욱 그렇다. 쪽자(초·중·종성자 통칭)는 글자를 위하고(이롭게 하고) 글자는 낱말을 위하며 낱말은 글줄을, 글줄은 단락을 위한다. 그렇게 글자체의 디자인(쪽자-글자-낱말-글줄-단락)은 글을 위한다.

예를 들면 이렇다. ①'ㅅ'의 디자인은 ㅈ도 위하고 ㅊ도 위해야 한다. 그러니 ㅊ을 고치면 ㅈ-ㅅ도 살펴야 하고 ㅎ도 챙겨야 한다. 또한 받침으로 들어갈 때도 따져야 한다. ②'시'의 디자인은 서-사-새를 위하고 싯-섯-삿-샛을 위하며 씻-썼-쌌-쨌을 위한다. 또한 스를 위하고 다시 소-수를 위하며 슷-솟-숫을 위해야 한다. 이렇게 만들다 보면 조금씩 다른 모양의 시옷만 최소 수백 개에 이른다.

관계가 복잡하니 하나를 바꾸면 도미노처럼 일이 커진다. 예를 들면 이렇다. '아'의 디자인이 참 잘 나왔는데 옆에 오는 글자들과 크기가 조금씩 다르다. 글자 크기가 다르면 쓸데없이 이목을 끌어 몰입을 깬다. '아-우'의 크기를 맞춘다. 아우·앙우·아웅·앙웅, 아와·앙와·아왕·앙왕의 크기도 맞춘다. 아우아-앙웅앙-왕웡왕 같은 세글자 조합도 맞추고 아안알-우운울, 하한할-후훈훌 같은 모임꼴끼리의 크기도 따져야 한다. ㅇ·ㅁ·ㅎ은 아주 작은 차이로 다르게 보인다.

글자체를 잘 만들려면 신발 속 작은 모래처럼 거슬리는 요소를 찾아 꾸준히 드러내는 작업이 중요하다. 특히 긴 글을 읽는 사람에게는 '어떤 문자인지까지만 판단하는 최소한의 정보'를 신속·정확하게 전해야 한다. 그러기 위해서는 좋은 것 더하기보단 안 좋은 것 빼기, 할 일 목록보단 안 할 일 목록(not to do list)이 중요하다.

잘 만든 글자체의 조건은 더하기보다 빼기다. 높은 집중력으로 꾸준한 몰입 상태를 유지하려면 복잡한 문제의 매듭을 풀고 군더더기를 없애 단순한 얼개로 덮어써야 한다.

아슬아슬하게 걸치는 못생김의 미학

잘 만든 폰트도 못생긴 글자를 품고 있다. 수 천자를 그리면 디자인 콘셉트에 따라 잘생긴 글자와 못생긴 글자의 운명도 갈린다. 예를 들어 무게가 나갈수록(굵어질수록) 획이 많은 글자는 미워진다. 지금처럼 가벼운 무게의 '훿'자도 아슬아슬한데 두세 배 무거워진 '**훿**'자는 잔뜩 찡그리고 있어 알아보기 어렵다. 풀어쓰는 라틴문자는 덜하지만 모아쓰는 한글은 이런 일이 많다. 획 수가 많은 한자는 말할 필요도 없다. 그렇다면 모든 글자를 예쁘게 그릴 수는 없는 걸까? 왜 안 되겠는가. 그리 어렵지도 않다. 하지만 저마다 예쁘다고 들이대면 글줄이 들쭉날쭉한다. 활자의 표정은 (글자가 아닌) 문장에서 드러난다. 읽기는 글자의 팀플레이이며 가독성은 팀워의 현재 상태다.

중국에서는 서예를 서법이라고 한다. 법의 테두리 안에서 함께 어울려야 하니 못생긴 글자란 경계에 아슬아슬하게 걸친 존재다. 그런 글자를 어여삐 여겨 법을 바꾸면 금세 좋아지지만 이번엔 다른 글자가 걸친다. 모두를 살리려면 빼도 박도 못하는 상황이 펼쳐진다.

이런 현실을 야속하게 느꼈다면 문장이 아닌 문자를 봤기 때문이다. 이렇게 생각해 보자. 한글 폰트 하나에는 한글만 최소 수천 자가 들어간다. 재미난 것은 못생긴 글자 뒤에 어떤 글자가 올지 모른다는 거다. 혼자는 못났지만 낱말의 일원이 되면 어떻게 달라질 지 모른다. 고독하던 못생김은 어느덧 글줄에 녹아들어 어여쁜 낱말을 만들기도 한다. 반대로 어떤 어여쁨은 함께 어울리지 못하고 낱말을 망가뜨리기도 한다. 제아무리 엄격한 법이라도 온갖 변수로 가득 찬 글줄의 우연을 존중할 수밖에 없다. 글자는 글줄이라는 읽기 세상에 들어가야 비로소 자기 역할을 맡는다. 한 글자체를 오래 써도 질리지 않는 건 글이 바뀌면 표정도 미묘하게 바뀌기 때문이다.

아슬아슬하게 걸치는 못생김이 미묘한 자태의 비결이었다.

덜생김-못생김-잘생김의 삼각관계

타입디자인 과정의 ⅔ 정도까지는 아직 덜 생긴 그래서 지금은 못 생긴 글자를 마주한다. 글자끼리도 족보가 있어 처음에 그릴 글자와 나중에 그릴 글자가 있고, 같은 이유로 일찌감치 제 모습을 갖추는 글자와 나중에 마무리되는 글자가 있다. 1000자 정도 그리고 문장을 흘려보면 유독 덜 생긴 글자가 두더지처럼 여기저기 누비고 다닌다. 망치로 꾹꾹 눌러주고 싶지만 그것도 마뜩잖다. 당장 고치고 싶어도 참아야 하지만 못난 글자를 계속 보면 나의 실력을 의심하고 남은 시간을 촉박하게 느끼기 마련이다.

그러다 사고가 터진다. 아주 마음에 쏘옥 드는 잘 생긴(다 생긴) 글자가 일찌감치 나와버린 거다. 사막의 신기루처럼 마음을 앗아간다. "그래 이거야! 이 기세를 몰아 어서 빨리 다른 글자도 이렇게 만들어 주자!" 그렇게 신중하게 짠 콘셉트와 계획을 무시하고 우연히 조기 등장한 잘생김을 향해 앞만 보고 질주한다. 여기 가서 이렇게 고치니 저기가 안 맞아 다시 고친다. 그렇게 헤집고 다니며 잘생김 하나 만든다고 못생김 열 개를 만들고 있는 자신을 발견하지만 이미 때는 늦었다. 그 잘생김은 모든 글자에 적용할 수 없는 요소를 지닌 돌연변이였고, 인제 보니 잘 생기지도 않았다. 와….

디자이너는 순간순간 일부만이라도 완성해 버리고픈, 최종 모습을 미리 확인하고픈, 그래서 내가 지금 제대로 하고 있음을 증명하고픈 유혹에 빠진다. 무언가를 만드는 사람이라면 누구나 빠지는 유혹이다. 하지만 디자인 과정은 한 겹씩 쌓아가는 것이므로 중간에 예쁘게 툭 튀어나올 수 없다. 어떤 인물화도 왼쪽 눈동자만 먼저 완성할 수는 없다. 완성의 조건은 인상이기 때문이다.

(안쓰러워도) 현재(과정)의 덜생김을 정면으로 마주하고 지금 해야 할 일을 하며 차근차근 잘 생기는 능력이야말로 전문가의 조건이다.

3:1의 싸움

혼자서 셋을 상대해야 한다면? 물러설 곳도 없어 여기서 끝장을 봐야 한다면? 영화 속 한 장면 같지만 글자의 세계에도 먹과 백이 살벌하게 대치하는 격전지가 있다. 모서리다.

물건도 모난 곳부터 닳듯 모서리는 외부의 압력을 세게 받는다. 네모의 오른쪽 위 모서리를 예로 들어보자. 모서리를 그리드로 나눠보면 한 칸짜리 먹을 세 칸짜리 백이 협공하는 3:1 구도가 보인다. 글자가 작으면 모서리도 작고 먹의 면적도 줄어 힘도 약해 제일 약한 끄트머리부터 백에게 잠식당한다. 타입디자이너가 칼같이 예리한 모서리를 의도했더라도 타이포그래퍼가 글자를 작게 쓰면 모서리는 뭉툭하게 깎여나간다.

그래서 모서리를 바깥쪽으로 꼬집어서 먹의 면적을 늘린 글자체도 있다. 먹힐 것을 예상하고 백의 영역으로 더 치고 나가는 것이다. 그런데 타이포그래퍼가 크기를 크게 키우면 꼬집은 모서리가 한결 돋보여 뿔난 모서리가 된다. 큰 덩어리의 먹은 강력한 힘을 갖는다. 하지만 작아지거나 얇아지면 다시 백의 공세를 받는다. 인쇄에서는 너무 얇거나 뾰족하면 잉크가 안 묻거나 덜 묻을 수 있다. 특히 코팅이 덜 된 (푸석푸석한) 용지를 쓰면 더 그렇다. 디지털 디스플레이는 백의 자체 발광으로 먹이 침식된다. 따라서 너무 키우거나 너무 줄인 글자는 디자인 의도를 왜곡해 글자의 인상을 바꿔버리기도 한다. 힘의 균형이 깨져 내란이 일어나는 것이다.

타이포그래피를 완성하는 것은 타입디자이너인가 타이포그래퍼인가. 당연히 둘의 협업이다. 서로 만날 수도 대화할 수도 없는 사람끼리 만드는 침묵의 팀워크이다. 폰트를 왜 이렇게 만들었을까 궁리하며 조판하다 보면 느끼는 게 있다. 꾸준한 관찰이야말로 디자인을 잘하고 즐기게 만드는 최고의 습관이다.

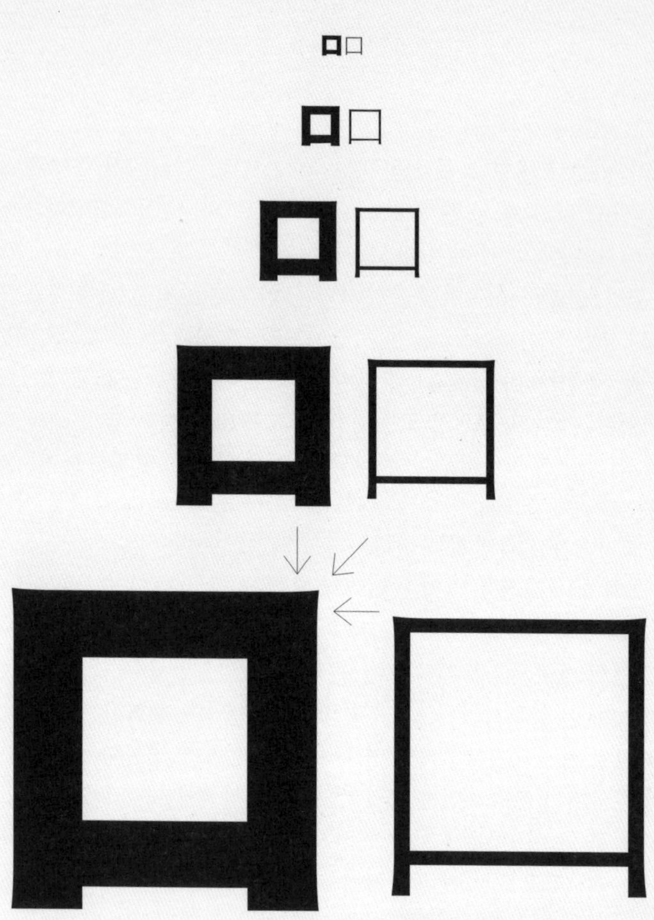

뾰족하게 꼬집은 모서리는 작은 크기(주력 크기)에서 직각으로 보이기 위한 장치다. 하지만 크게 쓰면 뿔난 것처럼 보인다. 크기에 따라 발생하는 변이는 디자인 콘셉트에 따라 맛이 될 수도 있고 흉이 될 수도 있다. 그 아슬아슬한 줄타기도 디지털 폰트의 맛이다.

혼돈기에 꽃피운 모아쓰기 프로그래밍

한글은 각계 전문가에게 과학적 문자라는 평가를 받았다. 타이포그래피의 관점에서 과학적 한글의 백미는, 소리 나는 원리를 문자 구성 원칙에 담아낸 '초성-중성-종성 모아쓰기'다.

하지만 모아쓰기는 서구의 타자기를 개조해 한글타자기를 만드는 과정에서 커다란 걸림돌이 된다. 이참에 서양처럼 풀어쓰자는 주장까지 나올 정도로 설계가 어려웠기 때문이다. 한글만의 문제이니 어디 가서 베껴올 것도 없었다. 어렵사리 상용화에 성공했으나 입력(치기)에서는 사용성, 출력(찍기)에서는 가독성 개선의 목소리가 끊이지 않았다. 이 문제는 한참 뒤 PC-키보드 조합이 해결한다.

모아쓰기 기계화의 가장 큰 걸림돌은 받침이었다. 예를 들어 ㄱ ㅏ ㅡ 세 개의 쪽자가 있다면, '가'처럼 가로로도 쓰고, '그'처럼 세로로도 쓰며, '각·극'처럼 받침까지 찍어야 한다. ㄱ자판을 몇 개 만드는 것이 최선일까. 40여 개 자판에 무슨 쪽자를 어디에 배치하는가에 따라 타자 효율(사용성)과 읽기 효율(가독성)이 판가름 났다. 이를 위해 여러 발명가가 제안한 모아쓰기 알고리즘은 두벌식부터 다섯벌식까지 다양했으며 효율적으로 모아쓰기 위한 '디자인+프로그래밍' 경쟁이 벌어졌다. 디자인의 핵심 개념을 정리한 책으로 『Designing Programmes: Programme as Typeface, Typography, Picture, Method』(Karl Gerstner, 1964)가 있다. 이 책이 나오기 11년 전인 1953년에 한반도에서는 공병우 한글타자기를 정전협정문 작성에 사용됐다. 게다가 미군의 영문 타자기보다 타자 속도가 더 빨랐다고 한다. 당시 최빈국이던 한국의 상황을 생각하면 매우 신기한 사건이다.

한반도의 역사에는 글자와 관련해서 이상하리만치 유별난 일이 많다. 어쩌면 『훈민정음』의 철학이 문화적 유전자로 스며들어 디자인 사고의 뿌리 역할을 하고 있는지도 모른다.

기계식 모아쓰기 스타일의 탄생—탈네모꼴

모아쓰기의 기계화 결과 '탈네모꼴'이라는 새로운 글자체가 생겨났다. 특히 자판을 초성-중성-종성으로 나눈 세벌식 타자기에서 두드러졌다. 초성·중성이 하나밖에 없으니 종성에 따라 모양을 바꿀 수 없어 받침글자와 민글자(받침 없는 글자)의 크기가 크게 달랐다. 글줄의 윗선만 가지런한 것이 빨랫줄 같다고 빨랫줄 글꼴로도 불렀다. 낯선 스타일에 조롱 섞인 이름이 붙는 건 흔한 일이다.

탈네모꼴은 '기계식 모아쓰기'를 구현하는 과정에서 맞닥뜨린 갖가지 제약을 피해 어렵사리 태어났기 때문에 기계적 타협의 결과였다. 그러나 탈네모꼴은 디지털 폰트로도 개발된다. 초창기 디지털 폰트의 기술적 제약도 마찬가지로 컸기 때문이다. 결국 세벌식 타자기가 주도한 탈네모꼴은 '만들기 쉬움'과 '새로운 모양새'라는 장점을 내세워 90년대까지 이어진다. 특히 김진평, 안상수 등 한국 타이포그래피의 선구자들은, 공공연히 지적받던 탈네모꼴의 낮은 가독성에도 불구하고 훈민정음의 이치(초성-중성-종성 세벌식)를 담아냈다는 점에 큰 의미를 두었다.

탈네모꼴은 네모꼴과 대립하며 서로를 깎아내리기도 했다. 탈네모꼴은 낮은 가독성으로 몰매를 맞았고, 네모꼴은 모든 글자를 똑같은 사각형에 가둔 처참한 기계화라는 비판, 오랜 제작 기간과 높은 개발 비용이 폰트 산업을 그르칠 것이라는 우려를 들었다. 탈네모꼴은 ㄱ을 하나 또는 몇 개만 디자인해도 됐으나 네모꼴은 수백 개를 그려야 했기 때문이다. 지금 생각하면 모두 장단점이 있기 마련이니 필요에 따라 골라 쓰면 좋았겠으나 90년대의 제작 기술과 환경은 열악했고 마음의 여유도 없었다. 모든 국민에게 두 종류의 문자나 가르칠 여유가 없던 시절 한글의 우수성을 알리려 한자를 깎아내린 것과 비슷했다.

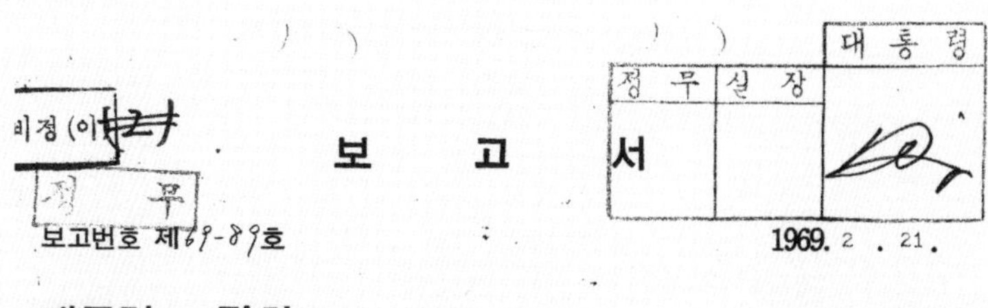

비정 (이)

정 무 실 장		대 통 령

보 고 서

정 무

보고번호 제69-89호

1969. 2. 21.

대통령 각하

보고관 정 진 우

제 목: 제 1 회 전국 한글타자 경기 대회 계획 보고

보 고 요 지

총무처는

1. 각급 행정기관의 사무능력을 향상 시키고,
2. 타자원 개개인의 기능을 향상 할 수 있는 기회를 주고,
3. 한글 전용을 위한 정부 시책 P.R. 의 한 방안으로,

69. 4. 7 (월) 제 1 회 전국 한글 타자경기 대회 개최 계획을 마련 하였음.

계 획 내 용

1. 경기 일시 : 69. 4. 7 -(연기) ※ 69. 5. 27. (화)
2. 시상 일시 : 69. 4. 10
3. 장 소 : 중앙공무원 교육원
4. 경기 종목 : 단체전, 개인전

1097

대 통 령 비 서 실 0595

1969년 2월 21일 대통령비서실 보고서. 미리 인쇄한 보고서 양식에 타자기로 작성했다. '보고서, 보고번호, 제 호, 대통령 각하' 등 미리 인쇄한 글자는 네모꼴이고 타자기로 친 글자는 탈네모꼴이다. 한 보고서에 활판인쇄, 타자기, 손글씨, 여러 종의 도장, 사인을 썼다. 당시의 문서는 손이 많이 간 만큼 특유의 손맛이 난다. [출처] 국가기록원

디지털로 급성장한 한국 폰트 시장

80년대에는 탈네모꼴이 우수하다는 주장이 많았고, 90년대에는 네모꼴과 탈네모꼴은 각각의 장점을 살려 함께 할 것이라는 완곡한 견해가 늘었으며, 21세기에는 탈네모꼴이라는 말이 낯설 만큼 존재감을 잃었다. 새롭던 모양새는 식상해져 낮은 가독성을 보상할 만큼의 매력을 잃어버렸고, 네모꼴 제작 속도가 크게 올랐으며, 강한 개성 탓에 라틴 폰트나 중국어·일본어 폰트와 어울리지 못해 다국어 타이포그래피라는 글로벌 트랜드를 따르지 못했다.

그러나 세벌식의 가치를 탈네모꼴이 아닌 '모아쓰기 프로그래밍'의 맥락에서 찾으면 한글 타입디자인 방법론을 본격적으로 시작한 뜻깊은 사건이 된다. 20세기 중반부터 수십년에 걸친 벌식 논쟁은 디지털 폰트 제작의 밑거름이 되어 꾸준히 제작 기간을 줄이고 완성도를 높이는 토대가 됐다. 덕분에 2010년대까지만 해도 드물던 11172자 풀세트 한글 폰트를 한 사람이 만들게 됐다. 결국 '비효율적 네모꼴→효율적 탈네모꼴→효율적 네모꼴'이라는 변증법적 성장을 거친 셈이다.

21세기 디지털 기술은 ①네모꼴의 제작 속도를 올렸고 ②일반인이 적극적으로 폰트를 즐기는 새로운 흐름을 만든다. 싸이월드는 (가상화폐로) 폰트를 사서 쓰는 경험을, 현대카드의 브랜드 폰트 제작 사례는 다른 기업·지자체로 이어져 다른 나라에선 보기 드문 타입브랜딩 트랜드를 만들었다. 개인 디자이너가 소셜 펀딩으로 폰트를 만드는 흐름도 마찬가지다. 라이선스 분쟁은 폰트 파일을 암호화하는 구독 서비스로 사라졌다. 한글 폰트 시장은 빠르게 성장했고 사회적 인식도 달라졌다. 정부는 노동생산성 하락을 이유로 법정공휴일에서 제외(1991)했던 한글날을 공휴일로 지정(2012)했고, 국립한글박물관(2014)과 국립세계문자박물관(2023)을 세웠다.

탈네모꼴을 반겼던 배경에는 열악했던 디자인 업무 환경도 있었다. 서양의 라틴알파벳은 26자여서 주먹만 한 글자까지 목활자로 만들어 쓸 수 있었으나, 동아시아는 적게 잡아도 수천 자이므로 엄지손톱보다 더 큰 글자는 (활자로 만들지 못해) 일일이 손으로 그려야 했다. 이 일을 레터링(lettering)이라고 하는데 20세기 중후반까지 광고·책 표지·포스터 디자인의 핵심이었다. 마감 일정이 촉박하고 글자가 많아 밤샘 작업이 많았다. 이후 사진식자기의 등장으로 폰트를 큼직하게 키워 쓸 수 있게 되었으나 폰트의 종류가 적어 레터링을 크게 대체하지는 못했다. 그렇게 다양한 폰트를 갈망하던 디자이너에게 탈네모꼴이라는 새로운 유형의 등장은 일단 반가운 소식이었다.

시대적인 분위기도 있다. 탈(脫)네모꼴이라는 이름부터 '구태의연한 네모꼴'과의 선 긋기가 드러나듯, 20세기 디자이너에게는 '새로운 형식으로 판을 바꿔야 한다'는 전위주의나 표현주의 정신이 있었다. 또한 1969년 한글타자기의 표준자판을 지정하는 과정에서 군사정권에 짓밟힌 세벌식의 우수함을 어떻게든 이어가려는 젊은 디자이너들의 정치적 판단도 가세했다. 가장 한글다운 체계에 대한 미련이 탈네모꼴에 대한 지지로 이어진 것이다.

또한 당시의 디자이너는 낯선 직업에 대한 사회적 편견에 맞서 디자인의 가치를 알려야 했다. 탈네모꼴도 디자인의 문화적 가치와 경제적 가능성을 알리는 계몽 운동이었다. 완전히 새로운 한글 모양새를 제시했다는 점에서 전위적이었고, 훈민정음을 디자인 유산으로 이해하고 계승하려 했기에 전통적이었다. 또한 글자의 디자인에서 글줄의 디자인으로 담론의 범위를 확장했기에 개념적이었고, 다른 나라의 이론을 들여오지 않고 스스로 문제를 제안하고 풀어냈기에 주체적이었다.

누구를 위한 디자인인가

탈네모꼴을 관통하는 것은 '제작자 중심'(내가 이끌게)의 사고다. 재미있게도 21세기를 연 디자인 키워드는 '사용자 중심'(너를 도울게)이다. 어떻게 '만들까'보다 어떻게 '쓸까'를 우선하면서, 전문가의 계몽에서 사용자의 효용으로 담론의 중심이 넘어갔다.

지금 분위기에서는 제작자 중심 사고가 편협하거나 미성숙한 자세로 보일 수 있으나 꼭 그렇지는 않다. 오히려 사용자의 효용을 지나치게 강조하면 제작자의 고충을 당연히 여기는 덫에 빠질 수 있다. 사용자를 이만큼 만족시키려면 제작자는 얼마큼 일해야 할까? 예를 들면 이럴 때 사용자의 행복과 제작자 행복이 팽팽히 맞선다. 마감 이틀 전, 안 한다고 큰 문제가 되진 않지만, 하면 훨씬 좋아지는 힘겹고 오래 걸리는 일을 발견했다. 그동안 고생한 걸 생각하면 반드시 해야 하지만, 안 한다고 누가 뭐라고 할 것도 아니다. 하자니 힘들고 넘어가자니 찝찝해 내적 갈등은 고조된다. 나에게 일을 맡긴 사람은 내가 어떻게 하길 바랄까. 내가 누군가에게 일을 맡긴다면 그가 어떻게 하길 바랄까. 이건 누구를 위한 디자인일까.

궁핍한 시대에는 뭐든 하나로 통일해서 효율을 높인다. 뇌도 궁핍해지면 흑백논리에 사로잡힌다. 그럴 땐 객관식 문제 풀 듯 떠오르는 생각 중 하나를 골라잡으려 하지 말고, 주관식 문제 풀 듯 현재를 파헤쳐 원인과 방법을 찾아야 한다. 자꾸 균형이 틀어지는 이유는 세상이 움직였기 때문이다. 결국 '매번 상황에 맞춰 다르게 움직여야 하는 성가신 시대'에 들어섰다는 뜻이다.

현재에 집중한다는 것은 어제의 내가 오늘의 나와 한 약속을 지키는 일이다. 그렇게 쌓은 신뢰를 자신감이라고 한다. 자신감(나를 믿고 맡기는 마음)이 있어야 타신감(남을 믿고 맡기는 마음)도 생긴다. 누구를 위한 디자인일까. 어제의 너와 나를 위한 디자인이다.

이름 없는 영웅—닮은꼴

한글은 독특하게도 인서체 태생의 문자다. 한 번도 써보지 않고 태어났기 때문에 쓰면서 모양새가 진화하는 것은 당연하다. 훈민정음에 나타난 태초의 지읒은 갈래지읒ㅈ이지만 쓰다 보니 꺾은지읒ㅈ이 생겨났다. 한자에도 비슷한 예가 많다. 視-視의 왼쪽 부분이 갈래 지읒과 꺾은 지읒처럼 보인다. 숫자도 그렇다. 8을 써보자. 동그라미를 두 번 긋거나 눈사람이나 물고기 모양으로 한 번에 긋기도 한다. 회전도 시계방향과 반시계 방향이 있다.

나는 이들을 닮은꼴이라고 부른다. 한글에도 닮은꼴이 적지 않다. 시옷은 갈래시옷ㅅ과 엮은시옷ㅅ이 있고, 지읒은 갈래지읒ㅈ, 엮은지읒ㅈ, 꺾은지읒ㅈ이 있다. 치읓은 첫 금의 방향·모양에 따라 가로치읓ㅊ, 세로치읓ㅊ, 점치읓ㅊ이 있다. 히읗도 마찬가지다.

닮은꼴은 글자가 뭉치거나 비어 불필요한 관심을 끌지 않도록 적당한 모양을 찾는 과정에서 생긴다. 니디리는 초성과 중성을 붙였으나 너더러-네데레는 떼었다. 쪽자들이 찰지게 하나로 뭉쳐야 판독하기 좋으니, 모양을 은근슬쩍 바꿔가며 글자의 구심점을 만든다. 닮은꼴은 남들이 알아주지 않더라도 묵묵히 판독성·가독성을 지켜온 이름 없는 영웅이다. 지금껏 닮은꼴의 존재를 몰랐다면 한글 폰트의 수준이 나쁘지 않다는 말이기도 하다. 지난 30년 동안 타입디자인의 수준은 크게 올랐다(물론 디자인 업계 전반의 수준도 크게 올랐다).

한자에는 이체자라는 용어가 있으나 뜻이 어렵고 국어학에서는 다른 뜻으로 쓰고 있어[29] '닮은꼴'을 제안했다.[30] 최근에는 뭉침을 해결하는 닮은꼴이 늘고 있다. 예를 들어 ㅃ의 세로금을 세 줄로 그린다. 뽀뽀뽀[31]의 로고도 그렇다. 처음엔 네 줄짜리 뽀였다가 세 줄짜리로 바뀌었다. 점점 닮은꼴에 관대해지는 분위기다. 활자는 '쓰기의 정석'과 '고른 회색도' 사이에서 끝없이 타협한다.

잦(「sm신신명조」)의 지읒을 보면 초성에는 꺾은지읒ㅈ을 종성에는 갈래지읒ㅈ을 썼다. 상당수의 바탕체가 이처럼 초성과 종성에 닮은꼴을 쓴다. 이렇게 디자인하면 다른 조합, 예를 들면 갈래지읒(초성)-꺾은지읒(종성) 조합보다 속공간이 촘촘해져 무게 중심을 가운데로 몰기 좋다. 글자의 속공간에 불필요한 자극이나 정보가 생겨 몰입을 깨는 일을 피하려는 궁리다.

닮은꼴은 바탕체처럼 오래 읽기용 글자체에는 좋지만 한글을 처음 익히는 사람을 위한 쓰기 교육용 글자체에는 적합지 않다. 다른 문자로 오해할 수 있기 때문이다. 아직은 본격적인 한글 쓰기 교육용 글자체가 보이지 않지만 고민할 때도 됐다.

어린이가 가장 읽기 좋고 따라 쓰기 좋은 시옷·지읒·치읓·히읗은 여러 닮은꼴 중 어느 것일까. ㅘ는, ㅗ-ㅏ를 붙이는 것이 좋을까 떼는 것이 좋을까, 가로금은 수평이 좋을까 살짝 기울어지는 게 좋을까. 초등학교 1학년 학생이 따라 쓰기 좋은 글자 크기는 어느 정도일까. 우리는 어린이가 본보기로 삼을 만한 한글꼴을 마련하는데 얼마나 많은 주의를 기울이고 있을까.

일본은 '교과서체'라는 쓰기 교육용 글자체를 따로 만들었다. 대부분의 일본 폰트 회사는 한 종 이상의 교과서체를 보유하고 있다. 교과서체의 특징은 ①필서체로 만들어 따라 쓰기 좋고 ②(글자 균형을 잡기 위해) 강조·변형한 요소를 없애 적확한 문자 학습을 돕는다. 예를 들어 교과서체 衣와 명조체 衣의 차이는 이렇다. 왼쪽 아래의 삐침을 보면 교과서체는 자연스러우나 명조체는 끊어 그은 두 획으로 보인다. 한자는 획 수로 분류하는 체계여서 한 획이 두 획으로 보이면 문제가 된다. 이처럼 교과서체는 따라 쓰며 익히기 좋다. 한편 명조체는 비거나 뭉치는 공간을 고르게 조정해 편안히 읽기 좋다.

가독성과 판독성의 공진화—휴머니스트 산세리프

가독성은 읽기의 몰입을 따지고 판독성은 글자의 판별을 따진다. 좋은 글자체라면 모든 글자가 한 체로 어울리되(가독성) 각 글자가 다른 글자와 헷갈리지 않아야(판독성) 한다. 논어의 화이부동(和而不同, 어울리되 자기 뜻을 지님)과 닮았다.

대한민국을 대힌민국으로 써도 모르고 지나칠 때가 많다. 빠르게 읽다 보면 대민한국조차 모르고 지나친다. 읽는 데 걸림돌이 없었다는 뜻이다. 그럼 글자를 대충 만들어도 되나 싶지만, 월리웡커 월리웡커같은 생뚱맞은 낱말을 마주치면 적당히 넘어가지 못하고 읽기는 급정지한다. 치킨타월이나 동시흥분기점처럼 오탈자(키친타월)나 띄어쓰기 생략(동시흥 분기점)도 급정지의 요인이 된다. 타이포그래퍼에게 급정지는 저자와 독자 사이에서 일어난 교통사고다. 그런 일이 없도록 미리 가서 장애물은 치우고 파인 곳은 메워야 한다.

대힌민국도 모르고 지나치는 마당에 아무 폰트나 써도 되지 않을까? 오히려 반대다. 오탈자는 검색에서 누락되고 글의 신뢰도를 떨어뜨리므로 판독성 좋은 글자체를 써서 예방해야 한다. 판독성은 '대한민-대힌민'처럼 비슷한 낱말 비교로 가볍게 확인할 수 있다.

○소홀 소흘: 홀과 흘의 구분은 어렵다. 너무 비슷하면 판독성을 해치고, 너무 다르면 글줄이 일그러져 가독성을 해친다.

○동시- 동사-: 줄표가 글자의 일부로 보일 수 있다. 자간을 좁히면 더 구분이 어렵다.

○시골 사골: 자간을 좁히거나 옆에서 보면 구분이 어렵다.

○세이프 셰이프: 글자가 작으면 구분이 어렵다.

한때 멍멍이 댕댕이 광역시 팡역시 굿모닝 긋모닝처럼 일부러 비슷한 글자로 쓰는 것도 유행했다. 이런 현상은 웹과 모바일에서 돋움체를 쓰기 때문이다. 여전히 상당수의 디스플레이가 미묘한 곡선을 표현할 만큼 해상도가 높지 않기 때문에 네모반듯한 디지털 환경에서는 돋움체를 많이 쓴다. 바탕체와 돋움체를 비교해 보면 이렇다.

멍멍이 댕댕이 광역시 팡역시 굿모닝 긋모닝

멍멍이 댕댕이 광역시 팡역시 굿모닝 긋모닝

확실히 돋움체의 판독성이 떨어진다. 돋움체의 글줄은 반듯하고 깔끔하지만 그만큼 글자끼리 비슷하기 때문이다. 이런 문제는 라틴 문자도 마찬가지다. 산세리프(sans-serif, 라틴 폰트의 돋움체)의 가독성과 판독성을 높이기 위해서 나타난 스타일이 휴머니스트 산세리프(humanist sans serif)다. 세리프의 요소를 산세리프(돋움체)에 접목한 하이브리드 스타일로 인서체에 필서체의 요소를 섞은 것이다. 마틴 마요르(Martin Majoor)의 스칼라 산스(FF Scala Sans, 1993)도 세리프(필서체)의 뼈대에 산세리프(인서체)의 살을 입혀 만들어 많은 사랑을 받은 대표적인 휴머니스트 산세리프 폰트다. 특히 스칼라의 산세리프 이탤릭 *abcdefghijklmnopqrstuvwxyz458*은 세리프 이탤릭 *abcdefghijklmnopqrstuvwxyz458*에만 익숙하던 사람들에게 새로운 읽기 경험을 선사했다.

세리프의 뼈대에 산세리프의 살을 입힌 시도는 그전에도 있었다. 가장 널리 알려진 것은 LOUIS VUITTON Calvin Klein D&G NIKE FedEx Gillette 등에 활용된 파울 레너(Paul Renner)의 푸투라(Futura, 1927)다. 너비가 매우 좁은 L과 정원에 가까운 O처럼 대문자의 너비 편차가 큰 것은 (아직 소문자도 없던) 고대 로마 대문자의 고전적인 비례를 따른 것이다.

이처럼 고전적 요소와 현대적 요소를 섞어 독창성을 만드는 일은 타입디자인의 세계에도 흔하다. 어찌 보면 잡종(hybrid)과 창조성(creativity)은 같은 말일지도 모른다. 가독성과 판독성의 공진화도 그렇다. 이 둘은 일관성과 개성의 우선순위를 두고 미묘한 신경전을 벌이지만 때론 공생의 길을 찾아 공진화한다. 왼발과 오른발처럼 균형을 맞추며 공동의 목표인 몰입을 추구하는 운명 공동체다.

폰트·키보드·프린터를 하나로——한글타자기 이야기

타자기는 피아노의 구조를 본떠 만든 기계로, 키보드를 누르면 연결된 활자가 종이를 내려쳐 글자를 찍는다. 작고 가벼운데 입력(키보드)과 출력(프린터)을 동시에 처리했고 손글씨보다 가독성이 좋고 빨랐으며 휴대성까지 좋은 획기적인 고효율 IT 기기였다.

그러나 한자를 중시하던 20세기 중반의 국민 정서는 한자 입력도 안 되는 한글타자기 따위는 굳이 원하지 않았고 개발 사실도 반기지 않았다.[34] 하물며 재봉틀이나 탈곡기처럼 먹고사는 데 필요한 기계도 아니고, (한글을 쓰지 않는) 이웃 나라에 수출할 수도 없는 기계를, 해외 원조까지 받는 최빈국이 스스로 개발했다. 어찌 된 일일까.

요약하면 ① 먼저 한글이 있었다. 그리고 ② 열악한 상황에서 열정을 불태운 한글타자기 발명가가 있었고 ③ 영향력·추진력 있는 소수 지식인의 서구화 열망과 ④ 서구화를 도운 언더우드(Horace Grant Underwood)[35] 같은 선교사가 있었으며 ⑤ 일제강점기에 짓밟힌 문화적 자존심을 회복하려는 한글 학자의 결의가 어우러져 '한글 기계화'라는 공동의 목표가 생겨났다. 타자기로 외교 문서를 작성하는 사진을 언론에 내보낼 만큼 우호적인 이승만 같은 정치인이 있었고[36] 한글타자기를 군대 행정에 도입한 손원일(해군 참모총장) 같은 군인도 있었다. 속도와 효율을 중시하는 군대는 타자기로 행정력을 높였고 군사정권 기간에 군문화가 공무원 사회로 유입되며 타자기는 사회 전반으로 퍼진다. 결국 대한민국 초대 정부의 차별화 전략은 '한글전용'(소프트웨어)과 '한글타자기'(하드웨어) 조합이었던 셈이다.

그동안 간과한 사실은 모아쓰기 기계화의 난이도다. 과학적인 문자이니 수월했을 거로 생각할 수 있으나 오히려 독창적인 체계인 만큼 해결해야 했던 문제도 독창적이었다. 모아쓰기는 ①가로모임(가), ②세로모임(고) ③섞은모임(과)이 있고 받침에 따라 ①민글자(가고과)와 ②받침글자(각곡곽)로 나뉘므로 총 6개(3×2)의 유형이 나온다. 여기에 초성과 종성에는 겹닿자(쌍자음)까지 있어 타협의 연속이었다. 특히 받침은 타자기의 기본 설계를 건드려야 했다. 영문타자기는 자판을 누르면 종이도 왼쪽으로 밀리는 방식인데, 한글타자기는 받침을 누를 때만 움직이지 않게 설계를 바꿔야 했다. 세벌식타자기가 먼저 이 문제를 해결하였으나 가독성이 문제였다. 이후에 등장한 다섯벌식타자기는 구와 가의 ㄱ, 가과 각의 ㅏ를 각각 다른 자판에 배치한 네모꼴 글자체로 높은 가독성을 선보였다. 그러나 자판 배열이 복잡해 타자 속도는 떨어졌다.

Jan. 13, 1953 PYUNG WOO KONG 2,625,251

KOREAN TYPEWRITER

Filed July 8, 1949 2 SHEETS—SHEET 2

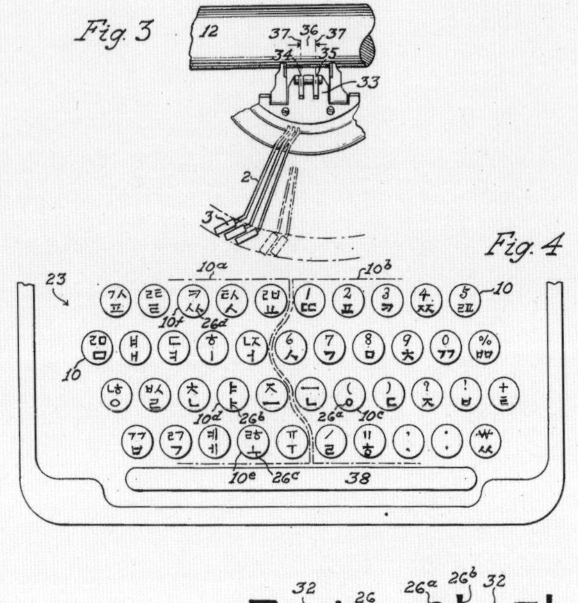

모아쓰기를 기계적으로 구현한 공병우세벌식타자기의 미국 특허 문서(US2625251A)

동해물과 백두산이 마르고 닳도록
하느님이 보우하사 우리나라 만세

남산 위에 저 소나무 철갑을 두른 듯
바람서리 불변함은 우리 기상일세

가을 하늘 공활한데 높고 구름 없이
밝은 달은 우리 가슴 일편단심일세

이 기상과 이 맘으로 충성을 다하여
괴로우나 즐거우나 나라사랑하세

무궁화 삼천리 화려 강산
대한 사람 사람 대한으로 길이 보전하세

이 원조 자금은 주로 우리 나라 재건 사업에 충당할 예정인데 그 할당 비율을 보면: 농업에 2%, 교육 15%, 공업15%, 교통 7%, 문화6%, 보건 위생 5%, 기타 여러곳에 28%를 각각 사용할 것이라 한다.

$(달러)수를 기록할 때, 센트의 부분은 밑줄(—)을 쳐서, $이하라는 것을 가르친다.

보기를 들면 : $231.<u>00</u>, $412.<u>21</u>와 같이 기록한다. 특히 금액을 표시하는 숫자에는 숫자 천(1,000)부터 삼단마다 반드시 쉼표(,)를 찍고, 화폐 단위 이하의 것(센트나, 원 등)은 마침표(.)를 찍어 명확한 구별을 한다.

공병우세벌식타자기와 김동훈다섯벌식타자기의 글자체. 쓰기 속도가 빠른 세벌식과 읽기 속도가 빠른 다섯벌식은 성격 차이가 뚜렷해 업무나 조직의 성격에 따라 골라 쓸 수 있었다. [출처] 글결이(https://pat.im), 나무위키 타자기(https://namu.wiki/w/타자기#s-5.2.2)

일찍이 겪은 열 손가락 타자 문화

중국과 일본은 기계식 타자기의 40여 개 자판으로는 한자를 쓸 수 없었으므로 일반인들은 PC(Perseonal Computer, 개인용 컴퓨터) 키보드를 통해 열 손가락 타자를 경험한다. 한글타자기의 보급을 1960년대로 보고 PC의 보급을 1990년대로 본다면 우리는 이웃 나라보다 개인 미디어 시대를 30여년 먼저 겪은 셈이다. 달리 말하면 한글타자기 덕분에 개인용 단말기로 인쇄(텍스트의 입·출력)하는 DTP(DeskTop Publishing 또는 DeskTop Printing) 시대를 30여년 앞당겨 기계식으로 겪었다. 전기를 쓰지 않는 작고 가벼운 휴대용이었기 때문에 디지털 DTP보다 나은 점도 있었다.

일본은 가타카나·히라가나 타자기를 썼지만 전보 등 특수한 용도에 그쳐 일반인이 열 손가락 타자를 경험하지는 못했다. 행정 문서 작성에는 2400자의 납활자를 서랍에 채워 넣고 손잡이를 눌러 찍는 일문타입라이터(和文タイプライター)를 썼으나 자판으로 입력하는 방식은 아니었다. 일본어 사전에도 타자(打字)나 타자기(打字機)는 없고, *タイプ*(type), *タイプライター*(typewriter)만 있다. 한글타자기는 20세기에 일본의 영향을 받지 않고 스스로 개발한 기계 중 하나다.

1970년대부터는 작가도 타자기로 글을 쓰기 시작했다. 묵직한 자판을 깊숙이 누르면 종이를 내리찍는 타격감, 피아노 연주하듯 열 손가락을 부지런히 놀리는 속도감, 글줄을 바꿀 때마다 울리는 종소리는 '원고지+손글씨'와는 전혀 다른 쓰기 경험이었다.

한글은 읽고 쓰지 못해 억울한 일을 겪지 않도록 '쉽게' 만든 민주적인 문자다. 덕분에 타자기도 만들었고 덕분에 엘리트 문자인 한자와의 패권 싸움도 이겼다. 한글타자기는 쓰기를 확장하는 기계로 국가적 소통 효율에 커다란 영향을 미치며 20세기 정치·경제·사회적 변곡점에 등장한다.

스기모토 쿄타(杉本京太)가 1915년에 발명한 최초의 일문타입라이터의 광고(위). 상품명은 '일문타입라이터'지만 광고 본문에는 일반인도 알기 쉽게 인자기구(印字機構), 인서기(印書械)로 설명했다. 스기모토를 10대 발명가(일본 경제산업성 특허청 지정)로 꼽을 만큼 서구 타자기의 국산화는 중대 사업이었다. 납활자 서랍을 움직여 타자 위치에 조준한 후 손잡이를 내리면 활자가 튀어 올라 원판에 찍히는 방식으로, 기존의 활판인쇄용 납활자를 써서 가독성은 좋았으나, 타자속도가 느리고 휴대하기 어려웠으며 개인이 구매하기에는 너무 비쌌다. 중국도 같은 방식의 타입라이터를 사용했다. 한국도 간이 인쇄용으로 사용했으며 청타기(清打機)라고 불렀다. 이 구조에서 '납활자서랍'을 빼고 '문자판+렌즈+인화기'를 넣은 기계가 사진식자기다. 아래 사진은 샤켄의 사진식자기 초기 모델 SK-1(1934).

쓰기의 폭주기관차

타자(打字)란 자판(keyboard)의 글쇠(key)를 눌러 '활자를 친다'(typing)는 뜻으로, 글쇠와 연결된 활자(type)가 종이를 내려쳐 글자가 찍히는 구조다. 이 구조는 건반(keyboard)을 누르면 망치가 현을 내려쳐 소리를 내는 피아노를 본떴다. 참고로 구텐베르크가 발명한 프레스기(인쇄기)는 와인 공장의 포도 착즙기를 본뜬 것이다.

첫 타자기는 1714년 영국의 헨리 밀(Henry Mill)이 발명했다. 처음으로 상용화에 성공한 타자기는 1873년 미국의 크리스토퍼 숄즈(Christopher Latham Sholes)가 개발해 1874년부터 레밍턴사(Remington)가 제작·판매한 것으로, 이때의 상품명인 'typewriter'가 타자기를 통칭하는 대명사로 사용된다. 상용화는 못 했으나 1830년 윌리엄 버트(William Austin Burt)가 개발한 타자기의 이름은 'typographer'였다. 당시에는 공문서를 총 세 벌(triplicate, 정본 1벌과 사본 2벌) 작성하는 것이 관행이었다. 같은 문서를 세벌이나 '똑같이' 써야 하는 수고를 덜고자 타자기를 개발한 것이다. typewriter나 typographer같은 상품명에서도 손글씨를 기계적으로 확장하려는 의도를 엿볼 수 있다. 초창기 타자기의 광고에 등장하는 writing machines(쓰기 기계)라는 문구에서도 고객에게 설명하려는 상품의 정체성이 나타난다.

공문서의 종류에는 원본(原本)·정본(正本)·등본(謄本)·초본(抄本)·사본(寫本) 등이 있다. 원본은 최초로 작성한 문서이고, 정본은 원본을 법적 권한자가 베끼고 공증한 문서, 등본은 원본을 베끼고 공증한 문서, 초본은 원본의 일부만 베끼고 공증한 문서, 사본은 베끼고 공증하지 않은 문서다. 등(謄)·초(抄)·사(寫) 모두 '베낀다'는 뜻이지만 느낌이 조금씩 다르다. 추운 나라에 눈을 가리키는 말이 많듯 공문서 세상에는 베끼기를 가리키는 말이 많다. 그만큼 손이 많이 갔고 기계화는 자연스러운 수순이었다.

CENTURY ADVERTISEMENTS—WRITING MACHINES 69

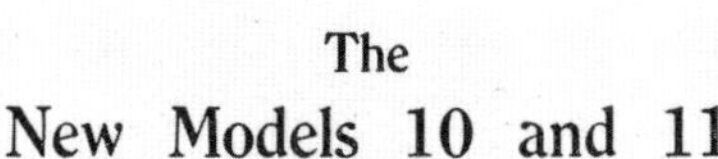

Remington

do more than supply every demand; they *anticipate* every demand of every user of the writing machine.

SOME OF THE NEW FEATURES

New Single Dog Escapement
New Column Selector (Model 10)
New Built-in Decimal Tabulator (Model 11)
New Two-Color Dial
New Back Space Key
New Variable Line Spacing Lock
New Shift Lock
New Paper Feed

Remington Typewriter Company
(Incorporated)
New York and Everywhere

레밍턴 모델 10, 11 광고(1909). 타자기를 writing machines로 설명했다(가장 윗 줄). 새로운 기능(Some of the New Features)에 현재 키보드에도 있는 칼럼 셀렉터(=탭), 백스페이스, 시프트락(=캡스락)이 보인다.

1855년 데이비드 에드워드 휴즈(David Edward Hughes)가 피아노 건반을 본떠 만든 인쇄전신기(telegraph). 초창기 타자기나 인쇄전신기는 피아노 건반을 활용한 사례가 많았다. 열 손가락을 부지런히 움직이는 격정적인 피아노 연주처럼 빠른 속도를 꿈꿨을지도 모른다. 지금도 기계식 키보드의 타자 감각을 평가할 때 타건감(건반을 치는 느낌)이라고 한다. [출처] Wikipedia, Printing Telegraph

문자 메시지 1세대—인쇄전신기

타자기에 통신 기능을 더한 게 인쇄전신기(전신타자기, 전신인자기)다. 타자한 문자를 모스부호로 코드화해 통신하는 원리로 '자판으로 통신'하는 문자 메시지 시대를 열었다(2차대전 영화에 종종 등장한다). 텔레타입(Teletype)이라고도 하지만 실은 회사명(Teletype corporation)이자 상품명이며 electrical telegraph, printing telegraph, teletypewriter, tele printer 등으로 불렀다. 20세기에는 텔레(tele, 멀리)가 많았다. 텔레비전, 텔레폰은 말할 것도 없고 글자 단위로 가격을 매겨 빠르게 소식을 전하는 우체국 전보(電報)도 telegram, telegraph의 번역어였으며 어린이 TV 프로그램 텔레토비도 있었다. 무엇보다 텔레는 문자의 욕망인 '원거리 소통'과 잘 맞아떨어졌다.

당시 원거리 소통의 원리는 이렇다. 각 문자에 고유 코드를 부여하고 종이테이프에 구멍을 뚫는 방식으로 코드를 기록한다. 타자하는 대로 종이테이프에 구멍이 뚫리고 이 테이프를 다른 타자기에 읽히면 그대로 인쇄된다. 또한 모스부호(문자를 장음·단음 조합으로 코드화)로 수신한 문자를 구멍 뚫기로 변환해 이를 타자기가 읽어 들여 인쇄하기도 했다. 구멍 '뚫기·안 뚫기'는 디지털의 비트(bit, 0 또는 1) 데이터로 계승되며, 디지털 문자 코드 체계의 개념적 토대가 됐다. 구멍 뚫기를 뜻하는 천공(穿孔)이란 낱말을 써서, 기다란 두루마리에 구멍을 뚫으면 천공테이프(punch tape), 카드에 구멍을 뚫으면 천공카드(punch card)라고 했다. 구멍 뚫기를 컴퓨터용 사인펜 표시로 대체한 것이 시험 답안지에 사용하는 OMR(Optical Mark Recognition)카드다. 표시를 스캔해 전기신호로 변환한다.

문자 코드화는 모스부호의 1비트(장음·단음) 방식, 인쇄전신기의 5비트(다섯 군데 뚫기·안 뚫기) 방식 등 다양했으며 현재는 16비트·32비트의 유니코드(unicode)를 사용한다.

Teletype Codes (1931)

"ETAINO" Presentation, with Baudôt and Murray Codes for Comparison

Baudôt Code — Keyboard Layout (V IV I II III); Transmission Order (I II III IV V)

Murray Code — Transmission Order (1 2 3 4 5)

Teletype (1931) Model 14 Tape Printer — Transmission Order (1 2 3 4 5)

Teletype (1931) Model 15 Page Printer — Transmission Order (1 2 3 4 5)

From Pendry, H. W. *The Baudôt Printing Telegraph System.* 2ed. (London: Sir Isaac Pitman & Sons, Ltd., 1919): 43-44.

From Murray, Donald. "Setting Type by Telegraph." in *Journal of the Institution of Electrical Engineers.* Vol. 34 (1905): 555-608.

From Teletype Corp. *Description: Type Bar Tape Printer Model 14.* Bulletin No. 126, Issue 2. December, 1931. (Chicago: Teletype Corp., 1931).

From Teletype Corp. *Description: TypeBar Page Printer Model 15.* Bulletin No. 141 [presumably Issue 1] February, 1931. (Chicago: Teletype Corp., 1931).

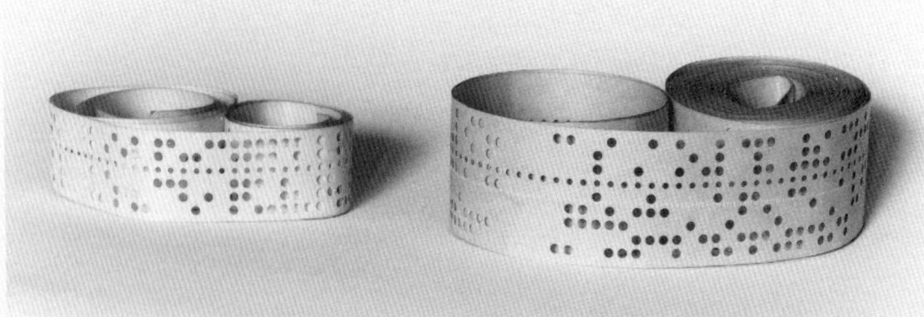

인쇄전신기에 사용한 5비트 코드 체계(위)와 천공테이프(아래). 최초의 5비트 코드는 프랑스의 보도(Émile Baudot)가 1870년대에 개발한 보도 코드(Baudot Code)다. 천공테이프를 보도 테이프(Baudot Tape)라고도 한다.

TELETYPE MODEL 33

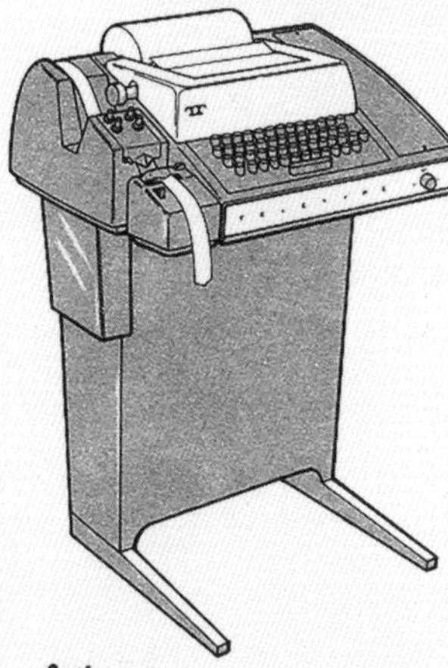

TWX or COMPUTER INTERFACE

$840.00

- 33ASR PRIVATE-LINE
- FRICTION FEED
- COPYHOLDER & STAND
- ANSWERBACK
- MANUAL READER
- GUARANTEED 30 DAYS
- F.O.B. NEW JERSEY
- CRATING INCLUDED
- NOTHING ELSE TO BUY

Options:

- AUTOMATIC READER ADD $50
- READER RUN CARD (DEC) ADD $75
- SPROCKET (PIN) FEED ADD $100
- TAPE WINDER (ELECT.) $55 - WINDUP $22
- EIA INTERFACE $110
- TAPE UNWINDER (NON-ELECT.) $33
- PAPER WINDER (ELECTRIC) $50

--- NEW FREE CATALOG AVAILABLE NOW ---

CTS

TELETYPEWRITER COMMUNICATIONS SPECIALISTS, INC.

550 SPRINGFIELD AVENUE
BERKELEY HEIGHTS, N. J. 07922

PHONE · 201-464-5310 TWX · 710-986-3016 TELEX · 13-6479

BUY * SELL
SERVICE * LEASE

- OVERHAULING & MODIFICATIONS
- REPLACEMENT PARTS
- PAPER--TAPE--RIBBONS
- VIDEO TERMINALS
- DECWRITERS
- ACOUSTIC COUPLERS

미국 텔레타입이 1962년부터 출시한 「텔레타입 모델 33」의 광고. 기기 그림에 천공테이프가 보인다. 쓰기 쉬웠으나 느리고 시끄럽고 비쌌다. [출처] Teletype Machines, Columbia University Computing History. http://www.columbia.edu/cu/computinghistory/teletype/ttyindex.html

열 손가락의 마술—한글타자기 발명

대한민국 정부를 수립한 이듬해인 1949년, 조선발명장려회(1947년 10월 27일 미군정청 상무부특허국이 창설)[37]는 한글타자기 발명을 공모해 공병우·송계범·오병호·장예세·김동훈을 당선자로 꼽고 "입선된 타자기는 세계적으로 우수한 것이며 우리 한글문화 향상과 사무 처리에 많은 도움이 될 것"이라고 평했다.[38]

한글타자기는 일제 잔재 청산, 새 정부 수립, 전쟁·분단·냉전과 이데올로기 대립 등 정치적 혼란과 경제적 빈곤 속에서 발명됐다. 그 와중에 ①한글타자기 발명 공모를 한 것 ②지원자가 있었던 것 ③당선자 중 공병우와 김동훈이 실제로 타자기를 만들어 상용화한 것 ④두 모델 모두 사업적으로 성공해 1968년 시장점유율을 98%까지 기록한 것 모두 매우 독특한 사건이다. 대한민국 정부는 수립과 동시에 한글 전용에 힘을 쏟았고, 수립 1년 만에 정부 산하 기관인 조선발명장려회가 공모한 것으로 보아 한글타자기 개발은 민관협력(PPP, Public Private Partnership) 프로젝트로 진행한 정부의 주력 사업이었다. 한글타자기 개발은 복잡한 이해관계로 얽혀있으나 어려운 시절에도 글자에 유별났던 역사의 일부임은 분명하다.

두벌식 한글타자기를 쳐봤다. 서너 문장만 정확히 치는데도 30분을 넘겼다. 특히 받침글자는 '중성을 누르기 전에' 시프트키를 미리 눌러야 해서 번거롭다. 민글자는 하=ㅎ+ㅏ로 단순하지만, 받침글자는 한=ㅎ+shift+ㅏ+ㄴ이 된다. 처음에는 이것 때문에 오타가 자주 난다. 타자한 글을 수정할 수는 있었으나 감쪽같지는 않았고 공문서의 수정은 위조의 오해를 받을 수 있어 권하지 않았다.

컴퓨터 키보드에 익숙한 사람에게 타자기는 번거로운 옛 기계다. 하지만 손글씨에 비하면 획기적인 발명품으로, 모두가 탐내던 IT 상품이었다. 타자기 체험으로 그동안의 진화를 몸소 느낄 수 있었다.

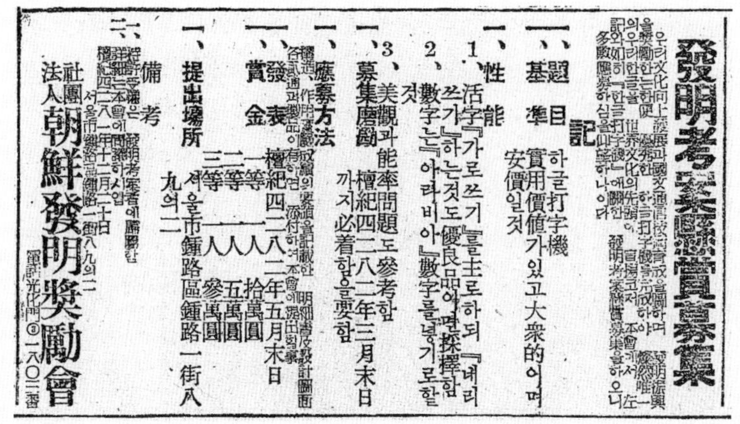

發明考案懸賞募集

우리文化向上發展과國文通信技術育成을圖하며發明振興을獎勵하는一便優秀한한글打字機를完成하야○然唯一의우리한글을世界文化의先頭에宣揚코저本會에서左記와如히『한글打字機』에關한發明考案懸賞募集을하오니多數應募하심을仰望하나이다

記

一、題目 한글打字機

一、基準 實用價値가있고大衆的이며安價일것

一、性能 1、活字『가로쓰기』를主로하되『네리쓰기』하는것도優良品이면採擇함 2、數字는『아라비아』數字를넣기로할것 3、美觀과能率問題도參考함

一、募集締切 檀紀四二八二年三月末日까지必着함을要함

一、應募方法 構造、作用○○成績의要點을記載한明細書及設計圖面各貳通과製品이有하면添付하여本會에提出할事

一、發表 檀紀四二八二年五月末日

一、賞金 一等一人拾萬圓 二等一人五萬圓 三等一人參萬圓

一、提出場所 서울市鍾路區鍾路一街八九의二

一、備考 特許受權은發明考案者에歸屬함 詳細는本會에問議하시압

檀紀四二八一年十二月二十日 서울市鍾路區鍾路一街八九의二

社團法人 朝鮮發明奬勵會 電話光化門③一八○三番

조선발명장려회의 한글타자기 공모 광고(평화일보 1948년 12월 29일 2면 14단)
내용은 아래와 같다(판독 불가 문자에는 빠짐표○를 넣음).

발명·고안 현상 모집

우리 문화 향상 발전과 국문 통신 기술 육성을 꾀하며 발명 진흥을 장려하는 한편 우수한 한글타자기를 완성하여 ○연유일의 우리 한글을 세계문화의 선두에 선양코저 본회에서 왼쪽과 같이 『한글타자기』에 관한 발명·고안 현상 모집을 하오니 다수 응모하심을 앙망하나이다.

- 제목　한글타자기
- 기준　실용가치가 있고 대중적이며 저렴할 것
- 성능　1. 활자 『가로쓰기』를 주로 하되 『네리쓰기』하는 것도 우수하면 채택함／2.숫자는 『아라비아』숫자를 넣기로 할 것／3. 미관과 능률문제도 참고함
- 모집마감　단기 4282년 3월 말일까지 필착함을 요함
- 응모방법　구조, 작용○○성적의 요항을 기재한 명세서, 설계도면 각 1통과 제품이 있으면 첨부하여 본회에 제출할 것
- 발표　단기4282년 5월 말일
- 상금　1등 1일 십만원／2등 1인 오만원／3등 1인 삼만원
- 제출장소　서울시 종로구 중로1가 89의 2
- 비고　1. 특허수권은 발명·고안자에 귀속함／2. 상세는 본회에 문의하시압

단기 4281년 12월 20일, 서울시 종로구 종로 1가 89의 2
사단법인 조선발명장려회／전화 광화문③1803번
[출처] 국립중앙도서관 고신문 아카이브 https://nl.go.kr/newspaper/

초기 한글타자기는 모두 세로쓰기 타자기로, 언더우드타자기회사(1913)·이원익(1914)·송기주(1934)[39] 등이 개발했다. 당시는 세로쓰기가 일반적이었으며, 영문 타자기를 개조했기 때문에 가로로 찍고 나서 종이를 90도 돌려서 세로로 읽었다. 이후 송기주(1927)·김준성(1945)·도덩보(1959)가 (기계화가 쉬운) 풀어쓰기 타자기를 개발하지만, 모아쓰기 타자기가 상용화에 성공하며 본격적으로 한글타자기 시장을 이끈다. 대표적인 모델은 공병우세벌식타자기(1949)와 김동훈다섯벌식타자기(1959)였다.

다양한 벌식

타자기의 벌식이란 40여 개 자판을 몇 개의 성격으로 나눴는가를 따진다. 즉 두벌식은 두 개의 성격, 세벌식은 세 개의 성격으로 자판을 나눴다는 뜻이다. 각 벌식타자기의 일반적인 구성은 다음과 같다.

벌식	자판 구성	벌 수 구성 예시
두벌식	①자음 ②모음	한 벌의 ㄱ+한 벌의 ㅏ
세벌식	①초성 ②중성 ③종성	두 벌의 ㄱ+한 벌의 ㅏ
네벌식	①초성 ②민글자 중성 ③받침글자 중성 ④종성	두 벌의 ㄱ+두 벌의 ㅏ
다섯벌식	①가로모임 초성 ②세로모임 초성 ③민글자 중성 ④받침글자 중성 ⑤종성	세 벌의 ㄱ+두 벌의 ㅏ

벌식이 많은 이유는 벌 수에 따라 타자기의 성격이 크게 바뀌기 때문이다. 벌 수가 적으면 자판을 외우기 쉽지만 입력이 번거롭고, 벌 수가 많으면 자판을 외우기 어렵지만 타자 속도나 가독성에서 이점을 노릴 수 있다.

두벌식은 ㄱ키 하나로 초성과 종성을 다 쓰지만 종성을 치려면 시프트키를 미리 눌러야 해서 입력이 번거롭다. 특히 기계식타자기의 시프트키는 가장 힘이 약하고 부정확한 새끼손가락으로 활자뭉치를 한 번에 끌어내리므로 피로도가 높다. 반면 세벌식은 ㄱ키가 두 개(초성ㄱ과 종성ㄱ)여서 자판을 외우기 어렵지만 일단 외우고 나면 입력이 편해 타자 속도를 올릴 수 있다. 네벌식은 여러모로 애매하다. 다섯벌식은 가장 자판이 복잡하지만 가독성이 좋다. 고-가의 ㄱ이나 가-각의 ㅏ에도 각각 다른 자판을 쓰기 때문이다.

60년대의 인기 타자기

공병우세벌식타자기는 빠른 타자 속도를 자랑했으나 들쭉날쭉한 글줄이 아쉬웠다[40]. 가독성을 우선한 사람들은 타자 속도가 느려지더라도 김동훈다섯벌식타자기를 택했다. 그렇게 세벌식타자기는 치기 쉬운 것, 다섯벌식 타자기는 읽기 쉬운 것으로 자리 잡았다.[41]

1960년 시판 타자기는 13종이었고[42] 1968년 행정부 보유 한글 타자기는 11163대였다. 이중 공병우세벌식이 6702대, 김동훈다섯벌식이 4264대, 기타 197대로 두 제품이 98%를 차지했다.[43] 공병우세벌식은 '빠른 입력'을 중시하는 국방부·체신부·외무부, 김동훈다섯벌식은 '가독성'을 중시하는 문교부와 원호처가 선호했다.[44]

이처럼 각자의 상품성을 내세워 시장에서 경쟁하도록 두어도 좋았겠으나 타자기의 시장 규모와 영향력이 커지면서 표준화가 주요 현안으로 떠올랐다. 너무 많은 타자기가 있어 교육과 실무에 혼선을 빚는다는 명분도 있었다. 꼭 단 하나로 줄여야 했는지, 교육으로 보완할 수는 없었는지 의문스럽지만, 결국 정부의 표준안이 발표됐고 나머지 방식은 시장에서 퇴출당했다.

누가 표준이 될 것인가

한글타자기 자판 표준은 빠른 타자속도와 학습속도, 낮은 제작비와 유지비, 높은 내구성과 가독성 등 여러 까다로운 조건을 만족하는 하나의 방식을 정하는 것이었다. 정부 부처와 업계 관계자가 모여 토론을 이어갔다.

타자기 시장을 양분하던 공병우와 김동훈의 목표에는 '한글 창제 원리의 기계화'도 있었으므로 자신의 모아쓰기 구현 방식에 자부심이 강했다.[45] 하지만 단순한 양강구도로 끝나지 않았다. 주시경을 비롯한 한글학회 학자들은 모아쓰기를 한자의 잔재로 보고, 서양처럼 '가로로 풀어쓰는' 두벌식을 지지했다. 특히 최현배는 문교부 편수국장이던 1957년에 이미 두벌식 풀어쓰기 자판을 제안하고, 1962년에 거의 같은 내용의 '한글 타자기 통일 글자판'을 발표하며 풀어쓰기를 강하게 지지했다. 그러나 국민이 쓰는 타자기의 98% 이상이 공병우와 김동훈의 모아쓰기 타자기였고, 이들은 타자기 발명 공모전에서 당선된 발명가이자 시장 개척자였다.

그렇게 세벌식(모아쓰기)-다섯벌식(모아쓰기)-두벌식(풀어쓰기)이 한글 창제 원리의 기계적 후계자 자리를 두고 겨뤘고 정부는 하나의 표준을 내세웠으며 때는 3선 개헌을 향하던 박정희 정권이었다.

1969년 한글 자판 표준안의 의미

1969년 7월 28일에 공포된 「한글기계화표준자판안」(국무총리 훈령 제81호)은 '모아쓰기는 기계화가 곤란하며 시중의 모아쓰기 타자기는 불완전하다'고 밝히며 네벌식(기계식타자기용)과 두벌식(인쇄전신기용)

두 가지 안을 발표한다. 하나로 좁히려 논의했는데 두 가지를 발표했고, 모아쓰기는 기계화가 불완전하다면서 네벌식을 모아쓰기 표준으로 삼았다. 표준이 된 네벌식은 세벌식과 다섯벌식을 기계식타자기 시장에서 퇴출하는 역할을 하고 14년 뒤(1983년) 인쇄전신기용 두벌식으로 통폐합되며 모든 한글 자판은 두벌식이 된다. 지금 쓰는 컴퓨터 키보드 자판도 1969년 인쇄전신기용 두벌식 표준 자판이다.

표준화 논의는 1957년, 1962년에도 있었으나 합의에 이르지 못했고 1969년 확정 논의안도 매끄럽지 않았다. ①논의 과정에서 기존 기계식타자기 사업자들을 모두 배제했고 ②타자기를 개발할 자유와 시장 지분을 빼앗았으며 ③20여년간 모아쓰기 기계화를 성공적으로 이끈 공로도 인정하지 않았다.[46]

그러나 결과적으로 두벌식 자판 선택은 나쁘지 않았다. 표준안 발표 11년 전인 1958년 송계범은 '보류식 텔레타이프'를 발표한다. '자판을 누르는 대로 인쇄하지 않고 다음 자음이 초성인지 종성인지까지 판단한 다음에 인쇄'하는 획기적인 방식으로, 현재의 PC 키보드처럼 풀어쓰기로 입력하면 전기회로가 모아쓰기로 출력했다. 어쩌면 정부의 두벌식 자판 표준안은 기계화의 다음 단계인 전산화를 염두에 둔 것일지도 모른다[47]. 물론 표준안 결재 시 공식 명칭은 「한글기계화표준자판(안)확정」이지만….

표준안이 밝힌 타자기 자판의 기본을 추리면 다음과 같다.

양수교타	양손 번갈아 치기
연타회피	같은 키를 연속으로 누르지 않기(오타율이 올라가므로)
운지거리 단축	다음 키를 누르려 손가락을 크게 벌리지 않기
가독성	인쇄된 글자의 크기와 위치가 고르기

이를 토대로 학습 효율(자판을 외우기 쉬운가), 쓰기 효율(빠르게 칠 수 있는가), 기계 효율(제작·정비가 쉬운가), 읽기 효율(빠르게 읽을 수 있는

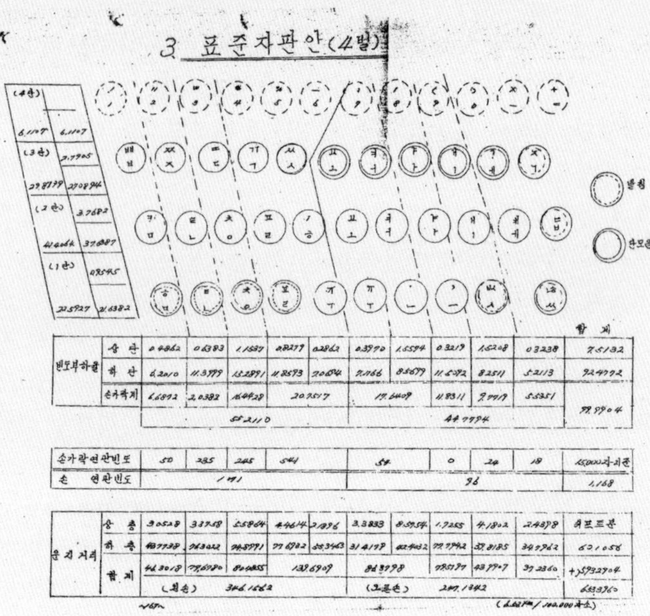

3 표준자판안(4벌)

												합계
빈도부하율	상단	0.4862	0.6383	1.1537	0.8279	0.2862	0.3970	1.5594	0.3219	1.5208	0.3238	7.5132
	하단	6.2010	11.3999	15.2891	11.8593	20.654	7.1166	8.5679	11.5092	8.2511	5.2113	92.4772
	손가락계	6.6872	2.0382	16.4428	20.7517		17.6409		11.8311	9.7719	5.5351	99.9904
		55.2110					44.7794					

									15,000자 기준
손가락연관빈도	50	235	245	544	54	0	24	18	
손 연관빈도	1,171				96				1,168

운지거리	상층	3.0528	3.3758	5.5864	4.4614	2.1896	3.3833	8.5954	1.7255	4.1802	2.4878	시프트분
	하층	43.7738	96.3022	24.5991	77.6982	55.3463	31.4178	62.4032	77.7942	37.8185	34.7762	621.056
	합계	46.3018	99.6780	80.4855	139.6909		84.3798		79.5197	43.7707	37.2360	+)5932704
		(왼손) 346.1662					(오른손) 287.1342					633.3760

(1.62Km/100,000자소)

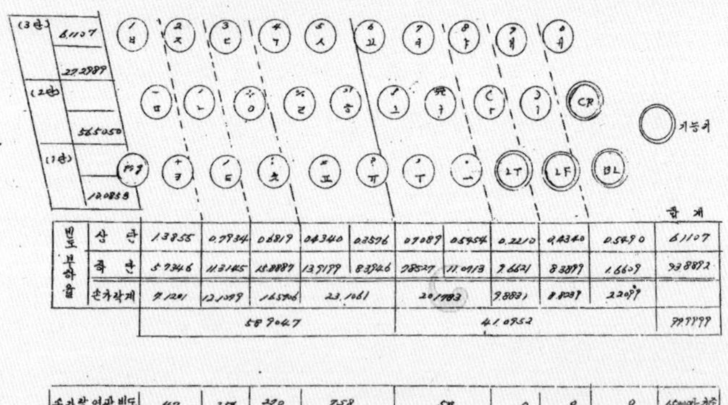

표준자판안(2벌)

												합계
빈도부하율	상단	1.3855	0.7934	0.6819	0.4340	0.3576	0.7089	0.5454	0.2210	0.4340	0.5490	6.1107
	하단	5.7346	11.3145	15.8887	13.5199	8.3946	7.8527	11.0913	9.6621	8.3899	1.6609	93.8892
	손가락계	7.1201	12.1079	16.5706	23.1061		20.1983		9.8831	8.8239	2.2099	
		58.9047					41.0952					99.9999

									15,000자 기준
손가락연관빈도	47	258	270	758	54	0	0	0	
손 연관빈도	1331				54				1385

기계식 표준자판안(네벌식)과 인쇄전신기 표준자판안(두벌식)

[출처] 과학기술처, 「한글기계화표준자판(안) 확정」(1969년 6월 26일), 국가기록원

표3. 자소 빈도율표(4벌)

(수자 제외)

자음			장모음			단모음			받침		
ㅇ	1	10.110	ㅏ	2	5.969	ㅏ	6	4.235	ㄴ	4	5.329
ㄱ	5	5.233	ㅣ	3	5.558	ㅡ	7	4.051	ㄹ	8	3.912
ㄷ	9	3.378	ㅗ	10	3.224	ㅓ	16	2.473	ㅇ	17	2.070
ㅅ	11	3.127	ㅓ	20	2.023	ㅣ	19	2.045	ㄱ	23	1.751
ㄴ	12	3.076	ㅡ	22	1.819	ㅗ	21	1.935	ㅁ	28	1.312
ㄹ	13	3.024	ㅔ	24	1.722	ㅜ	26	1.666	ㅆ	31	0.793
ㅈ	14	2.892	ㅜ	27	1.362	ㅕ	30	0.945	ㅅ	32	0.733
ㅎ	15	2.660	ㅐ	29	1.100	ㅐ	37	0.408	ㅂ	35	0.609
ㅁ	17	2.114	ㅕ	34	0.714	ㅑ	45	0.184	ㅎ	42	0.242
ㅂ	25	1.703	ㅛ	40	0.340	ㅔ	54	0.091	ㅌ	43	0.216
ㅊ	33	0.717	ㅑ	46	0.159	ㅠ	58	0.042	ㄶ	47	0.156
ㄸ	36	0.455	ㅠ	52	0.105	ㅛ	59	0.041	ㅄ	51	0.112
ㅍ	38	0.407		계	24.095		계	18.116	ㄷ	53	0.098
ㄲ	39	0.388							ㅈ	55	0.091
ㅌ	41	0.336							ㅍ	56	0.087
ㅆ	44	0.200							ㅊ	57	0.057
ㅋ	48	0.143							ㅋ	60	0.000
ㅃ	49	0.133								계	17.568
ㅉ	50	0.128									
	계	40.224									
합계 99.993%											

「한글기계화표준자판안」(1969)에 수록된 자소빈도율. 장모음은 민글자의 중성, 단모음은 받침글자의 중성을 뜻한다. 이 표에 의하면 빈출 글자는 '아'와 '안'이다.
[출처] 과학기술처, 「한글기계화표준자판(안) 확정」(1969년 6월 26일), 국가기록원

가)이 가장 높은 자판 배열 찾는 것이다. 현재 자판의 쌍닿자는 ㅂ·ㅈ·ㄷ·ㄱ·ㅅ키에 시프트키를 눌러 ㅃ·ㅉ·ㄸ·ㄲ·ㅆ를 입력하는 방식으로 자판 학습을 우선한 것이다. 한편 타자 효율을 우선해 자주 쓰는 ㅆ·ㄲ은 시프트 없이 단독으로 누르는 자판으로 재배열을 제안한 연구[48]도 있다.

자판 배치의 기본은 '자주 쓰는 것'을 누르기 좋은 자리에 놓는 것이다. 대부분의 조사에서 빈출 초성은 ㅇ이다. 한글타자기도 왼손 중지 자리에 ㅇ를 배치했다. 한글타자기를 만들 때 이미 쪽자 빈출도를 알았다는 뜻이다. 과연 그 연구는 누가 언제 했을까. 놀랍게도 자판 표준화보다 39년 앞선 일제강점기에 시작됐다.

1930년 최현배는 「한글의 낱낱의 글자의 쓰히는 번수(使用되는 度數)로써의 차레잡기」[49]를 발표한다. 이어서 1951년에 조사에 착수하여 1955년 「우리말에 쓰힌 글자(한글, 한자)의 잦기 조사」[50] 1956년 「우리말 말수 사용의 잦기 조사—어휘 사용 빈도 조사」[51]를 발표한다(번수·도수·잦기는 frequency를 옮긴 말이다). 일제 강점기뿐 아니라 한국 전쟁 중에도 이어간 우리 말과 글의 연구가 한글 기계화-한글 자판 표준의 밑거름이 됐다. 한글타자기개발 프로젝트에는 여러 사람의 의도·경쟁·협업의 맥락이 복잡하게 섞여있다.

기계식타자기 발명가들이 시작한 모아쓰기 알고리즘의 계보는 1990년대 휴대폰 자판으로 이어진다. 4×3배열(4행 3열 총 12개의 물리 자판, 한글 입력에는 10개만 사용)의 자판 중 천지인·나랏글·스카이 3종이 2011년 국가표준으로 지정되고, 천지인은 2014년에 (라틴 자판을 제외하면 처음으로) 국제전기통신연합(ITU) 표준으로 지정된다.[52] 물리 자판이 사라진 스마트폰 자판은 10종을 넘으며 골라 쓸 수 있다. 애플리케이션을 통해 사용자가 맞춤 설정을 할 수도 있다.

이렇게 훈민정음에 담긴 '쉽게 널리 소통하는 가치관'을 오랫동안 꾸준히 함께 이어왔기에 한글날은 세종뿐 아니라, 온 국민이 주인공인 날이다.

키 이야기—디지털에 남은 타자기 유산

키보드에 있는 키는 대부분 타자기 자판에서 유래했다. 물론 이런 걸 안다고 당장 크게 달라질 건 없다. 그러나 브리꼴라쥬(bricolage)[53]라는 말처럼 '지금은 아니지만 언젠가 보탬이 될만한 것을 모으는 행위'는 지혜의 씨앗을 뿌리는 일이다. 자주 쓰는 도구를 궁금해하고 알아가는 잔재미는 일상을 촉촉하게 한다.

caps lock, shift

캡스락(caps lock)과 시프트(shift)를 처음 보면 이게 뭔가 싶지만, 타자기를 써보면 자연스레 알 수 있다. 영문타자기의 자판은 대문자로 각인되어 있으나 누르면 소문자가 찍힌다. '그럼 대문자는 어떻게 입력할까' 자판을 둘러보니 이동을 뜻하는 시프트(shift) 키가 보인다. 일단 눌러보자. 활자뭉치를 한 번에 끌어내리기 때문에 다른 키보다 훨씬 묵직하다. 한참 들어가다 끝까지 가면 찰칵하며 걸리고 손을 떼도 다시 올라오지 않는다. 이 상태에서 타자하니 예상대로 대문자가 찍히고 묵직하게 가라앉았던 활자뭉치가 자동으로 다시 올라온다. 타자기의 활자는 세로로 길쭉한 판에 위·아래로 두 개를 붙여 놓고 골라 쓴다. 시프트는 부족한 자판의 개수를 두 배로 늘리는 치트 키인 셈이다.

여기서 다시 질문. 계속 대문자를 치려면 어떻게 할까. 시프트 키 바로 위에 대문자 고정을 뜻하는 캡스락(caps lock: capitals lock)이 보인다. 누르니 예상대로 활자뭉치를 한 번에 끌어내리고 스페이스바를 누르기 전까지는 안 올라온다. 한때는 shift lock이라고도 했으나 점차 caps lock으로 통일됐다. 이처럼 몸소 겪으며 자연스레 원리를 터득하는 것이 아날로그의 매력이다. 스스로 관찰하며 원리와 용법을 익히면 재미있고 오래 기억할 수 있다. 그런데 이렇게 누르기 좋은 자리에 한글과는 상관도 없는 캡스락을 넣어야 했을까? 노트북의 디스플레이, CPU, OS의 빠른 업그레이드 속도를 생각하면 키보드의 시간은 멎은 듯하다. 오히려 미국회사인 애플이 한국어 키보드의 캡스락을 한·영 전환키(한/A)로 바꿔서 출시하고 있다.

underline (또는 underscore)

전문적인 라틴 타이포그래피는 반듯하게 쓴 업라이트(upright 또는 roman, 정체)와 기울여서 흘려 쓴 이탤릭(*italic*, 흘림체)이 한 벌을 이룬다. 이탤릭의 역할은 '구분'으로 (동아시아처럼 괄호를 쓰지 않고) 문장구조를 뚜렷이 드러낸다. 타자기는 시프트키를 고안해 대문자와 소문자를 함께 썼지만 이탤릭까지 갖추지는 못했기 때문에, 밑줄 키를 써서 (출판사나 신문사에 보낼 원고에) 이탤릭으로 조판해야 하는 부분을 표시했다. 방법은 백스페이스(back space)키를 눌러 이탤릭으로 표기할 지점까지 거슬러 올라간 후 밑줄 키를 누르며 되돌아오는 것이다. 이는 편집자가 교정볼 때 이탤릭으로 조판해야 할 곳에 밑줄을 긋는 관습에서 비롯됐다. 밑줄 키는 그 외로도 다양한 용도로 사용했다. 한국에서는 밑줄을 소수점 이하 숫자에 사용토록 가르쳤다. 다른 이름으로 under bar, low line, low dash 등이 있다.

이제는 모든 컴퓨터에 이탤릭이 시스템폰트로 들어있으니 밑줄 키 사용을 자제해야 한다는 의견도 있다. 타이포그래피도 언어를 다루는 기술이므로 맞춤법을 지켜야 한다는 취지다. 법칙에서 중요한 것은 '조건'(때와 장소)인데 이걸 생략하면 과도한 규제와 압박으로 들릴 수도 있다. 밑줄 키의 사용을 자제하자는 말에는 '형식을 갖춰야 할 때…'가 생략됐다. 밑줄 키는 파일명이나 URL 주소처럼 띄어 쓸 수 없는 조건에서 띄어 쓸 때도 사용한다. 그러다가 밑줄 키가 띄어쓰기를 대체하는 유행도 생겨 '저자_○○○' 처럼 쓰기도 한다. 하지만 책이나 작품의 이름표기처럼 '형식을 갖춰야 할 때' 밑줄 키로 띄어 쓰는 조판은 신뢰를 얻기 힘들다.

물론 디자이너가 개성을 드러내는 것은 본능 같은 일이다. 게다가 여러 사람의 수정 요청, 기술적 제약, 일정과 예산의 압박을 받다 보면 남다른 부호를 써서라도 존재감을 드러내고픈 유혹에 빠질 수 있다. 그렇게라도 자기 흔적을 남기지 않으면 '내가 했다'는 느낌을 받지 못하기 때문이다. 하지만 (문제의 해결이 아닌) 불만의 반작용으로 자기 스타일을 드러내는 것은 좋은 결과로 이어지기 어렵다. 자유로워지려면 다양한 해석이 용인될 수 있는 조건인지 확인하고, 실험하려면 목적과 가설을 세우고 결과를 지켜봐야 한다. 디자이너라고 디자인을 자기 마음대로 할 수 있는 건 아니다. 하지만 알면서도 남들과 달라지고 싶을 때가 있다. 그래서 디자이너에게 자기 주도적 개인 작업은 필수다. 전시하고 굿즈를 만드는 일은 일종의 산책이다.

$ ₩ ¥

달러화에 왜 $를 쓰는지는 뚜렷지 않다. US 달러의 U와 S를 겹쳐 쓰다가 U의 아래 이음새를 생략하고 두 줄만 쓰다 한 줄이 됐다는 설도 있지만 추측일 뿐이다. 어쨌든 그 영향으로 다른 화폐 부호에도 줄을 그었고 현재는 $ $ $처럼 다양하지만 대부분 한 줄짜리다.

그러나 아주 가끔 원화 부호도 두 줄로 디자인해달라는 클라이언트를 만나기도 한다. 그러면 ₩처럼 6개의 아주 작은 구멍이 생겨 아슬아슬하게 보이거나 뭉개진다. 타입디자이너는 종종 99.99%에겐 시시콜콜한데 0.01%에게는 중요한 문제와 씨름한다. 웨이트까지 블랙(볼드보다 두세 단계 위 체급)이면 상황은 더 고약해진다.

일본 엔화와 중국 위안화는 같은 ¥를 쓰므로 JPY/CNY, yen/yuan 등으로 구분한다(부호로 구분할 때는 JPY 100처럼 숫자 앞에, 발음으로 구분할 때는 100 yen처럼 숫자 뒤에 쓴다). 원-엔-위안 모두 圓(둥글 원)의 제나라 발음이지만 체는 圓(한국)-円(일본, 圓의 이체자)-元(중국)처럼 서로 다르다. 중국도 圓을 썼으나 먼저 국제환율시장에서 圓을 쓴 일본과 구분하려 元(으뜸 원)으로 바꿨다.

hyphen-minus, dashes

초기 타자기는 부족한 자판 문제로 '대문자 I와 숫자 1' '대문자 O와 숫자 0'을 겸용했으나 디지털 표준은 '하나의 문자에 하나의 코드'를 내세웠다. 이제는 코드-이름-용법이 1:1로 대응하지만 예외도 있다. 앞서 말한 부등호도 괄호를 겸하지만, (숫자 0 키의 오른쪽에 있는) '하이픈-마이너스'(hyphen-minus)는 이름부터 두 개를 겸한다.

모양	영문 이름	국문 번역	유니코드
가	hangul syllable ga	한글 음절 가	U+AC00
A	latin capital letter A	라틴 대문자 에이	U+0041
-	hyphen-minus	하이픈 마이너스	U+002D
‑	non-breaking hyphen	자동 입력용 하이픈	U+2011
−	minus sign	빼기 부호	U+2212
–	en dash	반각 줄표	U+2013
—	em dash	전각 줄표	U+2014
‒	figure dash	숫자 줄표	U+2012

보통 X-mas나 D-day처럼 밀접한 어구를 잇거나 엑셀 같은 앱에서 뺄셈할 때 하이픈 마이너스를 쓴다. 그러나 전문 조판 애플리케이션이 자동으로 하이픈을 넣고 뺄 때는 자동 입력용 하이픈(non-breaking hyphen)을 쓴다. 마찬가지로 수학 교과서의 ＋－×÷＝처럼 전문적으로 수식을 표기할 때도 전용 빼기 부호(minus sign)를 쓴다(키보드로는 입력할 수 없어 별도의 입력 도구를 쓰거나 복사·붙이기를 해야 한다).

전화번호나 버스 번호에 쓰는 줄표는 하이픈이 아니라 대시(dash)다. 하이픈의 역할은 연결이므로 짤막하게, 대시의 역할은 구분이므로 (하이픈보다는) 길쭉하게 디자인하며, 엔 대시(en dash, 짧은 대시), 엠 대시(em dash, 긴 대시), 피겨 대시(figure dash, 숫자용 대시) 등 종류가 많다. 이처럼 비슷하게 생긴 문자는 코드로 구분한다.

< >

시프트와 쉼표를 함께 눌러 입력하는 <는 a<b처럼 쓰는 부등호다. 그러나 2010년경까지 대부분의 한글 폰트는 부등호를 괄호(꺾쇠〈〉)로 디자인했다. 사용자도 괄호인 줄 알고 썼다. 그런 폰트로 읽던 글을 웹에 올리면 〈 〉에서 < >으로 뾰족하고 납작하게 바뀐다. 웹에서 쓰는 폰트는 표준대로 <를 부등호로 디자인했기 때문이다.

모양	영문 이름	국문 이름	입력 방법	유니코드
<	less-than sign	부등호(더욱큼표)	shift+,	U+003C
>	greater-than sign	부등호(더욱작음표)	shift+.	U+003E
〈	left angle bracket	여는 꺾쇠	ㄴ → 한자 → 화살표 키 → 선택	U+3008
〉	right angle bracket	닫는 꺾쇠		U+3009

표준을 어긴 폰트를 쓰면 환경이 바뀔 때마다 여러 변수를 감당해야 한다. 제대로 꺾쇠를 쓰려면 'ㄴ → 한자 키'를 차례로 눌러 띄운 창에서 골라 써야 한다. 최근 mac OS에서는 이마저 불가능해 '문자 뷰어'창을 띄워야 한다. 현재의 문장부호 입력 환경은 아주 열악하다. 이름의 문제도 있다. 국립국어원은 『문장 부호 해설』(2014)[54]에서 '꺾쇠'를 '화살괄호'로 바꿨다. '—>처럼 화살표 만들 때 쓰는 괄호'라는 뜻인데, 괄호를 가져다 화살표로 쓰는 잘못된 용법을 인정하고 그것을 기준으로 이름까지 지어버렸다. 디지털 환경에서 문자의 '이름-용법-코드' 체계는 (빠르고 정확하게 소통하기 위한) 맞춤법이다. 우리가 처한 문제의 본질은 ①자주 쓰는 부호가 키보드에 없어 ②맞춤법을 따르기 번거로운데 ③부호는 한글과 별개라는 생각에 문제를 개선할 명분과 주체가 애매하다는 것이다.

기계식 타자기 자판에는 없던 부등호는 언제부터 자판에 자리 잡은 것일까. 코딩용 부호를 추가한 아스키(ASCII) 코드가 1963년 미국에서 발표되며 인쇄전신기 자판에 포함된다. 지금도 코딩에서는

<>를 괄호로 쓴다. 하지만 a>2처럼 부등호로도 쓴다. '하나의 문자에 하나의 코드'라는 디지털 문자 체계의 기본에 어긋나지만 일반적인 글과 섞지 않고 코딩을 위한 전용 애플리케이션과 전용 폰트(타자용)를 쓰므로 크게 문제 되지 않는다. 관습과 새로운 질서의 충돌은 늘 어렵다. 누군가는 그 어렵고 귀찮다는 습관 고치기를 해야 하기 때문이다. 부등호 하나도 이렇게 복잡한데, 국문을 한자에서 한글로 바꾼 건 천지개벽 같은 일이다.

backspace ←(⌫)

PC 키보드에서 왼쪽으로 이동하며 지우는 키가 backspace다. 앞서 underline에서, '밑줄을 그으려 다시 낱말 첫 글자로 돌아갈 때' 사용하는 키가 backspace다. 흥미로운 것은 back이다. 이름은 뒤인데 누르면 앞으로 간다. 왜일까. 우리는 글줄의 앞이라고 하면 글의 시작점인 왼쪽을 떠올리지만 타자기는 오른쪽이 앞이다. 동서양 생각의 차이인데, 동양은 글자(대상)를 중심으로 생각해서 처음 시작한 쪽이 앞이고, 서양은 나(주체)를 중심으로 생각해서 나아가는 방향이 앞이다. 인디자인 같은 애플리케이션도 텍스트를 검색할 때 '앞으로' 검색하면 현재 커서 위치를 기준으로 글의 끝을 향해 검색하고, '뒤로' 검색하면 글의 시작을 향해 검색한다. 아래아한글이나 워드는 '위로-아래로'로 구분해 더욱 알기 쉽다.

고독한 하이브리드——한글 이야기

어릴 적 배운 한글은 너무도 독보적이어서 부모·형제·친구도 없이 다 큰 상태로 하늘에서 뚝 떨어진 신화 속 주인공 같았다. 그때는 참 멋져 보였으나 유소년기가 없다고 생각하니 안쓰럽다. 그러다 문득 '그게 가능한가?'며 오랜 생각을 의심했다.

한글에게 친구는 없었던 걸까. 모아쓴 한글은 한자와 가까워 보이고 풀어쓴 한글은 라틴문자와 가까워 보인다. 일본의 가나와도 오랫동안 같은 고민을 해 온 사이다. 이제 보니 친구가 없는 것도 아닌데 외로워 보인다. 혹시 문자들끼리는 친한데 사람들이 말리는 건 아닐까. 아니면 다들 내향적인 걸까. 한글의 MBTI(성격 유형)는 무얼까.

한자의 손익분기점—문자 경량화

한자는 깊은 뜻을 머금지만 소리표기가 어려워 오래전부터 동아시아에서는 뜻을 버리고 발음만 취하는 방법을 고안해 썼고, 일본은 이런 관습을 토대로 히라가나와 가카카나를 만들었다. 그러다 조선은 아예 새로운 소리문자인 훈민정음을 만들었다.

문자의 소리표기 기능은 국어교육뿐 아니라 경제·문화 교류에도 커다란 영향을 미친다. 동아시아의 지식인들은 서구 문물과의 극심한 격차를 줄이고자 근대화를 추진하며, 인재 양성의 첫 단계인 문맹 퇴치를 위해 한자의 효용을 재검토한다. 소수 엘리트의 전유물이던 한자를 모두가 익히려면, ①많은 문자 수 ②복잡한 형태 ③불편한 소리표기에 대한 해결책이 필요했고, 1900년을 전후로 한자 폐지론까지 나타난다. 각 나라는 이 문제에 어떻게 맞섰을까. 한자의 운명은 근대화를 기점으로 저마다의 길로 갈라선다.

국가	이전	현재 문자	입력용 문자
중국		한자(간체자)	라틴문자
일본	한자	한자(신체자)+가타카나+히라가나	라틴문자
한국		한글전용	한글

중국은 한자의 형태를 단순하게 고친 간체를 지정하고 라틴문자로 소리를 표기하는 한어병음을 고안했다. 일본은 2000자 내외의 상용한자를 지정해 필수 한자의 수를 줄이고 가타카나·히라가나를 공식 문자로 인정해 소리를 표기했다. 하지만 두 나라 모두 타이핑할 때는 (대부분) 라틴문자를 빌려 쓴다. 결국 필수 문자의 종류가 늘어났다. 문자 경량화의 갈림길에서 중국과 일본은 결국 한자를 고수하며 뜻을 이루진 못했다.

한국은 가장 무거운 한자를 빼고 한글전용으로 바꾸며 가장 급진적인 경량화를 택한다. 얼핏 보면 한글이 있어 쉽게 바꾼 것 같으나 온 국민이 한자를 떠나보내는 과정은 쉽지 않았다. 그만큼 한자의 영향력도 컸다. 한자에서 한글로 무게중심이 바뀌는 20세기 한국 문자사는 한 편의 드라마다. 결국 선택은 '익숙한 문자'가 아니라 '시대에 걸맞은 문자'였고 관습보다 실용이었다.

한글의 음악성—모아쓰기라는 악보

타자기 이야기에서 세벌식 자판이 한글의 창제 원리를 따랐다는 말은 무슨 뜻일까. 한글과 열 손가락이 무관하듯 한글 창제 원리와 자판 배열 원리는 무관하다. 있다 해도 상관관계지 인과관계는 아니다.

세벌식이 상징하는 건 뭘까. 훈민정음은 〈초성+중성+종성=말〉을 〈닿자+홀자+받침=글자〉로 재현한다. 초·중·종성을 (네모 칸 속) 정해진 자리(□□□□)에 모아쓰는 단순 체계로 여러 소리를 읽기 쉽게 표기한다. 소릿값을 규칙대로 옮기므로 한글은 문자이자 악보다. '그근귤궬'처럼 획 수가 늘면 발음도 길고 어려워진다. 즉 글자 밀도가 음의 장단과 정보량을 나타낸다. 또한 ㄱ에 비해 ㄲ같은 쌍닿자는 고음이다. 그래서 꼬끼요도 고음이다. '세벌식-모아쓰기-악보'의 관점은 한글의 독창성을 해석하는 새로운 맥락이다.

세벌식(초성-중성-종성)을 두벌식(자음-모음)으로 변환하여 한 줄로 나열하는 방식이 풀어쓰기다. 모아쓰기와 풀어쓰기를 비교해서 읽어보면 세벌식(=모아쓰기)이 얼마나 대단한지 알 수 있다.

그럼에도 두벌식(자음, 모음)을 자주 쓰는 이유는 국제 언어학계에서 통용되는 일반적인 개념이기 때문이다. 따라서 두벌식은 소리문자의 보편성을 세벌식은 한글의 독창성을 대표한다.

자음과 모음 그리고 부음

자음(子音)과 모음(母音)은 인간이 내는 소리를, vowel(닿아야 나는 소리) consonant(닿지 않고 홀로 나는 소리) 두 벌로 구분하는 언어학 용어를 일본이 근대화 과정에서 자음과 모음으로 번역한 것이다. 음절(音節)도 같은 방식으로 들여온 syllable의 일본식 번역어다. 왠지 자음과 모음하면 한글을 상징하는 말로 들리지만 그렇지 않다. 당연히 『훈민정음』에도 나오지 않는다.

자음과 모음을 처음 쓴 문건은 일본의 네덜란드 유학파 계몽사상가 니시 아마네(西周)가 쓴 『백학연환』(百学連環, 1870-71경)으로 "문자에 consonants(자음)와 vowel(모음) 두 종류가 있고"라고 했다.[55] 참고로 母音(모음)의 母는 싯다마트리카(siddhamātṛkā, 불교를 따라 중국에 퍼진 인도 범자)의 마트리카(mātṛkā, 엄마)에서 유래한다는 연구[56]도 있다. 싯다마트리카도 자음과 모음이 만나 음절을 만드는 방식이다. 서구의 납활자 주조틀인 매트릭스(matrix)의 어원도 자궁을 뜻하는 라틴어 마테르(mater)이고 字母(자모)로 번역한다. 이렇듯 엄마가 들어가는 용어는 파생(派生, 어떤 근원으로부터 갈려 나와 생김)을 뜻할 때가 많다.

그렇다면 부음(父音)은 없는가. 일본에서는 근대화가 한창이던 메이지 중·후기(1900년 전후)에는 음운을 '부음(현재 자음)+모음=자음(음절)'으로 설명한 사례가 많았다.[57] 일본 문법을 참고한 한국 최초 문법서 『대한문전』(유길준, 1909)도 부음+모음=자음으로 설명한다. 일제강점기 독학용 국어교과서인 『訂正增補 漢日鮮 時文新讀本上』(황응두, 1930)도 '부음(초성, 종성)과 모음(중성)을 합하면 자음(음절)이 생함'으로 설명한다. '부음+모음=자음'이 '자음+모음=음절'보다 알기 쉬운데 왜 부음은 빠지고 자음과 모음만 남았을까. 어쩌면 이런 상황 때문일 수도 있다. '한'같은 받침글자에는 아빠(ㅎ)+엄마(ㅏ)+아빠(ㄴ)=아이(한)가 되어 아빠가 두 번 나오게 된다.

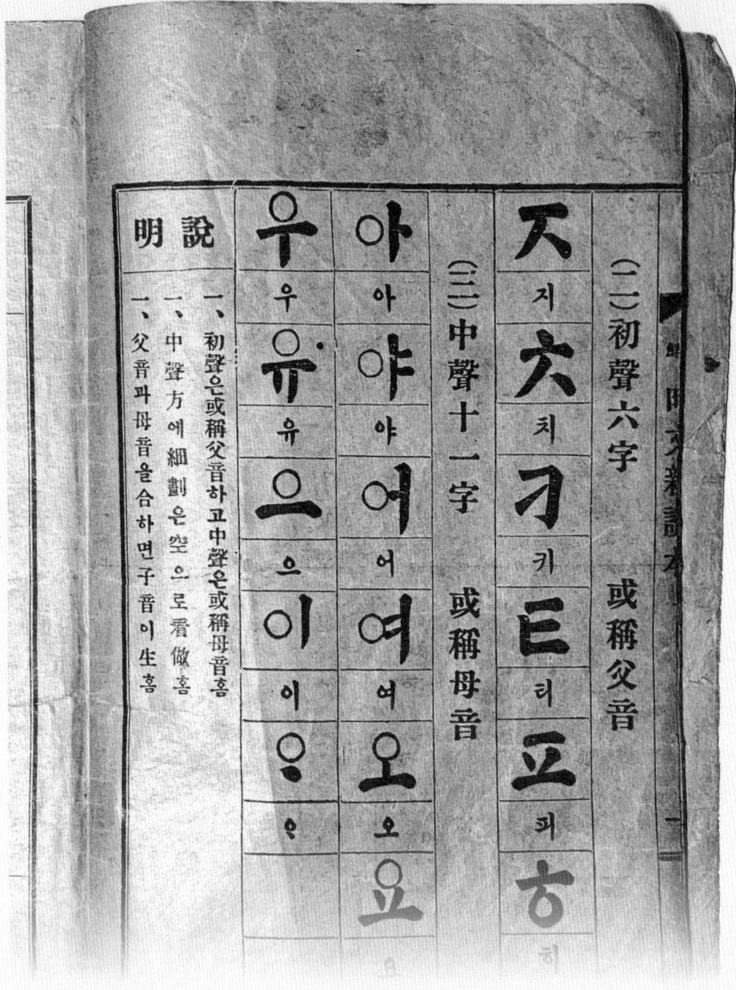

(一)初聲六字 或稱父音

ㅈ 지 ㅊ 치 ㅋ 키 ㅌ 티 ㅍ 피 ㅎ 히

(二)中聲十一字 或稱母音

아 아 야 야 어 어 여 여 오 오 요

우 우 유 유 으 으 이 이 ᄋᆞ ᄋᆞ

說明

一、初聲은或稱父音하고中聲은或稱母音ᄒᆞᆷ

一、中聲方에細劃은空으로看做ᄒᆞᆷ

一、父音과母音을合하면子音이生ᄒᆞᆷ

『정정증보 한일선 시문신독본 상』(1930). 왼편의 설명(說明)란을 풀이하면 다음과 같다. 하나, 초성은 부음이라고도 하고 중성은 모음이라고도 함(初聲은 或稱父音하고 中聲은 或稱母音함)／ 하나, 중성 자리의 가는 획은 빈 것으로 침(中聲方에 細劃은 空으로 看做함)／하나, 부음과 모음을 합치면 자음이 생김(父音과 母音을 合하면 子音이 生함). 이 책은 부음의 행방을 좇던 모리사와 코리아 김영길 대표가 연구해 보라며 주셨다.

모아쓰기 세계관—문이 자를 낳음

뜻문자인 한자는 소리를 어떻게 표기했을까. 대표적인 방법으로 두 한자의 음을 반씩 합치는 반절(反切)이 있다. 德紅切처럼 '①②切'로 표기했으며 ①의 초성과 ②의 중성·종성을 합한 소리라는 뜻이다.

반절 공식 / 예시	①②切	①의 초성	+	②의 중성·종성	=	소리
東	德紅切	deog		hong		dong

한자음을 ①성모(聲母)와 ②운모(韻母)로 나눈 두벌식으로, 子·母·父도 여기서 유래한다. 그렇다면 왜 가족 구성원(아이·엄마·아빠)을 용어로 썼을까. 文字(문자)의 字에 힌트가 있다.

『설문해자』(說文解字, 100)는 한자의 유래·뜻·발음을 풀이하고 분류한 최초의 한자 자전이다. 책 제목은 文을 설명하고(說文) 字를 풀이한다(解字)는 뜻으로, 文字가 文과 字의 합이라는 뜻이기도 하다(설文해字의 순서를 뒤바꾸면 文字해설이다). 사물의 속성을 상형한 것이 文이고, (文으로는 설명할 길이 없어) 文을 조합해 만든 회의자나 형성자가 字다. 그래서 字에 子(아이)가 들어있고, 文을 독체(獨體, 홑몸), 字를 합체(合體, 더한 몸)라고 한다.

구성 / 조합 요소	文	+	文	=	字
회의자=뜻+뜻	木(나무 목)		木(나무 목)		林(수풀 림)
형성자=뜻+소리			每(매양 매)		梅(매화나무 매)

'설문해자'라는 이름에도 선대(文)를 조사하면 후대(字)가 나온다는 호구조사의 느낌이 난다. 이것이 한자 음운학 용어에 가족 구성원인 子(자)·母(모)·父(부)가 자주 등장하는 역사적 맥락이다.

논란—자방고전(字倣古篆)

훈민정음의 모양은 어디서 왔는가. 실록에 등장하는 자방고전의 해석을 둘러싼 논란이 있었다. 자방(字倣)의 뜻이 모방인지 참고인지, 고전(古篆)의 뜻이 전서체(한자 최초의 체)의 모양새인지 文이 字를 낳는 세계관인지가 쟁점이었다. 처음엔 자방고전 넉 자만 해석해 베꼈다는 모방설이 많았으나, 1940년에 발견된 『훈민정음』(해례본)으로 象形而字倣古篆이라는 창제 원리가 밝혀져 문이 자를 낳는 세계관을 참고했다(그래서 쪽자가 글자를 낳는 모아쓰기 체계를 만들었다)고 보는 상형설로 기우는 추세다.

한국민족문화백과사전은 자방고전을 이렇게 설명한다. "근래에는 (…) 초성은 발음기관, 중성은 천지인(天地人) 삼재(三才)를 상형했다는 『훈민정음』「제자해」의 설명을 그대로 받아들이고, 자방고전은 상형의 방법으로 만든 최소 단위의 글자를 합해 음절 단위로 운용하는 방법을 말한 것으로 이해하는 것이다. (…) 독체자인 '문(文)'에 해당하는 초성 17자와 중성 11자는 상형의 방법으로 제자하고 이 글자들을 합용·병서·합자 등의 다양한 방법으로 모아 합체자인 '자(字)'의 단위로 만들어 사용하는 글자의 운용 방법을 '자방고전'으로 이해한다."[58]

모방설의 사례로 최현배의 『글자의 혁명』(1947)이 있다. 모아쓰기를 (중국과의 관계를 고려해) 어쩔 수 없이 가져온 것으로 풀이하고, 세종이 지금 한글을 만든다면 자신처럼 풀어쓰기를 했을 거라고 말한다.[59] 이 책의 골자인 한글전용과 가로쓰기는 1948년 8월15일 정부 수립 이후 국어정책의 주축이 된다. 상형설의 사례로는 홍윤표의 「訓民正音의 '象形而字倣古篆'에 대해」[60]가 있다. 象形은 쪽자를 만든 원리로, 字倣古篆은 쪽자를 모아써서 글자를 만드는 원칙(모아쓰기)으로 해석했다.

『훈민정음』은 현대 디자인론의 핵심인 '사람을 이롭게 하는 철학'을 15세기에 선보인다. 쓰는 사람이 처할 수 있는 어려움과 누려야 할 가치를 뚜렷이 밝혔기에 사회적이고, 몸과 말의 체계를 본떠 문자의 체계를 잡았기에 과학적이며, 그 서사를 입체적으로 엮었기에 문학적이다. 특히 「제자해」를 일곱 글자로 요약한 정인지 서문의 象形而字倣古篆(상형이자방고전)은 한글의 이치를 함축한 한 편의 시 같다.

한글의 회화성—모아쓰기라는 그림

먼저 만든 文은 뜻이 본질적이고 획 수가 적다. 나중에 만든 字는 뜻이 구체적이고 획 수가 많다. 그리기처럼 백지로 시작해 획이 늘수록 구체적인 이야기를 만든다. 요소의 배치(layout)로 상황을 설명하는 방법도 그리기와 닮았다. 눈-코-입의 배치로 인상을 잡는 인물화가 그렇고 '鳥(새 조)와 山(뫼 산)을 풍경화처럼 합친 섬 도의 이체자'도 그렇다. 島는 새가 산 위를 나는 섬이고, 嶋는 새가 산 옆을 나는 섬이며 嶌는 새가 산 아래서 쉬는 섬이다. 이처럼 한자의 모아쓰기에 담긴 그리기 DNA는 공간감을 중시해 분간포백(分間布白, 관계를 헤아려 백을 둠)이나 계백당흑(計白當黑, 백을 헤아려 먹을 둠)같은 회화적 서예 이론을 만들었다. ⊞ ▦ ⊠ ▣ 같은 격자도 같은 회화적 맥락이다.

한글은 소리문자이지만, 발음기관을 '상형'한 닿자와 천지인을 '추상'한 홀자를 네모 안에 '배치'하므로 회화적이다. 이렇게 모아쓰기의 그리기 DNA는 이모티콘에도 드러난다. 서양은 OTL, :-) 처럼 풀어써서 측면을 향하거나 기울어졌으나, 동아시아는 ^_^ -.- 처럼 눈코입을 모아써서 다양한 '표정'을 짓는다. 그래서 한글은 논리적이면서도 정서적이다. 명료한 체계로 다양한 표정을 짓는 모아쓰기의 뿌리는 그리기다.

받침 유무 / 모임	초성	+	중성	+	종성	=	민글자/받침글자	모임꼴
세로모임	ㄱ		ㅗ		없음 또는 ㄱ		고/곡	□/□
가로모임			ㅏ				가/각	□/□
섞은모임			ㅘ				과/곽	

모아쓰기의 패턴(모임꼴)을 정리하면 위와 같다. 알-말-발-팔처럼 같은 계열□의 글자들은 모양새가 닮아 소리도 같은 계열임을 알 수 있다. 그러나 풀어쓰면 ㅇㅏㄹㅁㅏㄹㅂㅏㄹㅍㅏㄹ처럼 닮음의 맥락이 사라져 가독성·회화성도 뚝 떨어진다. 20세기 중반에는 다양한 풀어쓰기 방식과 글자체가 제안되었으나 낮은 가독성으로 오히려 모아쓰기의 장점을 부각했다.

풀어쓰기 시도

물론 풀어쓰기만의 장점도 있으니 이 또한 한글의 매력이다. 풀어쓰기 특유의 간결함을 살려 실제로 공무에 활용한 사례도 있다.

1953년 체신부는 장봉선이 개발한 두벌식 '풀어쓰기' 인쇄전신기를 통신용으로 채택해 전보(電報, telegram)에 사용한다. 소리문자를 나열하는 방식이니 일제 강점기에 경험한 세로쓰기-가타카나 전보와 비슷했다. 이후 가독성 문제로 모아쓰기 인쇄전신기로 대체된다.

군인이 몸에 지녀야 하는 인식표(군번줄)의 이름표기도 1998년까지 풀어쓰기였다. 세 글자 정도만 넉넉히 띄어서 풀어쓰니 별 부담 없다. 라틴 대문자처럼 쪽자를 글줄에 꽉 차게 풀어쓰면 글줄이 가지런하고 시원시원하게 빠져 숫자와도 잘 어울린다. 지금까지 보던 한글과는 사뭇 다른 느낌이다. 앞으로도 실험적인 풀어쓰기의 부활을 기대해 본다.

ㅎㅏㄴㄱㅡㄹ

ㅍㅜㄹㅓㅆㅡㄱㅣ ㄱㅛㅂㅗㄴ

ㅈㅏㅇ ㅂㅗㅇㅅㅓㄴ ㅕㄲㅡㅁ

ㅎㅏㄴㄱㅡㄹㅡㄴ ㅜㄹㅣ ㅈㅏㄹㅏㅇ ㅅㅐㅇㅎㅗㅏㄹㅢ ㅁㅜㄱㅣ
ㅣ ㄱㅡㄹㄹㅗ ㅣ ㄴㅏㄹㅏㅢ ㅎㅣㅁㅡㄹ ㄱㅣㄹㅡㅈㅏ
ㄱㄴㄷㄹㅁㅂㅅㅇㅈㅊㅋㅌㅍㅎㅏㅑㅓㅕㅗㅛㅜㅠㅡㅣㅐㅒㅔㅖㅚㅟㅢt

ㅎㅏㄴㄱㅡㄹㅡㄴ ㅜㄹㅣ ㅈㅏㄹㅏㅇ ㅅㅐㅇㅎㅗㅏㄹㅢ ㅁㅜㄱㅣ
ㅣ ㄱㅡㄹㄹㅗ ㅣ ㄴㅏㄹㅏㅢ ㅎㅣㅁㅡㄹ ㄱㅣㄹㅡㅈㅏ
ㄱㄴㄷㄹㅁㅂㅅㅇㅈㅊㅋㅌㅍㅎㅏㅑㅓㅕㅗㅛㅜㅠㅡㅣㅐㅒㅔㅖㅚㅟㅢt

ㅎㅏㄴㄱㅡㄹㅡㄴ ㅜㄹㅣ ㅈㅏㄹㅏㅇ ㅅㅐㅇㅎㅗㅏㄹㅢ ㅁㅜㄱㅣ
ㅣ ㄱㅡㄹㄹㅗ ㅣ ㄴㅏㄹㅏㅢ ㅎㅣㅁㅡㄹ ㄱㅣㄹㅡㅈㅏ
ㄱㄴㄷㄹㅁㅂㅅㅇㅈㅊㅋㅌㅍㅎㅏㅑㅓㅕㅗㅛㅜㅠㅡㅣㅐㅒㅔㅖㅚㅟㅢtㅍ

ㅎㅏㄴㄱㅡㄹㅡㄴ ㅜㄹㅣ ㅈㅏㄹㅏㅇ ㅅㅐㅇㅎㅗㅏㄹㅢ ㅁㅜㄱㅣ

ㅎㅏㄴㅍㅜㄹ ㅁㅜㄴㅎㅘㅅㅏ

장봉선이 엮은 『한글 풀어쓰기 교본』(1989, 한풀문화사)의 표제면. 이 책은 주시경, 최현배, 김두봉을 비롯해 다양한 방식의 풀어쓰기 제안과 사례를 소개한다. 표제면의 글을 모아쓰기로 바꾸면 다음과 같다. 한글/ 풀어쓰기 교본/ 장봉선 엮음/ 한글은 우리 자랑 생활의 무기/ 이 글로 이 나라의 힘을 기르자/(앞 두 줄 반복)/ 한풀 문화사

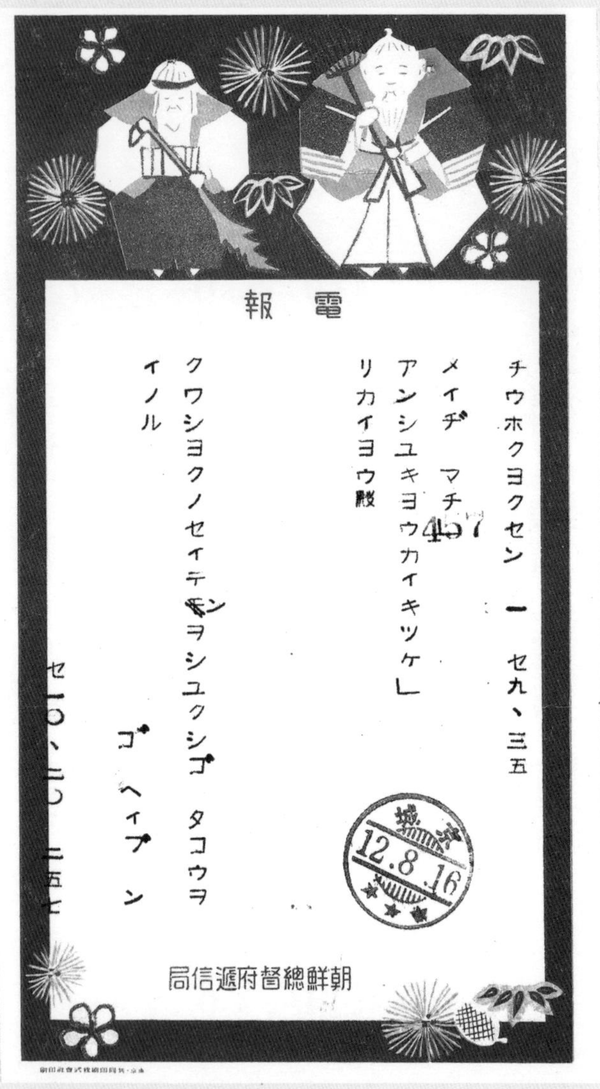
電報

チウホクヨクセン 一 七九、三五
メイヂ マチ 407
アンシユキヨウカイキツケ
リカイヨウ殿
クワシヨクノセイテンヲシユクシゴ タコウヲ
イノル ゴ ヘイプン
七一〇、二〇 二五七

京城 12.8.16

朝鮮總督府遞信局

일제 강점기 조선총독부 체신부의 전보. 세로쓰기 가타카나 인쇄전신기를 사용했다. (소장: 최용신 기념관[82])

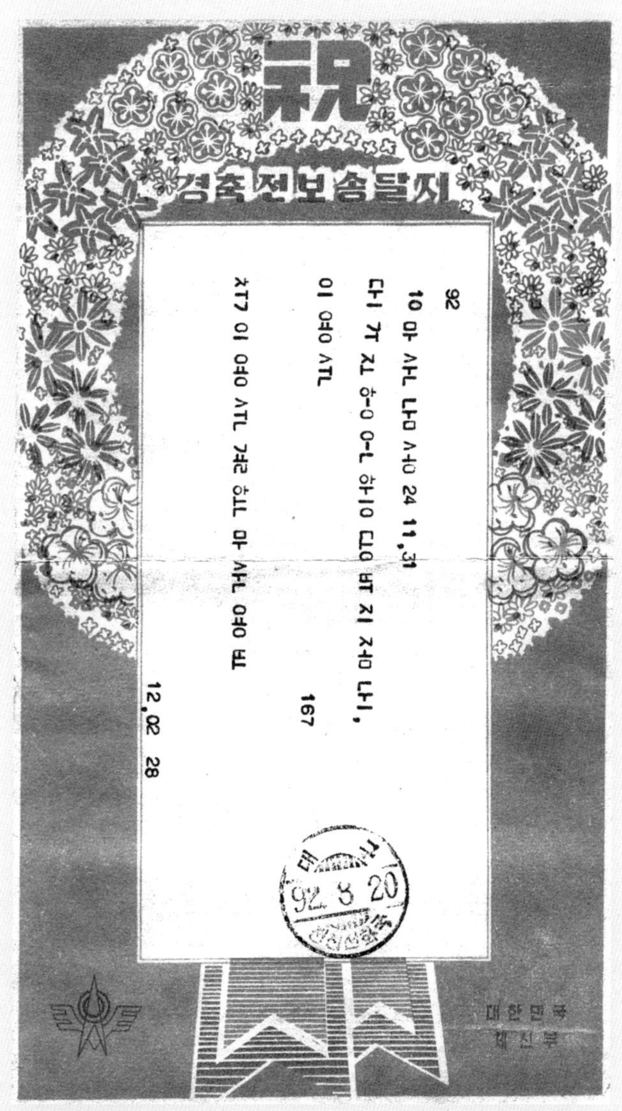

1959년 대구 전신전화국의 풀어쓰기 전보. 세로쓰기 용지를 90도 돌려서 썼다.
[출처] 시간여행 속에 만나는 우표의 향기[83]

1997년 대한민국 육군 인식표. 이름표기에 풀어쓰기를 적용했다.

KA

97 76000302

ㅅㅣㅁ ㅇㅜ ㅈㅣㄴ

O

한글전용—말하듯 글쓰기 운동

어째서 훈민정음을 한글로 바꿔 부르게 된 걸까. 바꾼 이가 주시경이라는 설도 있고 최남선이라는 설도 있지만, 1910년대부터 불거진 언문일치운동(말하듯 글쓰기)과 관련이 깊다.[61] 말하듯 글쓰기를 서구화(=근대화)의 기본으로 삼은 것은 중국·일본도 마찬가지였다. 하지만 한반도의 상황은 근대화 운동 이상이었다. 말이 한자와 맞지 않아 이미 500여년 전에 훈민정음까지 창제했건만 여전히 국문은 한문이었으니 오래 묵힌 울화통이 터진 것이다. 목적을 요약하면 '모든 이가 쉽게 읽고 쓰기' 위해 ①(한자 섞지 말고) 한글만 ②(세로 말고) 가로쓰기 ③(한문체 말고) 일상적 구어체 문장으로 ④'공식적으로' 바꾸기였다. 결국 이두(吏讀)부터 훈민정음으로 이어지는 '말과 글이 다른 불편을 없애자는 1500여년 궁리'에 마침표를 찍는 어문개혁운동이었다.

1945년 남한의 12세 이상 문맹률은 78%로 매우 높았다. 일제의 조선어말살정책으로 한글을 가르치지 않았기 때문이다. 1943년 일본어 문맹률도 78%로 높았다.[62] 미군정청(1945-1948)[63]은 적극적인 교육정책으로 1948년 정부 수립 당시 문맹률을 41.3%로 낮췄고, 정부는 「문맹퇴치 5개년 계획」(1954~1958)을 통해 4.1%(1958)까지 낮췄다.[64] 미군정청은 문맹률 낮추기가 민주화(반공산주의=한자폐지=한글전용)의 지름길이라고 생각했고 대통령(이승만), 문교부 편수국장(최현배)도 '가로쓰기 한글전용'을 적극 지지했다.

한글전용에는 복잡한 사정이 얽혀있다. '제국주의·공산주의에 대한 반작용'과 '서구화 열망'은 한글을 국민 화합의 정치적 촉매로 이용했다. 항일과 반공의 아이콘이 되어 구겨진 자존심 회복하는 문화적 구심점이 됐고, 군사정권도 이를 계승하며 정권의 정통성을 호소했다. 이 과정에서 한자와 세로쓰기는 국가적 트라우마를 자극하는 구시대의 잔재로 낙인찍힌다.

한글타자기-가로쓰기-풀어쓰기-교과서 연대

한글전용화를 위해 한글타자기-가로쓰기-풀어쓰기-교과서는 연대했다. 한글타자기는, 한자로는 엄두도 못 낼 문서 효율을 증명했고, 가로로 쓰니 세로쓰기 관습을 바꿀 수 있었으며, 자판에 한자가 없으니 자연스레 한글전용화를 대변했다. 풀어쓰기는 한글타자기의 개발 난이도를 크게 낮췄다. 이들 연대는 한자를 안 쓰기 위해 훈민정음의 핵심인 모아쓰기마저 풀어쓰기로 바꿀 만큼 거셌다. 최현배는 『글자의 혁명』(1947)[65]에서 가로쓰기의 근거를 이렇게 밝혔다.

> ㉠가로글씨의 배열이 소리의 나는 차례와 일치한다 ㉡가로글은 쓰기가 쉽다 ㉢가로글은 내리글보다 보기가 훨씬 쉽다 ㉣가로글은 박기[印刷하기]가 쉽다 ㉤가로글은 읽기가 쉽다 ㉥가로글은 오늘날의 맞춤법의 어려움을 많이 줄인다 ㉦가로글은 가장 자연스러운 글이다 ㉧가로글은 오늘날의 피할 수 없는 학문상의 대세이다 ㉨가로글로 통일함은 교육적이다.

이 중 ㉠, ㉣, ㉥항목은 풀어쓰기에 관한 것[66]으로 그가 가로쓰기와 풀어쓰기를 묶어서 생각했음을 알 수 있다. 아마도 주시경이 『국문연구안』에서 말한 횡서(橫書, 좁게는 가로쓰기+넓게는 풀어쓰기)의 개념을 이어받은 것으로 보인다.

최현배는 미군정청 문교부 편수국장 취임[67] 두 달여 만인 1945년 12월 8일 (교과서 편찬 방향을 이끄는) 조선교육심의회 교과서편찬분과위원회 위원장이 되어 「교과서 한자폐지안」을 가결한다. 골자는 ①초·중등학교 교과서는 한글로 쓰되 필요에 따라 괄호 안에 한자를 넣고 ②가로로 쓰는 것이었다. 이어서 대한민국 정부 수립 2달 만에 "대한민국의 공용문서는 한글로 쓴다. 다만, 얼마 동안 필요한 때에는 한자를 병용할 수 있다"가 전부인 「한글 전용에 관한 법률」이 국회를 통과한다(이후 2005년 국어기본법으로 흡수되며 폐지된다).

문교 연구 총서 첫째 책

글자의 혁명

漢字 안쓰기 와 한글 가로씨기

최현배 지음

군정청 문교부

『글자의 혁명: 漢字 안쓰기와 한글 가로씨기』(1947)의 표제면. 최현배는 '쓰기'의 뜻을 구분하기 위해, 쓰기(use)와 씨기(write)로 나누어 썼다. 그런데 한자를 쓰지 말자며 '漢字 안쓰기'라고 썼다. 당시 한글전용 관련된 자료를 보면 이런 사례가 많다.

「한글 전용에 관한 법률」(1948)

대한민국 정부는 1948년 10월 9일 한글날에 「한글 전용에 관한 법률」을 제정·시행했다. 정부 수립 56일 만이었으니 한글전용이 얼마나 시급한 사안이었는지 알 수 있다. 그러나 국민의 반응은 시원치 않았다. 한글 익히기는 빨랐으나 한자 없애기는 더뎠다. 박정희는 1961년 12월 "모든 간행물의 한글 전용"으로 수위를 한껏 높였으나 반대 여론에 부딪혀 무산됐다. 당시의 심의 규정은 아래와 같다.[68]

㉠ 일반 국민생활에 쓰는 글은 모두 한글로 쓴다.

㉡ 한글로 적어서 잘 알아보기 어려운 것은 적당한 쉬운 말로 고쳐 쓴다.

㉢ 한글로 적어 혼동될 염려가 있는 말은 다른 말로 바꾸어 쓴다.

㉣ 한자말이나 외래어 등을 쉬운 말로 고침에 있어 너무 어색한 새 말을 만들지 않기로 한다.

한글전용화 과정은 지난했다. 모두의 결심이 필요한 일을 충분한 대화와 준비 없이 처리해버렸으니 반발도 컸다. 명령한다고 될 일도 아니었거니와 한자를 한글로 바꿔쓴다고 어려운 한문식 문장이 알기 쉽게 바뀌는 것도 아니었다. 문자뿐 아니라 어휘와 어순까지 바꿔 글도 말하듯 써야 비로소 쉬워지기 때문이다. 한글을 국문으로 인정하고 한글로 공문서를 쓰도록 한 홍범 14조(1895년)마저도 순국문체·순한문체·국한문혼용체 세 가지 방식으로 공포한 것을 보면 복잡했던 당시 상황을 짐작할 수 있다.

어쩌면 '한글'은, 말과 글이 '하나'여야 뜻이 잘 통한다는 훈민정음의 철학과 문제의식을 계승하는 선언이자 운동으로 발전한 것일지도 모른다. 그래서인지 우리는 한글을 '우리 말'로 쓰기도 하고 '우리 글'로 쓰기도 한다. 말과 글을 구분해야 할 때는 혼란스럽지만 하나를 지향한 역사를 보면 납득할 수 있다.

國會의議決로確定된 한글 전용 에
관한 법률 을 이에公布한다

大統領 李承晩

檀紀四千二百八十一年十月九日

國務委員
國務總理兼
國防部長官 李範奭

110

61

「한글 전용에 관한 법률」(1948)을 승인한 대통령 이승만의 서명과 직인. 이어서 국무총리 겸 국방부 장관 이범석의 서명. 대부분이 한자다. [출처] 국가기록원

대한늬우스 176보(1958) '한자 간판을 한글로'. 내무부와 문교부가 이끌고 시민들이 적극 협조해 한글 간판이 즐비한 거리를 만들었다고 한다.[84]

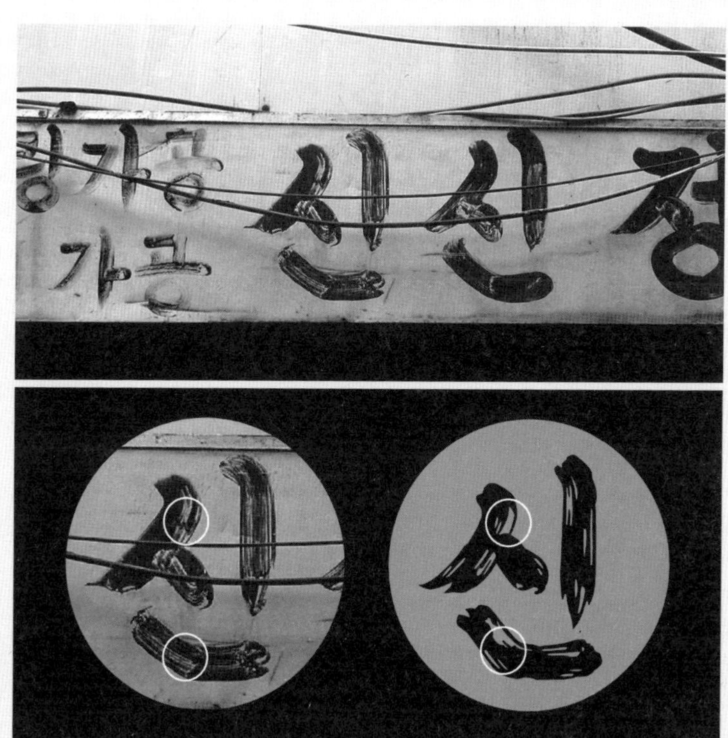

글자가 남긴 세월의 흔적

글자가 남긴 세월의 흔적

글자가 남긴 세월의 흔적

배달의민족 「을지로체」(2019), 「을지로10년후체」(2020), 「을지로오래오래체」(2021).
1950년대부터 생겨난 '한글 간판체'를 토대로 만들었다.[85]

「한글전용 촉진 7개 사항」(1968)

한글전용 정책을 강력히 추진하던 박정희는 1968년 10월 25일 「한글전용 촉진 7개 사항」을 발표한다.[69]

1항—70년 1월 1일부터 행정, 입법, 사법의 모든 문서뿐만 아니라 민원 서류도 한글을 전용하며 구내에서 한자가 든 서류를 접수하지 말 것.

5항—1948년에 제정한 「한글전용에 관한 법률」을 개정해 70년 1월 1일부터 전용하게 하고 그 단서는 뺀다.

6항—각급 학교 교과서에서 한자를 없앨 것.

두 달 뒤인 12월, 국무총리 훈령으로 "「한글 전용에 관한 법률」(1948)을 제정하고 그의 실천을 위해 「정부공문서규정」(1965)으로 공문서에 한글만 쓰도록 했으나 잘 실천되지 않으므로 (…) 한글 사용에 철저를 기할 것"을 지시했다.[70] 물론 학술적으로는 허용했으니 한자 전면 금지는 아니었다.[71] 그러나 당시 한자 문제를 지적하는 글[72]을 보면 한자를 병폐로 여기는 관점이 뚜렷하게 드러난다. 이 와중에 한글타자기는 시장 점유율을 높혀갔으나 '자판표준화'라는 역풍을 맞는다. 한자 폐지를 앞당겨 줄 한글타자기라는 트로이목마에 정부가 개입하게 된 것이다.

20세기 끄트머리에서 끝난 한글전용

한글전용화는 주요 일간지가 '세로쓰기-국한문혼용'에서 '가로쓰기-한글전용'으로 전환한 1980-90년대에 마무리됐다. 20세기 마지막 해인 1999년 조선일보와 세계일보의 전환[73]은 한국의 읽고 쓰는 체

문 교 부

출무 100— 11　　　　1969. 1. 10

수 신　　수신처참조

제 목　　한글 전용에 관한 지시

1. 한글 전용에 관하여는 이미 68.11.6자 공함으로 지시한바 있음에도 다음 몇기관에서는 근간 신문 지상에 공고되는 신입생 모집 요강등에 한자를 혼용하고 있어 주의를 촉구하니 앞으로는 한글만을 전용할 것이며 한자를 혼용하는 일이 없도록 할 것

다 음

가. 전남대학교 69.1.5자 조선일보
69년도 남녀 신입생 모집공고

나. 한국해양대학 69.1.7자 동아일보
69년도 해대 입학원서 접수마감 연기공고

다. 경기공업고등전문학교
69.1.7자 동아일보 학생모집 공고

라. 공주사범대학 69.1.8자 동아일보
입학원서 접수마감 연기공고.　　끝

문 교 부 장

수신처: 전남대학교 한국해양대학 공주사범대학 경기공업고등전문학교 (장)

교1—11 문5—8, 고등교육기관장

「한글 전용에 관한 지시」(1969). 문교부 장관이 신문 광고에 한자를 쓴 네 학교에 보낸 공문. 수신처는 전남대학교, 한국해양대학, 경기공업고등전문학교, 공주사범대학.
[출처] 국가기록원

계가 확실히 바뀌었음을 알리는 사건이었다. 1971년 3월부터 한글 전용 국어 교과서를 썼으니 과도기 학생들은 (한글 중심의) 가로쓰기 교과서와 (한자가 많은) 세로쓰기 신문을 동시에 접했다.

속도가 생명인 신문사가 '가로쓰기-한글전용'으로 전환하는 일은 쉽지 않았다. 빈 글줄을 한 군데도 남기지 않을 만큼 지면을 정교하게 통제하는 체계였으므로 전환 비용도 컸다. 또한 한자를 대표하는 매체로서 한자의 가치를 대변하고 지켜달라는 독자들의 요청도 무시할 수 없었다. 최초의 전면 가로쓰기 신문은 1946년의 호남신문이었으나 국한문혼용이었고 1956년에 다시 세로쓰기로 돌아갔다. 주요 일간지 신문사가 발행하던 어린이 신문은 가로쓰기-한글전용을 시험하며 훗날을 대비하기 좋은 징검다리였다. 1960년에 창간한 소년한국일보는 1963년 국내 유일의 가로쓰기 한글전용 신문으로 한글학회의 표창을 받았다.[74]

이제는 '한글전용'을 말하지 않는다. 끝난 걸까. 끝났다면 성공한 걸까. 당연히 아니다. 한글을 전용하지 않기 때문이다. 그러나 한글전용의 꿍꿍이를 한자 안 쓰기로 본다면 성공이다. 한자의 자리를 라틴문자가 메우며 국영문혼용이 생겼다. 영어는 새로운 지식과 트랜드를 전하는 특급 언어로 제1외국어에서 반국어 수준으로 중요해졌다. 실은 한자와 대립하던 때부터 한글의 배후에 라틴문자라는 새로운 짝궁이 있었다. 한자 폐지 과정은 매끄럽지 않았으나 한글-라틴문자의 연대는 '서구화=경제 성장'의 토대가 된다.

그동안의 변화를 간추리면 이렇다. '必得'이라 쓰던 것을 '必히 得하여'로 썼고 '필히 득하여'로 쓰다가 마침내 '꼭 얻어'라고 말하고 쓰게 됐다. '글쓰기'에서 '말쓰기'로 바뀐 것이다. 여전히 한문식 말투가 있어 모든 글을 말하듯 쓰지는 않지만, 1500여년 변화의 흐름은 꾸준히 말과 글의 어울림을 향했으니, 한글전용의 목적을 언문일치로 본다면 절반의 성공 정도라고 말할 수 있지 않을까.

그렇다면 얼마큼의 시간이 걸린 것일까. 10년 정도라면 특정 인

THE HONAM SIN MUN

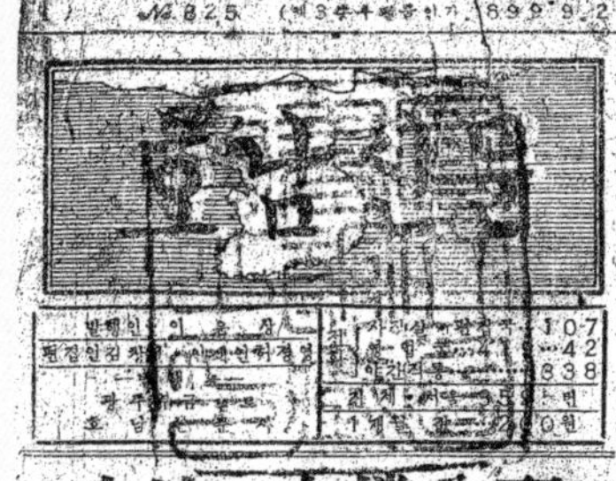

土地는 有償分配

敵産歸屬은 未定

國會憲法第一讀會를 完了

憲法草案에 討論繼續

第20次國會本會議29日午後經過

徐博士推戴本格化

出馬請願書無慮4萬通突破

徐博士

伯林事態

共和黨듀이氏談

高官伯林서 大會議開催

無俱·三一合同大會開催

최초의 가로쓰기 신문인 호남신문(1948.7.1). 띄어 쓰지 않은 국한문혼용체를 썼다. 문장 사이만 띄었고 마침표는 쓰지 않았다. 가로쓰기답게 제호도 왼쪽에서 시작한다. 가장 왼쪽 단 여덟 번째 줄에 쌍점(:, colon) 대신 등호(=)를 쓴 것이 흥미롭다.

물이나 집단의 공으로 돌릴 텐데 그리 짧지 않다. 한글전용화의 마무리를 1999년으로 보면, 「한글 전용에 관한 법률」(1948)부터 50여년, 한글을 국문으로 인정하고 한글공문서를 쓰도록 한 홍범 14조(1894년)부터는 100여년, 훈민정음 창제(1443)부터는 550여년이 걸렸다. 이두까지 거슬러 올라가면 1500여년이 걸렸다.

우리는 직지의 금속활자가 구텐베르크보다 200여년 앞섰다는 말을 자주 한다. 하지만 사회를 바꾸지 못했다는 비판도 있다. 구텐베르크의 활판술은 대중을 일깨워 중세를 근대로 바꿨으나 고려나 조선은 체제 유지를 위한 것이었기 때문이다. 맞다. 훈민정음은 조선을 바꾸지 못했다. 그러나 대한민국을 바꿨다. 너무 오래 걸려서 나라 이름까지 바뀌었지만…. 세종이 훈민정음으로 꿈꿨던 세상은 이전부터 한반도에 살던 선조들이 꿈꿔 온 세상이었기에 대한민국 국민도 이어받아 이뤄낼 수 있었다. 그런 의미에서 한반도의 문화적 정체성은 특정 주도 세력을 꼽기 어려울 만큼 꾸준히 이어온 도미노식 문자 개혁에 있다.

쉬운 문자의 힘

문자는 승리를 기록하고 노예를 다스리는 정치 도구이기도 했다. 언어학자들은 현대 라틴 문자도 고대 이집트 뜻문자를 노예와 소통하려 소리문자로 바꾸는 과정에서 파생된 것으로 추정한다. 덕분에 수천 개의 기호가 수십 개로 줄며[75] 쉬운 문자로 거듭났다. 소리문자의 효용이 뜻문자를 압도한 이유는, 인간이 인식할 수 있는 뜻은 많고 소리는 적기 때문일지도 모른다.

우리도 뜻문자(한자)를 쓰다가 소리문자(한글)로 바꿨다. 베트남도 뜻문자(한자)를 쓰다가 프랑스 식민정책으로 소리문자(라틴문자)로 바꿨다. 바꾸는 과정에서 저항도 있었지만 좁고 깊은 황홀함은 넓고 얕은 사뿐함을 뛰어넘지 못했다.

쉬운 문자는 널리 소통하기에 민주적이다. 민심을 모아 부패한 권력에 저항하기도 좋다. 그러나 마찬가지 이유로 효율적인 통제나 억압의 수단이 되기도 한다. 그런 의미에서 한글의 인기는 동상이몽으로 치솟았다.

한글 지상주의를 넘어

암울했던 20세기를 한자 탓으로 돌릴 수는 없다. 하지만 역사 교과서 속 흑백 사진에 등장하는 한자는, 조선 후기의 부패와 무능, 일제강점기의 민족말살정책, 냉전 시대 이념적 갈등과 분단의 비극을 떠올리게 한다. 굵은 붓으로 크게 쓴 한자는 무서워 보이기도 한다. 자라 보고 놀란 가슴처럼 집단의 광기를 떠올리기 때문일지도 모른다.

한글과 한자는 '국문'이라는 타이틀을 놓고 20세기의 끄트머리까지 대립했다. 교육비용과 소통효율을 고려하면 국문이 두 개일 수는 없었기에 하나가 사라져야 끝나는 잔혹한 승부였다. 그 과정에서 한자는 더 이상 쓸모없는 철 지난 문자 취급을 받기도 했다.

그러나 우리말에는 한자를 모르면 뜻을 제대로 알기 어렵거나 구분하기 어려운 낱말이 많기 때문에 우리말을 제대로 알고 쓰기 위한 한자 교육은 중요하다. 하지만 한자에 얽힌 부정적인 기억과 감정이 발목을 잡는다. 그래서인지 한자와 세로쓰기를 유산으로 생각하는 사람은 많지 않다.

한자 교육의 부활은 복잡하게 얽힌 트라우마의 이해·치유·극복과 함께 가야 한다. 지금까지 한글의 독창성에 집중했다면 앞으로는 인간과 언어를 폭넓게 살피는 유연한 사고가 필요하다.

애매한 문장부호

쉼표는 한글인가 아닌가. 물론 『훈민정음』에 쉼표는 나오지 않는다. 하지만 문장부호 없이 한글을 온전하게 쓰기는 어렵다.

한자 문자권은 문장 부호에 적극적이지 않았다. 지금도 물음표를 의문형 종결어미로 대체하기도 한다. 일본은 한자와 가나를 섞어 쓰므로 띄어 쓰지 않는다. 느낌표도 종결어미로 대체하는 경우가 많다. 한자와 한글을 섞어 쓸 때도 자연스레 낱말이 구분되어 읽는 데 큰 지장이 없었다.

상황은 한글전용부터 크게 달라졌다. 온전한 소리문자가 되어 문장부호의 역할도 커졌다. 가장 큰 변화는 호흡을 나타내는 띄어쓰기다. '아기다리고기다리던'이나 '아버지가방에들어가신다'같은 상황이다. 국한문혼용체는 '아<ruby>苦待<rt>고대</rt></ruby>하고<ruby>苦待<rt>고대</rt></ruby>하던'이나 '<ruby>父親<rt>부친</rt></ruby>이<ruby>房<rt>방</rt></ruby>에<ruby>入場<rt>입장</rt></ruby>하신다'처럼 띄어 쓰지 않아도 읽을만하다.

마찬가지로 호흡을 나타내는 마침표·쉼표도 한글전용부터 두드러진다. 예전에 쓰던 온점(마침표)과 반점(쉼표)이란 용어는 악보의 온음표와 반음표처럼 호흡의 길이를 나타낸다. 온점은 문장이 끝났으니 한 박자를 쉬라는 뜻이고, 반점은 문장이 끝난 건 아니니 반 박자만 쉬라는 뜻이다. 라틴 타이포그래피도 소리문자(라틴 문자)를 다루는 만큼 문장부호의 비중이 크다. 한때 뚜렷한 문장 구분을 위해 온점 뒤에는 두 칸을 띄우고 반점 뒤에는 한 칸만 띄우는 시도도 있었다. 타자기 자판도 문장부호에 10% 이상을 할애했다. 말할 때도 양손의 두 손가락을 굽혔다 펴며 따옴표를 쓸 정도다.

문장부호는 음표 사이의 쉼표처럼 글자 사이에 호흡을 넣어 문장 구조를 뚜렷이 드러내고 억양을 더해 감정을 전한다. 한글은 아니지만 한글의 단짝이다. 그럼 뭐라고 불러야 할까. '한글 문장부호' 같은 새로운 개념이 필요하다.

문장부호는 영문타자기를 한글타자기로 개조하며 들어왔다. 영문 자판의 a부터 z까지만 한글로 바꾸고 나머지(숫자, 문장부호)는 그대로 썼기 때문이다. 덕분에 한글타자기는 띄어쓰기를 포함한 문장부호를 일반인에게 퍼뜨리는 역할을 한다. 하지만 낫표(「」)처럼 예전부터 쓰던 문장부호가 자판에 자리 잡지 못하는 부작용도 낳는다.

한글 폰트의 따옴표나 쉼표도 라틴 폰트의 문장부호를 그대로 가져다 쓰면 너무 작다. 풀어쓰는 라틴 문자와 모아쓰는 한글은 글자 크기가 다르기 때문이다. 예를 들어 n-ㄴ은 비슷하지만 n-엔은 크게 다르다. 나란히 놓으면 이렇다. nㄴN엔. 대문자는 그나마 더 크지만 대부분의 문장은 가독성이 높은 소문자를 쓴다. 따라서 문장부호의 디자인도 소문자와의 조화를 우선한다. A-E로 쓰면 하이픈이 내려가 보이지만 a-e로 쓰면 딱 맞는 것도 소문자에 위치를 맞추기 때문이다(최근에는 대문자용 하이픈을 추가한 폰트도 나오고 있다). 이런 까닭에 라틴 문장부호를 한글에 쓰면 작고 낮아 보인다. 라틴 문장부호와 (한글에 맞게 디자인한) 한글 문장부호의 차이를 비교하면 이렇다(「산돌 정체」 기준). a-b:c,d"→문-장:부,호" 나란히 놓으면 이렇다. -- :: ,, """

주변에 소설책이 있으면 꺼내서 따옴표를 찾아보자. 점이 찍혀 있다는 것은 알 수 있지만 열기와 닫기의 구분은 쉽지 않을 것이다. 특히 열고 나서 다음 글줄에서 닫으면 묶은 구간을 쉽게 인식하기 어렵다. 작은 문장부호는 애써 쓴 글을 애써 읽는 사람의 귓가를 무더운 날 모기처럼 앵앵거린다. 크게 보태진 않아도 크게 망칠 순 있는 게 문장부호다. 다시 말하지만 뇌는 읽지 말아야 할 이유를 찾는 데 진심이다.

한글 문장부호는 뚜렷한 기준 없이 디자인해 왔으나 이제는 조금 더 관심을 기울여야 한다. 언어는 약속이니 함께 가야 한다.

‘○○○’, “○○○”. 7pt
‘○○○’, “○○○”.
‘○○○’, “○○○”.

‘○○○’, “○○○”. 10pt
‘○○○’, “○○○”.
‘○○○’, “○○○”.

‘○○○’, “○○○”. 18pt
‘○○○’, “○○○”.
‘○○○’, “○○○”.

‘○○○’, “○○○”. 24pt
‘○○○’, “○○○”.
‘○○○’, “○○○”.

「sm신신명조」, 「윤명조320」, 「산돌 정체 830」의 따옴표, 쉼표, 마침표의 크기 비교. 일반적으로 바탕체는 10pt 안팎의 크기에서 제 역할을 다하도록 만든다. 거기서 두 배, 세 배로 크기를 키우면 완전히 다른 상황이 된다.

까다로운 문장부호 디자인

우리는 아직 한글에 필요한 문장부호가 무엇이고 어떻게 생겨야 하는지 꾸준히 고민하고 대화하지 못했다. 바탕체를 살펴보면, 한글의 모양은 붓글씨 계열이고 문장부호의 모양은 펜글씨 계열이다. 펜으로 찍은 쉼표와 붓으로 찍은 쉼표는 이렇게 , 、 다르다.

이런 애매한 상태가 디자이너에게는 눈엣가시다. 한글 바탕체의 쉼표도 붓으로 찍은 쉼표로 바꾸면 더 자연스럽지 않을까. 하지만 그리 단순치 않다. 비슷하게 생긴 다른 문장부호에도 일괄 적용해야 하기 때문이다. .,는 · ; ’ ” ! ? 등과 엮여 있는데 모두 펜글씨 태생이어서 붓으로 쓰면 어색하다. 특히 궁서체 폰트의 숫자·문장부호는 디자이너를 곤혹스럽게 한다. 붓으로 부호나 숫자를 쓴 역사가 없어 ‘형태의 기원’과 ‘변형의 허용 범위’를 가늠하기 어렵기 때문이다. 결국 먼저 만든 폰트의 것을 그대로 쓰거나 고쳐도 소극적일 수밖에 없다. 라틴 폰트는 글자(abcdefg…)의 스타일이 바뀌면 부호(.,;”?!)의 스타일도 자연스레 따라가지만 한글 폰트는 동양식과 서양식이 섞여 있어 고민할 것이 많다.

『한글 맞춤법』(문교부, 1988)은 문장부호를 크게 일곱 개로 분류했다. 아쉽게도 26년 뒤 『문장 부호 해설』(국립국어원, 2014)은 이 분류를 없앴으나 아직 기반이 약한 만큼 분류 체계는 중요하다. 타입디자이너들이 어려워하는 것도 문장부호의 역사적 변천과 사회적 규범이다. 그걸 알아야 창작의 수준과 범위를 정할 수 있기 때문이다. 큰 방향과 흐름이 생기기 전까지는 대화를 나누며 상황을 지켜봤으면 어땠을까 하는 아쉬움이 있다.

구분	①마침표	②쉼표	③따옴표	④묶음표	⑤이음표	⑥드러냄표	⑦안드러냄표
부호	. 。	, 、 · : /	‘ “ 「 『	([{	— - ~	부̇호̇	□○×…

천년 묵은 문장부호

문장부호는 문자를 쓰면서 필요에 따라 그때그때 추가한 것들이다. 국립국어원의 『문장 부호 해설』(2014)과 미국 시카고대학 출판 매뉴얼인 시카고 매뉴얼(The Chicago Manual of Style)[76]의 문장부호를 아래와 같이 비교해 봤다.

	국립국어원 『문장 부호 해설』	시카고 매뉴얼
서양식	마침표 .	Periods .
	물음표 ?	Commas ,
	느낌표 !	Semicolons ;
	쉼표 ,	Colons :
	가운뎃점 ·	Question Marks ?
	쌍점 :	Exclamation Points !
	빗금 /	Hyphens and Dashes - - — —— ———
	큰따옴표 “ ”	Parentheses (
	작은따옴표 ‘ ’	Brackets and Braces < [({
	소괄호 ( )	Slashes /
	중괄호 { }	Quotation Marks ‘ “
	대괄호 [ ]	Apostrophes ‘
	붙임표 -	Spaces
	줄표 —	Lists and Outline Style
	물결표 ~	• a
	줄임표 ……	• b
동양식	겹낫표 『 』, 겹화살괄호 《 》	• c
	홑낫표 「 」, 홑화살괄호 〈 〉	
	드러냄표 □̇	
	숨김표 ○ ×	
	빠짐표 □	

한국은 띄어쓰기를 문장부호에 넣지 않지만 공백은 문장부호와 같은 맥락에서 발전했다. 예를 들어 고대 라틴어는 띄지 않고 붙여 썼으나 기독교의 전파로 1000년(5~15세기)에 걸쳐 유럽에 퍼지며 여

러 나라 사람이 쉽게 읽고 쓰기 위한 방법이 고안됐다. 대문자로 문장을 시작하고, 구와 구 문장과 문장을 띄어 쓰다, (중세 후기부터) 모든 낱말을 띄어 썼다. 물음표 따위의 문장부호도 시대·지역별로 발전했다.[77] 이어서 여러 너비의 공백(시카고 매뉴얼의 Spaces)도 생겼다.

목록 머리에 찍는 글머리표(Bullet, 시카고 매뉴얼의 Lists and Outline Style)는 지난 10여년 동안 가파르게 성장한 문장부호다. 2010년대부터 노션(Notion) 등 많은 문서 작성 애플리케이션이 쉬운 읽기-쓰기-고치기(easy to read, write and edit)를 지향하는 마크다운[78]을 지원하면서 입력이 쉬워졌기 때문이다. '하이픈+띄어쓰기'만 입력하면 글머리표로 자동 변환되는 방식이다. 키보드에서 손을 떼거나 모니터에서 눈을 뗄 필요가 없어 쓰기 흐름을 깨지 않는다.

한글 문장부호에 가장 필요한 것은 무얼까. 손쉬운 입력 체계 만들기일 것이다. 우리가 자주 쓰는 문장부호 중 자판을 할당받지 못한 것이 많다. 『문장 부호 해설』의 문장부호는 겹낫표부터 키보드 입력이 번거로워지는데 이들은 동아시아에서 사용하는 문장부호다. 서구에서 자판을 들여올 때 동양식 문장부호의 자리를 미처 마련하지 못한 탓에 지금까지 불편을 겪고 있다.

현대 디자인 윤리의 중심축은 불편함 줄이기다. 이를 통해 쾌적함을 지향한다. 그리고 그사이 어딘가에 설렘이 있다. 불편함을 없앤 뒤 맛보는 쾌적함은 짜릿하다. 현대 디자인은 부쩍 스토리, 시나리오·페르소나라는 문학 용어를 많이 사용한다. 문학의 플롯에도 카타르시스 전에 갈등이 등장한다. 문장부호를 쓰며 많은 이가 겪는 불편함도 행복한 결말을 위한 갈등 단계일지도 모른다. 답답함이 차곡차곡쌓여 알맞게 무르익었다면 지금이 문장 부호의 디자인을 개선하거나 새로운 문장부호를 제안하기 좋은 때다. 키보드를 바꾸기 어렵다면 마크다운처럼 새로운 입력방식을 고안할 수도 있다.

물론 라틴문자의 문장부호도 기본을 갖추는 데만 천년이 걸렸으니 서두를 필요 없다.

문장부호의 뜻

문장은 알겠는데 부호(符號)는 뭘까? 신호(信號)랑은 뭐가 다를까? 모스부호-신호의 차이로 살펴보면, 코드 체계는 부호(code), 부호로 보낸 메시지는 신호(signal)다. 부호-신호는 문자-메시지와 닮았다.

컴퓨터에 '안녕'을 치면 'C548+B155'(유니코드 기준)라는 코드로 저장·전송한다. 이러한 코드체계의 효시는 미국표준협회(ANSI)의 아스키 코드(ASCII, American Standard Code for Information Interchange, 1963)다. 일본산업규격(JIS)은 아스키를 참고해 문자 코드 체계의 이름을 정보교환용부호(JIS C 6220, 1969)[79]로 정했고, 한국산업규격(KS)도 이를 참고해 정보교환용부호계(KS C 5601, 1974)[80]로 정했다. 정보·통신 계열에서는 morse code부터 모스 부호로 번역했고 『국어 순화 용어집』[81]도 코드를 부호로 순화했다.

타이포그래피의 맥락에서 부호는 표시(mark)다. 문장부호의 영문 표기도 punctuation mark다. 한때는 구두점(句讀點, 띄어 읽을 곳을 표시한 점)으로 번역했으나 지금은 문장부호라고 한다. 어쩌면 괄호·줄표는 점이 아니니 더욱 넓은 의미의 용어로 바꾼 것일지도 모른다. 어쨌건 문장부호란 '문자에 덧붙이는 표시'로, ①말을 글로 옮기며 사라지기 쉬운 정보(호흡, 억양, 표정)를 보존하고 ②문장 구조가 뚜렷이 보이도록 구간을 잇거나 나누며 ③글머리에 표시를 넣어 단락 위상을 드러낸다. 결국 (얼굴 보고) 말하듯 글쓰기의 연장에 있다.

디지털 미디어로 문자 소통량이 크게 늘며 문장부호의 역할도 커졌다. 원격 근무용 문서 작업에서는 글머리표, 화살표, 할 일 체크 목록 등의 문장부호를 자주 쓴다. 『문장 부호 해설』은 글머리표를 문장부호에 넣지 않았으나 금세 디지털에서 많이 쓰는 부호가 됐다. ^^같은 감정 표현 문화는 이모티콘과 이모지(emoji, 絵文字(에모지))로 이어졌다. 세상이 변하며 문자의 역할과 국어의 범위도 넓어지고 있다.

그래도 못다 한 이야기

최초의 한글 띄어쓰기는 스코틀랜드 출신 선교사 존 로스(John Ross)의 『조선어 첫걸음』(Corean Primer, 1877)이다. 라틴어도 외국으로 퍼지며 띄어 쓰게 된 것처럼, 한국어를 외국인에게 가르치기 위해 한글과 라틴문자를 나란히 쓰면서 가로로 띄어 쓰게 됐다. 영문 타자기 자판에서 문장부호를 들여온 역사, 미군정청의 영향 등으로 한글 타이포그래피는 영미권의 영향을 크게 받았다.

영미권과 유럽권의 문장부호는 따옴표가 다르다. 영미권은 굽은 따옴표(quatation mark, ‘ ’ “ ”)를, 유럽권은 기메(guillemet, « » ‹ ›)를 쓴다. 동아시아의 꺾쇠(겹화살괄호《 》)와 닮았지만 다른 부호다. 최근에는 한글을 묶을 때도 따옴표나 괄호 대신 기메를 사용한 사례를 종종 보게 된다. 하지만 라틴 소문자에 맞춰 디자인한 부호이므로 한글을 묶기엔 작고 위치도 낮아 읽기의 흐름을 끊을 수 있다. 또한 문장부호는 그들끼리 같은 체를 이뤄야 하므로 꼭 쓰고 싶다면 한글이나 다른 문장부호와 어울리게 리디자인할 필요가 있다.

디자이너에게 자기표현은 존재 이유이기도 하지만 그것이 불편을 초래한다면 스스로 불편한 존재가 되어버리는 자기 부정의 역설에 빠진다. 기존 폰트의 따옴표나 괄호의 디자인이 어색하다면 직접 디자인해 보는 건 어떨까. 디자인의 영역에서 즐겁고 재미나게 상상력과 창의력을 뽐낼 곳은 아주 많다.

동아시아는 괄호를 많이 쓴다. 단행본·논문·잡지·작품·전시 등 고유명사도 괄호로 구분하고 번역에서는 영문 이탤릭도 괄호로 묶어서 옮긴다. 어떤 디자이너는 괄호의 생김새가 너무 이질적이어서 쓰기 어렵다고 한다. 라틴폰트의 괄호를 리디자인하지 않고 그대로 썼기 때문이다. 한글 괄호의 디자인도 이제 시작이다. 동시대 디자이너의 참여가 절실하다.

문장부호 1세대

;은 세미콜론 또는 쌍반점으로 읽는다. 이름도 낯설고 자주 쓰지 않아 용법을 잘 알지 못하는 부호가, 키보드를 보면 꽤 누르기 좋은 자리에 있다. 그 자리에 자주 쓰는 ·「〈 같은 부호를 넣으면 얼마나 좋을까. 현대인이 타이핑에 보내는 시간을 생각하면 참 아쉽지만, 표준을 바꾸는 일은 어렵다. 이해관계가 복잡해 제대로 바꾸지 못하면 안 바꾸느니만 못하기 때문이다. 답답한 사람들은 별도의 소프트웨어를 통해 대안을 찾기도 하지만 혼자서는 한계가 있다.

한자를 한글로 바꾸는 일이 너무 고됐던 탓에 문장부호는 오랫동안 방치됐지만, 다행히 문장부호가 가독성에 미치는 영향을 공감하는 사람들이 조금씩 늘어나며 사회적인 인식도 바뀌고 있다. 폰트를 만들다 보면 띄어쓰기의 너비를 살짝만 바꿔도 글줄의 느낌이 크게 달라지는 걸 느낄 때가 있다. 여기에 자주 쓰는 열댓 개의 문장부호의 디자인까지 바꿔보면 '호흡과 억양의 디자인'이라는 새로운 세계를 만난다. 그리 많지도 않은데 글줄의 느낌이 사뭇 달라진다.

타입디자인의 트랜드가 크게 바뀌는 기점은 제작 패러다임이 바뀌는 기술적 격변기와 일치한다. 격변기와 격변기의 사이에는 섬세한 2차 성장이 일어난다. 양적 성장 사이의 질적 성장기로 바빠서 넘어갔거나 모른 채 지나쳤던 부분을 따지며 내실을 다진다. 디자인의 성장 패턴도 그렇다. 큰 흐름을 잡고 나면 자잘한 불협화음이 우후죽순처럼 돋아난다. 문장부호가 딱 그렇다.

한글 문장부호 논의는 이제 시작이다. 이 글에 쓴 「산돌 정체」는 2019년 첫 출시로 한글 문장부호의 이상적인 모양새를 제안했다. 적당하다는 분도 너무 커서 부담스럽다는 분도 있지만, 정작 하고 싶었던 것은 '한글 문장부호'라는 개념의 공유와 동참이었다. 어쩌면 우리가 한글 문장부호 1세대일지도 모른다.

극약처방—타이포그래피 이야기

활자로 인쇄하는 기술을 Typography라고 하는데 활자(Type)+쓰기(graphy)로 풀이할 수 있다. 달리 말하면 활자 사용법이다. 예를 들면,

① 글에 어울리는 글자체를 골라

② 글에 어울리는 글자 크기-글줄 길이-글줄 사이-여백 등을 지정하는 일이다.

비유하자면, ①은 이번 전술에 맞는 선수로 팀을 짜는 조직 구성(Build-up)이고 ②는 팀웍으로 읽기의 숲을 만드는 조경 사업이다. 인류는, 뇌가 읽기를 싫어해 어떻게 해서든 읽지 않을 이유를 찾는 걸 알고부터 감미로운 타이포그래피라는 극약처방을 내려왔다. 그 덕분에 한 줄이라도 더 읽은 사람에게 타이포그래피는 고마운 존재지만, 여전히 단호한 사람에게는 불나방처럼 성가신 존재다.

타이포그래피를 성가셔하는 사람보다 고마워하는 사람을 늘리려면 타이포그래퍼가 성가셔야 한다. 그들은 육중한 읽기의 빗장을 풀고 친절히 사색의 공간으로 안내하고는 어느새 명랑해진 사람을 멀찌감치서 지켜보며 온화하게 미소 짓는 비밀요원 같은 존재다. 미리 성가신 문제를 손보려면 그런 사명감과 자부심이 필요하다. 딱딱하게 말하면 직업윤리다. 불나방을 꽃나비로 바꾸는….

타이포그래피를 넓게 풀이하면 '쓴 사람과 읽을 사람이 만나는 공간을 최적화하는 기술'이다. 사람-이야기-글자-기계의 사정을 헤아려 잘 읽길 바라는 저자와 잘 썼길 바라는 독자의 만남이 어긋나지 않도록 조율한다. 어떤 글을 참 잘 읽었다면 그 멋진 경험에는 타입디자이너와 타이포그래퍼의 지분도 있다. 물론 그들 때문에 읽기의 기분을 망칠 수도 있다. 그래서 100여년 전 유럽의 타이포그래피 교육은 디자이너의 과도한 개입을 엄격히 통제하기도 했다. 매체를 대하는 저널리즘의 관점으로 타이포그래피를 이해한 것이다.

이런 기술은 때와 장소에 맞춰 대화하는 요령과 닮았다. 마주한 사람과의 관계나 대화의 목적을 무시한 채 자기표현에 함몰되면 대화는 연설로 바뀐다. 학창 시절 타이포그래피 과제를 그렇게 하면 선생님께 혼쭐이 났다. 하지만 그때는 나다운 표현을 찾기 바빠 남을 배려하는 일 따위엔 흥미가 없었다. 나중에 알았지만 나다움은 마주한 사람을 이해하는 방식과 일을 풀어가는 과정에서 녹진하게 드러난다. 이걸 알았다면 이미 훌륭한 타이포그래퍼다.

타이포그래피를 디자인의 기본이라고 하는 이유는 수천년 역사와 유물이 있어 고전적이고, 여전히 널리 쓰므로 현대적이며, 앞으로도 그럴 것이어서 실용적이기 때문이다. 풍성한 이야기가 있어 가르치기 쉽고 확고한 미래가 있어 배우기도 안전하다. 그러나 문자와 관련한 모든 것을 타이포그래피라고 하면 지나치게 넓다. 더욱 뚜렷하게 타이포그래피를 정의하면, 원고의 뜻과 취지를 적확히 이해하고 구현하는 문리적 기술이자, 활자 크기와 비율을 따지는 수리적 기술이다. 또한 판면의 질과 양을 판가름 짓는 물리적 기술이자, 읽기와 보기를 유도하는 심리적 기술이며, 문화를 잇고 만드는 전통적이면서도 현대적인 예술이다.[86]

그래봤자 한낱 도구

타이포그래피는 오랜 역사와 이야기 덕분에 다가갈수록 깊은 매력에 빠진다. 하지만 다뤄야 하는 문자의 종류가 많아지면 골치 아프다. 문자별로 역사와 관습이 달라 무슨 폰트를 어떻게 써야 할지조차 모를 때도 있다. 물론 뾰족한 수는 없다. 스스로 알아보는 수밖에….

학창 시절에는 습관처럼 한글 폰트와 어울리는 라틴 문자·숫자·한자 폰트를 찾아두곤 했다. 하지만 막상 써보면 너무 어색했다. 맥락을 무시하고 예쁜 것만 잔뜩 골라서 이어 붙였기 때문이다. 여러 폰트를 섞어 짜고 이런저런 설정을 더했지만 갈수록 번거롭고 불안정했다. 하지만 그렇게 지지고 볶은 덕분에 내가 하려는 것을 뚜렷이 알았고 그대로 폰트를 만들어 봤다. 신세계였다. 작업의 완성도도 오르고 시간도 크게 줄었다. Asia Font Studio라는 애플리케이션으로 매뉴얼도 없이 우당퉁탕하며 만들어 썼는데 머리가 크고 나서 열어보니 그동안 아무 사고 없었던 게 이상할 만큼 엉망진창이었다.

그러다가 타입디렉터로서 한글 폰트를 만들었고, 그러다가 한국어-중국어-일본어가 포함된 다국어 폰트 패밀리를 만들었다. 폰트를 오래 다뤄왔으니 조금은 나을 거로 생각했으나 그렇지 않았다. 다양한 사용자와 미디어를 고려하며 여러 문자를 하나의 스타일로 통합하는 일은 아주 복잡했다. 라틴문자-한글-한자(간체, 번체)-히라가나·가카카나의 서로 다른 역사·기술·사용자의 맥락을 살피다가 역으로 방향을 틀어 이들을 하나로 묶는 상위 개념을 찾아봤다. 점점 본질을 거슬러 오르니 그래봤자 한낱 '도구'란 생각이 들었다.

글자가 좋아 오랫동안 그들만의 복잡한 역사를 좇다가, 한 바닥에 주욱 늘어놓고 큰 그림을 그려보니 머릿속이 개운해졌다. 다름은 쪼갠 결과이고 같음은 묶은 결과임을, 처음엔 쪼개지만 언젠가는 묶어야 함을 깨달은 커다란 사건이었다.

도구의 다른 말—몸의 확장

무언가를 보려면 동공이 빛의 양을 조절하고 수정체가 초점을 맞춰 망막에 이미지가 맺혀야 한다. 카메라도 그렇다. 조리개·초점·이미지센서는 눈의 기계적 연장물(extensions)이다. 손가락으로 허공에·손바닥에·모래 사장에 쓴 글씨도 마찬가지다. 애플은 이 원초적 서사 도구인 손을 살려 핸드폰(손전화)을 스마트폰으로 진화시켰다. 손의 확장이다.

에드워드 홀은 『숨겨진 차원』(1966)에서 "인간은 자신의 연장물들을 너무나 정교하게 만들어왔기 때문에 그 인간성이 동물적 본성에 뿌리를 두고 있다는 사실을 망각하는 경향이 있다."[87]고 했다. 여기서 동물적 본성은 '움직임'이고 연장물의 제작 방법은 기계화다.

문자도 멀리 있는 누군가와 소통하려는 동물적 본성의 확장이다. 손으로 쓰다가 활자를 고안하고 키보드를 거쳐 디지털 펜슬로 쓴다. 읽기의 확장도 만만치 않다. 컴퓨터는 카메라로 글자를 인식해 문자 코드로 변환하여 뜻까지 이해한다. 말도 하고 듣기도 한다. 카메라로 읽고 스피커로 말하며 리코더로 듣는다. 음성메모나 오디오북처럼 말로 쓰고 글로 듣는 '말-글 순환 시대'다. 내 질문에 천연덕스레 대답하는 인공지능이 징그럽다 못해 무섭기도 하지만 그 확장이 몸을 향한다면 담담하게 몸을 알고 가꾸는 자세도 중요하다.

타이포그래피도 잘 말하고-듣고-읽고-써서, 잘 움직이기 위한 동물적 본성에 뿌리를 둔다. 폰트도 쓰기의 도구이자 몸의 확장이다. 동물적 본성을 무시한 채 기호로 보면 겉멋이 든다. 겉과 속의 균형을 잃은 것을 두고 빛 좋은 개살구라고 한다. 때깔도 곱고 향도 좋은데 시고 떫다. 그걸 베어먹은 사람의 기분을 떠올려 보자. 그런 디자인을 하지 않고, 그런 디자인을 사지 않으려면, 몸을 살피고 그 확장의 맥락을 짚는 습관이 필요하다.

몸짓의 에너지—흥

시를 굳이 소리 내 읽으면 좋은 이유는 글 이전에 노래이기 때문이다. 낭독은 소리의 재생(play)으로 글자에 스며든 음악성을 되살려 흥을 불러일으킨다. 중학교 국어 시간에 글로 배운 두운-요운-각운의 흥을 (대학 졸업 후) 힙합의 라임(rhyme)에서 처음 느꼈다. 구절마다 비슷한 소리를 반복하니 나도 모르게 어깨가 들썩였다. 이 기분이구나. 참고로 두운(머리의 운)·요운(허리의 운)·각운(다리의 운)의 운(韻)은 앞서 말한 반절의 운모(韻母)로 '중성+종성'을 뜻한다. "시간은 이제 덧없는 일에 게으른 척해"도 은는른·제에해로 운을 맞춘 것이다.

요즘은 가수라는 말이 무색하다. 춤도 잘 추기 때문이다. 가만히 서서 노래하던 때에 비하면 치열한 경쟁으로 비칠 수 있지만, 축제의 기원인 고대 제사를 떠올리면 '글자-노래-술-춤'은 예술적 감흥을 증폭하는 한 벌의 다단계 네러티브다. 겹다는 말은 견뎌 내기 어렵다는 뜻으로, 흥겹다는 차오르는 흥을 더 이상 견뎌내지 못해 '몸이 멋대로 움직여 버린다'(어쩜 좋니)는 말이다.

의도적 행동이 흥겨운 몸짓으로 바뀌는 순간 예술적 맥락이 생긴다. 가독성이 떨어진다는 말은 흥이 나지 않아(몸이 절로 움직이지 않아) 의도적으로 힘을 내서 읽어내야 한다는 뜻이다. 하지만 흥을 느끼면 제아무리 점잖은 사람이라도 최소한 자세를 고쳐 앉거나 머리를 쓸어 넘기며 헛기침이라도 하기 마련이다. 그렇게 일단 시동이 걸리면 부드럽게 글자 속으로 주욱 빨려 들어간다. 츄와아.

바쁘다는 사람 붙잡고 이것 좀 읽어보시라고 조를 일이 많은 시대다. 원하는 바를 이루려면 함께 일하는 사람끼리라도 어떤 흥을 끌어낼지 공감하는 게 중요하다. 회의에서는 목표와 콘셉트를 말한다. 그게 어떤 기분인지에 대해서도 충분히 대화하고 교감하면 일의 과정과 결과의 수준을 뚜렷하게 감각할 수 있다.

소리문자의 음악성

소리에도 장-단, 고-저, 강-약이 있듯 (글자의) 획에도 운율이 있다. 짧은-긴, 굵은-가는, 곧은-휜 획을 엮어 글씨를 쓰면 글줄마다 독특한 질감과 운율이 생긴다. 글도 마찬가지다. 읽을수록 글자가 무작위로 바뀌고 폰트마다 운율이 다르니 독특한 음악성을 띤다. 한 번 리듬을 타기 시작하면 흥에도 가속도가 붙는다.

글자를 소리 내어 읽으며 감흥하는 일은 연주와 닮았다. 특히 한글의 쪽자는 발음 기관을 본떴고, (음표를 오선지에 모아쓰듯) 쪽자를 모아써서 소리를 적는 체계이므로 음악성이 풍부한 문자다. 실제로 악보에 한글을 쓰기도 했다.

조선시대 풍류객이 만든 거문고 악보인 『창랑보』(滄浪譜, 1779)는 '딩동 당디당 동디로 둥당흐당 디로…'와 같이 한글로 기보(記譜, 악보로 기록함)했다. 받침은 이응만 썼고 장음을 뜻한다(글자 모양도 길다). 장구의 '덩더쿵'도 그렇다. 덩(왼쪽+오른쪽 치기), 덕(오른쪽 치기), 쿵(왼쪽 치기)을 뜻하는 악보다. 의성어·의태어도 같은 맥락이다. 드럼의 흥을 '두둠칫'으로, 복싱의 흥을 '슥빡'(슥 피하고 빡 치기)으로 맛깔나게 뽑아낸다. 특히 ABAB패턴의 넉 자 구성은 일본어에도 나타난다. 두근두근은 일본어로 도키도키(どきどき)다. 이런 시각적 운율은 만화의 음향효과(comic sound effects)로 확장한다. 쾅~ ドカン(도캉)~ BAM~의 그래픽은 만화가 왜 종합 예술인지를 보여준다. 글자·그림, 시각·청각·촉각을 융합해 공감각적 감흥을 전하기 때문이다.

지금은 너무 당연하지만 소리문자가 없던 시절에는 꿈도 못 꾸던 일이다. 오죽하면 정인지는 『훈민정음』 해례 서문에서 (드디어) "바람 소리, 학의 울음소리, 닭의 홰치는 소리, 개 짖는 소리도 모두 적을 수 있다"고 했다. 조선에서 꼬끼요·꼬꼬댁을 누가 먼저 썼는지 모르지만, 그가 느꼈을 예술적 감흥은 가늠조차 어렵다.

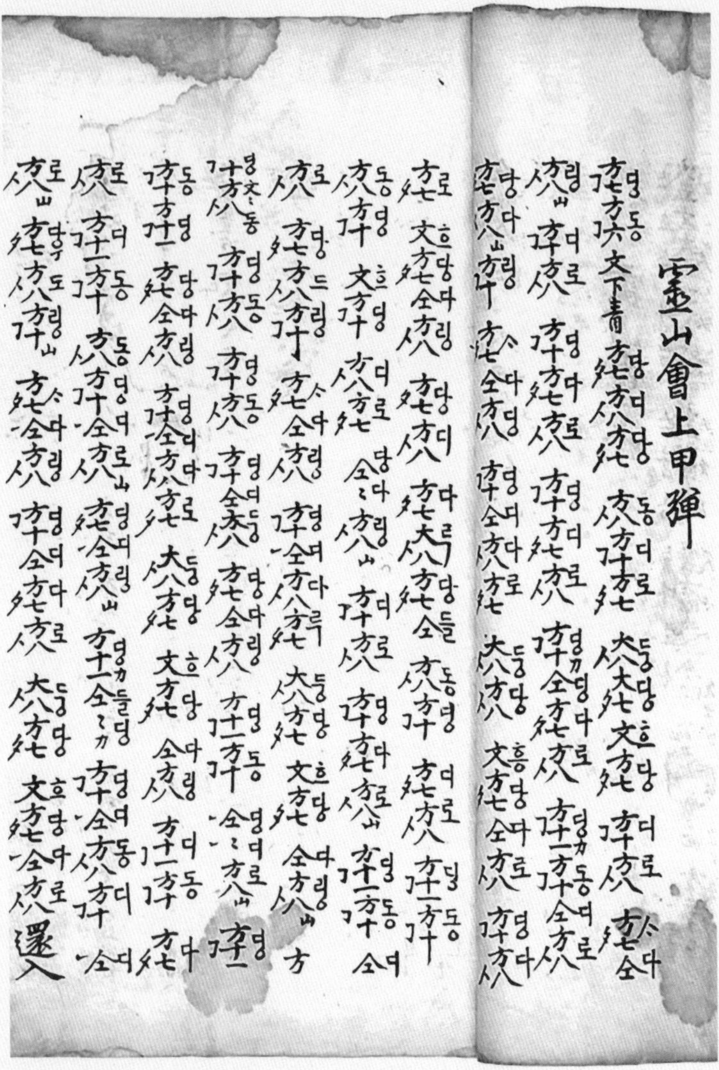

靈山會上甲彈

『창랑보』(滄浪譜, 1779) 경상북도유형문화재 제314호. 동디동 당디당…을 따라 읽어보면 여럼풋이 박자를 탈 수 있다. [소장] 한국국학진흥원, [기탁] 전주류씨 함벽당종택[92]

글줄의 회화성

문자가 악보면 글자는 연주다. 악보와 연주 모두에 음악성이 서려 있다. 덕분에 우리는 연주자를 바꿔가며 다양한 베토벤과 모차르트를 질리지 않고 즐긴다. 같은 문학 작품도 마찬가지다. 누가 무슨 폰트로 어떻게 조판했는가에 따라 다양한 문학성이 생긴다.

모든 글줄은 여러 글자가 어우러져 독특한 질감을 낸다. 그 과정을 떠올려 보자. 획이 모여 쪽자가 되고, 쪽자가 글자를 이루고, 낱말을 이루고, 글줄을 이뤄 단락을 만들고 지면이 되어 한데 묶으면 책이 된다. 일상적으로 쓰는 문자(한글)를 2500자라고 치면 30자짜리 글줄에서 나올 수 있는 문자 조합은 2500의 30승이다. 계산하면 867,361,737,988,403,800,000,000,000,000,000,000,000,000,000,000,000,000,000,000,000,000,000,000,000,000,000,000,000,000,000,000,000,000,000,000,000,000이다. 글줄 하나가 이 정도다. 한 쪽에 25줄 248쪽의 책이라면 6200을 더 곱해야 한다. 이렇게 글자는 글줄의 질감을 끊임없이 바꾼다. 여기에 폰트와 타이포그래퍼까지 가세한다. 새로운 노래가 끊임없이 나올 수 있는 이유도 같은 이치다.

글자마다의 농도 편차를 글줄 단위로 따질 때 회색도(gray scale)라는 개념을 쓴다. 특히 본문용 폰트는 고른 회색도가 중요하다. 하지만 회색도를 따지는 목적은 읽기의 걸림돌 제거이지 맹목적인 균질은 아니다. 본문용 폰트의 꿈은 잔잔하게 요동치는 질감이다. 인상파가 각양각색의 작은 터치를 중첩해 부드러우면서도 다채로운 빛의 색감을 그려냈듯, 기분 좋은 차이를 만들어 내는 '노이즈 디자인'이 읽기의 기분을 좌우하는 미학적 핵심이기 때문이다.

결국 읽기란 다른 길이와 각도의 획이 엮이기를 거듭하며 만드는 회화적 얽힘의 감흥이다. 조판에서 활자 크기 설정이 중요한 이유도 얽힘의 밀도를 결정하기 때문이다.

쓰는 자세는 글자 크기에 영향을 미친다. 손날을 바닥에 대고 손가락을 움직여 쓰는 펜과 손을 바닥에서 떼고 팔을 움직여 쓰는 붓은 가동범위(한번에 그을 수 있는 범위)가 다르다. 이 차이로 글자 크기와 모양새까지 달라진다. 펜글씨 태생의 라틴 문자는 글자가 작고 모양이 단순하다. 한편 붓글씨 태생의 한자·한글은 글자가 크고 모양이 복잡하다.

문자 구조도 글자 크기에 영향을 미친다. 라틴 문자는 나란히 풀어쓰고 한글·한자는 사각형 안에 모아쓰기 때문이다. o오お鳥처럼 같은 크기를 지정해도 '라틴 소문자<한글≒가나<한자' 순으로 크다. 같은 크기를 지정했는데 크기가 다르다는 말은, 활자 크기와 글자 크기가 다를 수 있다는 뜻이다. 활자 크기의 기준은 백(활자틀)이고 글자 크기의 기준은 먹이기 때문이다. 같은 크기의 액자에 다른 크기로 그린 셈이다. 꽉 차게 그린 Hamberg와 여유 있게 그린 Hamberg는 같은 활자 크기지만 다른 글자 크기다.

글자체의 공간감을 분석하려면 먹과 백을 견주어 봐야 한다. '언제 어떤 상황에서도' 동물적으로 먹과 백을 견주는 습관은 익히기 어렵다. 조금만 집중력이 떨어지거나 시간이 부족해도 먹만 보고 넘어가기 때문이다. 백을 볼 때 더 많은 에너지를 쓰므로 뇌는 은근슬쩍 넘어가려 한다. 이럴 땐 목판 워크숍이 도움 된다. 손글씨는 그냥 쓰면 되지만 목판은 백을 파내 먹을 드러내므로 동물적으로 백을 먼저 보게 된다. 물집과 근육통으로 익힌 지혜는 몸이 기억한다.

타입디자인은 먹과 백의 제로섬(zero-sum) 게임이다. 백을 늘린 글자는 빛과 공기를 많이 머금어 소박하되 편안하고 먹을 가득 채운 글자는 숨 쉴 틈도 주지 않고 공간을 장악한다. 마치 얼굴 가까이에 대고 고함치는 사람처럼 강렬한 인상을 빠르게 남긴다.

중요한데 헷갈리는 행간

행간과 행송은 참 중요한데 종종 헷갈리는 개념이다. 이 둘은 구분이 쉬운 데다가 문서 작업에도 도움이 되니 알아두면 좋다.

행간(行間, line gap)은 글줄 사이다. 납활자 시절 글줄 사이에 얇은 납판을 여러 겹 채워 넣는 레딩(leading)에서 유래한다. 글줄을 벽돌에 비유하면 10cm 높이 블록을 쌓는데 블록 사이에 시멘트를 4cm 두께로 채웠다면 행간은 4cm다.

행송(行送, send line, 글줄 보내기)은 사진식자기 용어로 '한 줄이 차면 이만큼 이동해서 다시 흘려라'는 명령어다. 10cm 높이 블록을 쌓는데 블록 사이에 시멘트를 4cm 두께로 채웠다면 행송은 14cm다.

같은 결과를 의도하더라도 행간으로 지정할 때는 4cm, 행송으로 지정할 때는 14cm가 된다. 납활자 조판에는 행간을 썼으나 사진식자·디지털 조판부터 행송을 쓰면서 벌어진 일이다.

게다가 용어도 꼬여버렸다. 인디자인·아래아한글, 마이크로소프트 워드 등 거의 모든 애플리케이션이, 명칭은 행간이지만 작동 원리는 행송이다. 행간과 행송의 단순한 차이만 알아도 조판이 쉬워진다. 특히 인디자인 같은 어도비의 애플리케이션에서는 정확히 구현된다. 그러나 다른 애플리케이션은 정확도가 떨어진다. 디지털 폰트에도 행간에 영향을 미치는 속성이 있기 때문이다. 이 속성은 폰트마다 달라 폰트만 바꿨는데 글줄 사이까지 달라지는 문제가 만든다. 어도비는 이 값을 자동으로 걸러 사용자가 지정한 값만 순수하게 반영하지만 그렇지 않은 애플리케이션이 아직 많다.

답답한 상황이지만 디지털 환경에서 이런 일은 많다. OS·애플리케이션·디바이스에 따라 변수가 많아 아날로그 타이포그래피가 온전히 디지털로 옮겨가지 못하고 있다. 그 와중에 용어까지 흔들리면 곤란하다. 개념을 담는 그릇이기 때문이다. 행간·행송이 그렇다.

원래는 행간이 아니라 항간

뉴 밀레니엄(new millennium, 새 천년)이라며 요란스레 맞은 21세기는 본격적인 디지털 시대를 열었다. 그런데 디지털 전환은 제대로 이룬 걸까. 공교롭게도 행송이란 용어는 21세기 디지털 전환기에 자취를 감췄다. 사전에도 없다. 지난 20여년 동안 전문서적조차 두 개념을 구분치 않고 행간이라고 했다. (납활자 시대) 조판공의 일을 (디지털 시대) 디자이너가 맡게 되면서 유실된 것으로 추측한다. 그땐 알아서 배웠지 역사·개념·원리의 체계적인 교육은 드물었다.

行間·行送의 정확한 발음도 (행간·행송이 아니라) 항간·항송이다. 行은 '다니다'(go)의 뜻일 때는 행으로, '줄'(line)의 뜻일 때는 항으로 읽기 때문이다. 중국이나 일본도 行을 뜻에 따라 다르게 발음한다.

한자	뜻	한국 발음	중국 발음	일본 발음
行	다니다(go)	행	xíng	kou
	줄(line)	항	háng	gyou

여전히 뜻에 따라 다르게 발음하는 낱말로 行列이 있다. 여럿이 줄지어 '간다'는 뜻일 때는 행렬로 읽고, 족보상 '서열'을 뜻할 때는 항렬로 읽는다. 수학이나 표만들기에서도 가로줄×세로줄을 뜻하므로 항렬이 적확한 발음이다. 왜 이렇게 꼬여버렸을까. 어쩌면 조선의 학맥이 끊기고 일본식 학술 용어를 정신없이 수입하며 모든 行을 행으로 읽어버린 것일지도 모른다. 비교적 쉬운 한자어인 行間의 발음이 설마 '항간'일 거로 생각지 못했을 수 있다. 한글전용으로 한자 소양이 떨어진 이유도 있을 것이다. 어쨌거나 확실한 것은 스스로 고민해서 만든 용어는 책임자가 있어 나중에라도 고칠 수 있으나 흘러들어온 용어는 그러기 어렵다는 점이다.

자간에 손대기 전에 알아야 할 것들

자간(字間, 글자 사이)을 조정하는 이유는 무얼까. 줄이거나 늘리면 무엇을 얻고 무엇을 잃을까. 함부로 손대면 나중에 불편을 겪기도 한다. 그러나 문제를 발견했을 때는 무얼 얼마나 건드렸는지 기억하지 못한다. 한때는 무조건 줄여 썼으나 이제는 별다른 설정을 하지 않아도 되는 (기본기가 튼튼한) 폰트가 대부분이다.

자간은 일반적인 상황에서는 손대지 않는 것이 기본이다. 그것을 전제로 폰트의 사용성 테스트와 QA를 진행하기 때문이다. 그렇다면 자간에 손대야 하는 '일반적이지 않은 상황'은 뭘까.

먼저 ①활자 크기를 많이 줄이거나 키웠을 때다. 예를 들어 본문용 폰트는 보통 10pt 안팎의 크기로 쓰는 것을 전제로 만드는데 6pt로 줄이거나 24pt로 키우면 모습이 달라진다. 글자들은 작아지면 붙어 보이고 커지면 떨어져 보이기 때문이다. 따라서 크기를 줄이면 자간을 살짝 벌리고, 키우면 살짝 좁혀야 한다. 살짝이 어느 정도일까. 기준은 단순하다. 10pt 안팎일 때와 같은 느낌으로 맞추는 것이다. 활자 크기를 줄이거나 키웠지만 별 차이를 못 느낀다면 굳이 손댈 필요가 없다. 즉 자간 조정이란, 폰트의 제작 의도를 벗어날 만큼 크기를 바꿨을 때 본래의 의도를 유지하는 것으로, 더 좋아지는 게 아니라 덜 나빠지는 게 목적이다. 이어서 ②초기 디지털 폰트를 사용할 때다. 「sm신신명조」처럼 90년대에 만든 폰트는 활자틀 안에 글자가 작게 들어간 탓에 자간이 넓어 보이는 문제가 있다. '우유'를 타이핑해서 가로획끼리 붙지 않을 만큼 줄여보길 권한다.

크기만 바꿨는데 자간까지 달라 보이는 이유(크기를 바꾸면 자간까지 조정해야 하는 이유)는 활자 크기만 바뀌고 내 몸의 크기, 글자와 눈의 거리는 바뀌지 않았기 때문이다. 마치 가까이 있는 사람의 표정은 보이지만 멀리 있는 사람의 표정은 안 보이는 것과 같다.

○□○□○□○
○□○□○□○ 6pt
○□○□○□○
○□○□○□○
○□○□○□○
○□○□○□○ 10pt
○□○□○□○
○□○□○□○
○□○□○□○
○□○□○□○
○□○□○□○ 24pt
○□○□○□○
○□○□○
○□○□

모든 글줄의 자간(0)·행간(160%)을 동일하게 설정하면, 글자 크기에 따라 전혀 다르게 보인다. 크기를 바꿔도 같아 보이게 조정하는 것이 자간·행간 설정의 역할이다.

가독성보다 중요한 것들

읽기에 몰입하려면 환경부터 갖춰야 한다.

먼저 글과 눈의 ①높낮이를 맞춘다. 글이 너무 낮으면 고개를 숙이게 돼 목과 어깨가 아프다(뇌가 좋아한다). 요즘은 대부분의 도서관에 독서대가 있다. 그만큼 읽기 환경에 대한 인식이 높아졌다. 이어서 글과 눈의 ②거리를 맞춘다. 책을 밀거나 당기고 (화면이면) 활자 크기를 줄이거나 키워, 글줄 길이가 (안구를 많이 굴리지 않아도 될 만큼) 두 눈 사이로 쏙 들어오게 맞춘다. 가독성보다 글-눈의 높낮이·거리 맞추기가 중요한 이유는, 글의 위치가 읽는 자세를 결정하고 읽는 자세가 읽는 기분을 결정하기 때문이다.

글은 읽히는 것이 아니라 읽는 것이다. 몰입하려면 적극적으로 ①환경(하드웨어)과 ②자세(소프트웨어)를 갖춰야 한다. 가독성은 폰트나 디자이너의 몫이라고 생각하기 마련이지만, 자기 몸에 딱 맞는 읽기 환경을 갖춰야 하는 독자의 몫도 있다. 결국 읽기는 저자-타이포그래퍼-독자의 팀플레이다.

글은 쓰이는 것이 아니라 쓰는 것이다. 몰입하려면 마찬가지로 조건을 갖춰야 한다. 함부로 쓰면 머리가 앞으로 쏠려 등이 거북이처럼 굽는다. 어깨가 굳어 눈을 치켜뜨게 되고 키가 줄어 옷을 입어도 맵시가 나지 않으며 안색이 안 좋다는 말을 듣는다. 서둘러 고치지 않으면 상대의 기분을 망가뜨려 가면서까지 걱정해 주시는 분들을 자주 맞닥뜨리게 된다. (그게 무서워) 중세 필경사는 기울어진 책상까지 썼지만 오래 쓰면 자세는 흐트러지기 마련이다. 나도 모르게 등을 말고 앉으면 인생도 말린다. 다리를 꼬고 앉으면 인생도 꼬인다. 그런 자세로 고급 의자를 찾는 건 블랙 코미디다.

정작 중요한 것은 읽는 몸에 맞는 환경 설정이고, 더욱 중요한 것은 바른 자세이며, 가장 중요한 것은 잠깐씩 쉬는 거다.

읽기와 조깅의 평행이론

작은 글자가 읽기 쉬울까 큰 글자가 읽기 쉬울까. 더 구체적으로 말해보자. 어른 엄지손톱만 한 글자가 읽기 쉬울까, 아이 새끼손톱만 한 글자가 읽기 쉬울까. 30년 전에 실험이 있었다. 『편집 체재와 글의 읽기 쉬움—교과서를 중심으로』(1993)는 교과서 디자인을 위해 교육부가 지원한 대규모 가독성 연구로 결과는 이렇다. "중학교 교과서는 현행 13포인트에서 11.5포인트로, 국민학교 5학년 교과서는 14포인트에서 11.5포인트로, 그리고 국민학교 2학년 교과서는 현행 20포인트에서 14포인트, 또는 적어도 16포인트로 활자 크기를 줄여야 한다."[88] 어린이에게는 큰 글자가 좋다는 생각은 어디서 왔을까. 현장의 교사들마저 그렇게 주장했다고 하나 실험 결과는 달랐다.

물론 하나하나 뜯어볼 때는 큰 게 좋지만 긴 호흡으로 주욱 읽어갈 때는 작은 게 좋다. 그만큼 눈이 훑어야 하는 길도 짧아지기 때문이다. 갈 길이 멀수록 무슨 낱말인지 판독할 수 있을 만큼의 주의만 기울이며 재빠르게 넘어간다. 읽기란 글자 보기보다는 글줄 훑기, 나무 관찰보다는 숲길 조깅에 가깝다. 그래서 재밌게 읽은 글의 줄거리는 기억해도 어떤 글자체였는지는 기억하지 못한다(보지 않았기 때문이다). 심지어 읽을 때는 12~15자(영어-라틴문자 기준) 묶음으로만 인식하며 인식 영역 밖(옆·위·아래)의 글이 모두 x자로 바뀌어도 눈치채지 못한다고 한다.[89] 그만큼 읽기란 좁은 영역을 빠르게 꾸준히 훑는 행위이므로 글자가 크면 오히려 효율이 떨어진다.

물론 작은 글자는 충분한 여백과 한 벌이다. 스마트폰의 글자를 오래 읽기 어려운 건 화면 너비가 좁아 좌·우 여백이 없는데 위·아래 여백까지 없기 때문이다. 하지만 엄밀히 말하면 휴대용 기기를 오래 쓰는 게 문제다. 그 작은 크기에 담긴 의도는 짧게짧게 잠깐잠깐 읽기다. 움츠리고 오래 보면 몸과 마음이 망가진다.

리듬 요정의 들여짜기

타이포그래피의 관점에서 들여짜기를 정의하면, '앞 단락과 구분하려 현재 단락의 첫 글자를 안쪽으로 들이는 일'이다. 여기서 질문. 단락 사이에 한 줄을 비웠을 때도 들여 짜야 할까? 이미 구분했으니 들여 짜지 않는다. 그렇다면 글의 가장 첫 단락은 들여 짤까. 앞 단락이 없으니 들여 짜지 않는다. 타이포그래피의 관점에서는 그렇다.

이렇게 들여짜기를 최소화하는 이유는 모든 변화를 독자에게 가하는 스트레스로 보기 때문이다. 어떤 신호라도 주의를 끌기 마련이니, 단락 시작을 알리는 신호도 꼭 필요할 때만 들어가야 신뢰가 생긴다. 타이포그래피의 목적은 읽기 좋은 환경 만들기다. 읽기를 좋아하는 사람은 환경의 영향을 덜 받기 마련이지만, 타이포그래피는 읽기를 버거워하는 사람의 처지를 먼저 고려하는 기술이다.

읽기는 조깅과 닮았다. 힘들지만 몸에 좋다. 꾹 참고 해보면 거짓말처럼 실력이 늘어 한두 시간도 가뿐하며 안 하면 몸이 근질근질하다. 성취감과 자신감이 붙어 다른 일의 능률도 오른다. 시간도 돈도 크게 들지 않으며 노화까지 늦추는 훌륭한 건강법이다. 하지만 시작이 어렵고 유지가 어려우니 타이포그래퍼란 직업이 생겼다. 그들은 읽기 나라 무병장수촌으로 안내하는 요정이다.

다시 본론으로 돌아가서, 앞 단락과의 구분이 그렇게 중요할까. 단락마다 주제가 있어 이야기 전개가 뚜렷한 글에는 중요하다. 단락마다 요점을 추려가며 읽는 독자에게도 중요하다. 적당히 건너뛰거나 꼼꼼히 곱씹으려면 단락 경계가 한 눈에 들어와야 한다. 들여짜기는 길모퉁이처럼 단락의 랜드마크 역할을 한다. 일종의 문장부호로 쉼표보다 더 큰 쉼표다. 악보의 쉼표처럼 이야기의 호흡을 나타내는 쉼표는 읽기의 리듬을 만든다. 편집자와 디자이너는 팅커벨처럼 날아다니며 이야기의 길목마다 들여짜기를 한다.

전자책 화면 설정

전자책 단말기나 디지털 패드에서 전자책을 읽는다면 화면을 어떻게 설정하는 것이 좋을까. 물론 개인차가 크겠으나, 누군가에게 질문을 받는다면 아래와 같은 기준과 방법을 권하고 싶다.

설정에 앞서 세 가지 필수 개념이 있다.

① 판형(判型): 화면 크기

② 판면(版面): 본문 영역(text area)

③ 여백(餘白): 판형에서 판면을 뺀 나머지

즉 '판형=판면+여백'으로 셋 중 둘만 알면 하나가 나오는, 하나를 바꾸면 나머지도 바뀌는 밀접한 삼각관계다.

이제부터 전자책의 화면을 설정해 보자. 콘셉트는… ○과제: 글자로 판면 채우기, ○목표: 몰입, ○콘셉트: 숲길 조깅(울창한 숲길을 성큼성큼 헤쳐 나가는 느낌)으로 설정해 보겠다. 실눈을 뜨고 화면을 봤을 때 '촘촘한' 회색 판면과 시원한 흰색 여백이 뚜렷이 대비되도록 활자 크기-행간-여백을 설정한다. (판형은 손댈 수 없으니) 이게 끝이다.

'촘촘함'은 상품이 가득한 진열대처럼 뭐가 있는지 들여다보게 만들어 몰입을 유도하는 촉매다. 옹기종기 모여 앉아 입 벌리고 우는 새끼 새들과 닮았다. 물론 너무 빽빽하면 답답하고 썰렁하면 매력 없다. 촘촘함을 만드는 3요소는 ①크지 않은 활자 크기 ②넓지 않은 행간 ③좁지 않은 여백이다. 좋은 설정을 찾는 게 아니라 나쁜 설정을 줄인다고 생각하면 한결 쉽다.

읽기의 기분은 10~20분 정도 읽어보고 판단하는 게 좋다. 판면을 몇 초 만에 직관적으로 판단해 버리는 경우가 많은데 그건 관찰의 기분이지 읽기의 기분이 아니다. 첫술에 간이 딱 맞으면 대부분 짜다. 간은 마지막 술이 결정한다. 읽기의 기분도 누적의 기분이다. 일단 적당히 맞춰놓고 읽어가며 조금씩 조정하는 게 더 쉽다.

새로운 유형—타자용 글자체

영문타자기가 남긴 대표적인 유산이 '타자용'이라는 새로운 유형의 글자체다. 흔히들 본문용(text type)과 제목용(display type)을 말하지만 타자용도 있다. 정확히 타자했는지, 얼마큼 타자했는지를 신속·정확하게 확인하는 용도로, 오탈자 없이 약속한 분량을 정확히 맞춰야 하는 타자의 목적에 맞춘 글자체다. 모든 활자틀의 너비가 똑같아서 고정너비(monospaced 또는 fixed width) 활자라고도 한다.

비례너비	1IloO0	Swimming Pool Illustration	1234567890.,!?|/
고정너비	1Ilo0O	Swimming Pool Illustration	1234567890.,!?|/

위 표에서 알 수 있듯이 고정너비 활자는 판독성이 높아 오탈자 확인에 좋다. 또한 한 글줄에 들어가는 글자 수가 항상 같아 〈글줄당 글자 수×글줄 수=총 글자 수〉 공식으로 분량을 쉽게 구할 수 있다. 타자수는 자기 타자기의 글줄당 글자 수를 알고 썼다. 대부분의 타자기는 한 줄에 80~90자까지 지원했고 타자기에 많이 쓰는 용지인 US Letter(8.5×11인치)는 한 줄에 65자가 들어갔다. 네 줄이면 최대 260자, 열 줄이면 최대 650자다. 당시의 인쇄 시스템은 전체 지면 계획에 따라 글자 수가 할당됐으므로, 기자나 작가 등 직업적 글쓰기를 하는 사람이라면 약속한 분량에 맞춰 글을 쓸 수 있어야 했다.

타자기는 사라졌지만 모든 컴퓨터에는 반드시 한 종 이상의 타자용 활자가 들어있다. 코딩용이다. 맞고 틀림이 분명한 컴퓨터와의 대화에서는 오탈자 판독과 글자 수 확인이 중요하기 때문에 고정너비 활자는 필수다. 화면에서 비밀번호나 단축URL을 표기할 때는 일반인에게도 요긴하다. 단 한 글자의 실수도 용납되지 않는 환경에서 1IloO0과 1I lo0O의 차이는 크다.

최초의 쓰기 플랫폼과 읽기의 측량—원고지

타자기 전에는 인쇄용 원고의 글자 수를 어떻게 측량했을까. 원고지를 썼다. 한 줄에 20자 한쪽에 20줄 그렇게 200자로 규격화된 원고지는 인쇄 문화가 만든 작가용 쓰기 플랫폼이었다. 인쇄물이 많던 시기에는 초등학교에서부터 원고지 사용법을 엄격하게 가르쳤다. 중국·일본처럼 타자기를 쓸 수 없던 나라는 원고지에 크게 의존했다.

원고지의 유래는 동아시아 목판술까지 거슬러 올라간다. 세로쓰기 400자 원고지는 동아시아 옛 책의 판식을 그대로 본뜬 것이다. 주로 이것의 절반인 200자 원고지를 많이 사용했으며 가로쓰기와 세로쓰기 겸용이었다.

글자수 측량은 공간 설계에서 최대·적정 수용 인원을 따지는 것과 비슷하다. 특히 광고가 주요 매출인 신문사는 지면 운영에 민감했기 때문에 글자 한 칸의 가치와 비용을 따졌다. 주요 일간지의 지면은 손님이 많은 맛집처럼 광고가 빽빽했다. 당시 타이포그래퍼의 머리맡에는 조건별 계산 결과를 빠르게 찾아보는 표가 붙어있었고 책상 위에는 자판이 움푹 팰 만큼 닳은 전자계산기가 있었다.

글자 수 측량은 디지털 환경으로 이어져 대부분의 텍스트 에디터에는 글자 수 측량 기능이 있다. 모바일이나 웹페이지 기획에도 글자 수를 따진다. 인쇄물처럼 제작비에 영향을 미치지는 않지만 페이지에 머무르는 적정 시간(읽어야 하는 시간)을 가늠하는 기준치이기 때문이다. 목표 글자 수를 설정하면 그래프로 달성률을 보여주거나, 발표 자료나 유튜브·팟캐스트의 스크립트를 작성하면 읽기 시간을 계산해 주는 애플리케이션도 있다.

이 책은 가급적 한 쪽에 한 주제가 들어가도록 의도했으며 쪽당(띄어쓰기 포함) 800~900자가 들어간다. 딱딱한 내용도 섞여 있어 적당히 예측 가능한 읽기 리듬으로 안락함을 만들고자 했다.

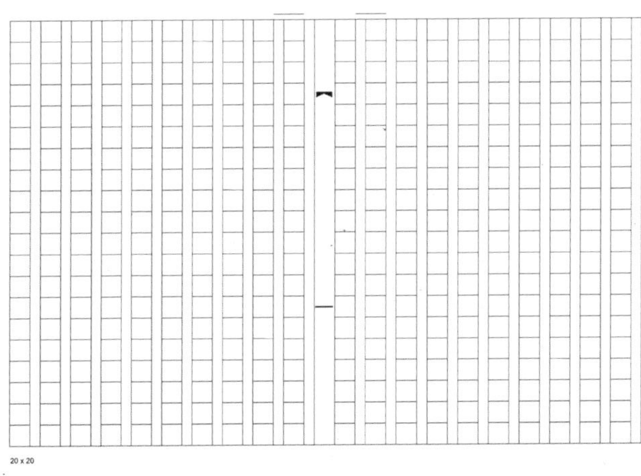

#원고지

손으로 쓸 때, 특히 동양에서는 원고지를 썼다. 한 줄에 20자, 20줄 그렇게 200자로 규격화된 원고지는 대표적인 전문가용 쓰기 플랫폼이었다. 글을 쓸 줄 안다는 것은 밥벌이와 연관이 깊다. 옛날의 유일한 대중 매체인 인쇄물을 사용하려면 글을 쓸 줄 알아야했고 이는 밥벌이와 직결되는 문제다. 그래서 초등학교에서 원고지 사용법을 가르쳤다. 물건을 팔거나 사람을 찾거나 억울한 일을 알리는 등 매체를 활용하려면 인쇄물을 활용해야했고 그러려면 원고지 사용법을 알아야했던 것이다. (조선일보 광고 규격) 글만 깨우치는 것으로는 부족했다. 원고지는 글을 복제하여 널리 알리기 위한 장치였던 것이다.

원고지의 유래는 동아시아의 목판술까지 거슬러 올라간다. 20자 10줄 구성은 옛 책에 자주 보이는 판식이다. 세로짜기 400자 원고지를 보면 동아시아 판식을 그대로 본뜬 것을 알 수 있다. 주로 이것의 절반 크기인 200자 원고지를 많이 사용했으며 가로쓰기와 세로쓰기 겸용이었다. 납활자로 인쇄하던 시절에는 전용 원고지를 만들어 사용하던 잡지사도 적지 않았다.

이런 역사는 디지털로도 이어졌다. 원고지같은 격자는 사라졌으나 대부분의 텍스트 에디터는 문자수 측량 기능을 제공한다. 목표량을 설정하면 그래프로 달성률을 보여주는 앱도 있다. 예나 지금이나 글의 질과 양

진행상황

완벽해요!
828
글자

카운터

글자	828
공백 제외	672
단어 수	184
문장 수	22
단어/문장	8.4
문단 수	7
줄	21
페이지	0.7

읽기 시간

느리게	1분 1초
평균	46초
빠르게	36초
낭독	1분 32초

[위] 400자(200자+200자) 세로쓰기 원고지. 가운데를 판심(版心)이라고 하고, 괄호는 물고기 꼬리를 닮았다 하여 어미(魚尾)라고 한다. 그 안에는 책 제목을 쓴다.
[아래] 이 책을 쓸 때 사용한 노트 애플리케이션 율리시스(Ulysses)의 인터페이스. 오른편에 글자 수와 읽기 시간의 측량 결과가 나온다. 828자를 읽는데 평균 46초가 걸리는 것으로 계산했다. 이 속도라면 이 책을 모두 낭독하는 데 3.5시간이 걸린다.

육백년 선배

글자를 만들거나 다루는 디자이너에게는 선배가 많다. 나이 차이도 커서 천년은 기본이다. 시간을 거슬러 올라갈수록 그들의 국가-인종-성별-이념은 희미해지고 본질만 남는다.

하는 일이 비슷하면 힘든 일도 비슷하지 않을까. 내가 겪는 어려움을 왠지 그들도 잘 알고 있을 거라는 기대만으로 큰 힘이 된다. 멀리 떨어져 있지만 같은 줄을 쥐고 있는 느낌이다. 이 치명적인 매력은 일의 고통을 씻어주는 진통제이자 오만과 위선을 경계하는 저격수가 된다.

세종 이도(1397~1450)도 본받을 점이 많은 선배 디자이너다. 육백년 선배와 교감한다는 게 신기하고 뭉클하고 뿌듯하다. (가끔 뜬금없이 찾아오는) 이런 감격은 잘 새겨두었다가 힘들 때 꺼내보면 좋다. 흰머리가 나도 어리광을 부릴 수 있다(이건 정말 중요하다).

글자의 체급과 펀치력

폰트도 사람처럼 가족(family)이 있다. 이탤릭이나 작은대문자도 가족에 들어가지만 가족 구성의 기본 축은 웨이트(weight)가 담당한다. 이탤릭이나 작은대문자도 웨이트별로 만들기 때문이다. 웨이트 구분은 씬(thin)-라이트(light)-레귤러(regular)-미디엄(medium)-볼드(bold)-헤비(heavy)-블랙(black) 등 여러 단계가 있으며 대부분 10단계 이하다.

그런데 굳이 웨이트라고 말하는 이유는 무얼까. 굵기라는 말이 더 알기 쉽다. 하지만 볼드에 속한 글자라고 해서 모두 같은 굵기인

건 아니다. 물론 볼드가 레귤러보다 굵지만, 같은 볼드의 글자끼리도 굵기가 다르고 한 글자의 획끼리도 다르다. 일본에서는 굵기를 뜻하는 후토사(太さ)란 용어를 쓴다. 한글 폰트에 보이는 태(太)·특태(特太)·초특태(超特太)라는 이름도 일본의 영향이다. 굵기가 잘못된 표현은 아니지만 본질을 감각하기엔 무게가 좋다. 왜일까.

라이트나 헤비는 라이트급(lightweight), 헤비급(heavyweight)처럼 스포츠 체급과 닮았다. 복싱에서 체급을 나누는 이유는 펀치력이 체중에 비례하기 때문이다. 폰트 가족도 체급별로 펀치력이 있다. 라이트는 두드리고 레귤러는 정확히 타격하며 볼드는 체중을 실어 묵직하게 꽂아 넣는다. 글자를 굵기가 아닌 체급으로 보면 목소리의 강약을 드러내는 타이포그래피의 물리를 감각하기 좋다.

(당연한 얘기지만) 활자는 태생적으로 '균질'을 추구한다. 그렇다고 볼드에 들어있는 모든 획과 글자가 '동질·동량'일 수는 없다. 같은 볼드라도 각 글자가 사용한 잉크양(검정 부분의 면적)을 재면 저마다 다를 것이다. 활자가 추구하는 균질은 여러 글자가 모여서 자아내는 글줄이나 판면의 균질이지 특정 획끼리의 기계적 균질은 아니다. 오히려 글자마다 살짝씩 달라야 글줄에 질감이 생긴다. 질감은 눈이 미끄러지지 않고 글자를 짚어가기 위해 중요한 요소다. 이를 위해 타입디자이너는 손글씨에 누적된 동물성 즉 육필(肉筆)의 요소를 가져다 쓴다. 의도적으로 비균질 요소를 넣는 것이다. 소문난 맛집의 비밀레시피처럼 나만의 비율로 조합해 감칠맛을 낸다. 특히 본문용은 평양냉면처럼 슴슴하게 그리고 꾸준히 결을 유지해야 한다.

균질이 과하면 모두 비슷해져 존재 이유가 사라지므로 항상 적당량의 비균질과 짝을 이룬다. 결국 글자체는 균질(기계성)과 비균질(동물성)을 몇 방울씩 섞는가에 따라 성질과 쓰임새가 판가름 난다. 타입디자인은 이들의 비율을 찾아 미지의 세계를 탐험하는 일이다. 이런 종합적인 접근에는 획의 속성인 '굵기'보다 글줄·판면의 속성인 '무게'가 유용하다.

살아있는 글자의 거리 감각—프록세믹스

글자의 동물성이란 글자의 입장에서 본 타이포그래피(글자의 생태계)다. 자간을 글자의 거리 감각으로 바꿔보자. 모든 글자는 옆 글자와 잘 지내기 위한 거리 감각이 있다. 에드워드 홀은 '인간이 요구하는 공간'에 환경이 미치는 영향을 알아보려 동물과 비교연구를 했다. 그가 밝혀낸 공간유지 법칙(spacing mechanism)[90]은 아래와 같다.

공간 감각별 동물 유형	접촉성 동물	과밀 상태에서도 스트레스를 받지 않는 동물
	비접촉성 동물	과밀 상태가 지속되면 극도의 스트레스를 받아 공격성을 띠고 개체 수를 조정해 버리는 동물
같은 종족끼리의 공간 유지 법칙	개체 거리	비접촉성 동물이 일반적으로 유지하는 거리
	사회 거리	다른 개체와 떨어져 불안감을 갖기 시작하는 거리
다른 종족과의 공간 유지 법칙	도주 거리	적으로부터 도망칠 수 있는 거리
	공격 거리	적이 너무 가까워 도망에서 반격으로 바꾸는 거리
	임계 거리	도주 거리와 공격 거리 사이의 좁은 거리

본문 글자를 비접촉성 동물로 본다면, 자간을 좁혀 글자끼리 맞닿으면 과밀(過密, 한 곳에 지나치게 몰림) 상태가 된다. 적정 자간이란 같은 글자체의 글자(같은 종족)끼리 개체 거리를 감각하는 것이다. 또한 다른 글자체의 글자끼리는 도주·공격·임계 거리를 감각할 수 있다. 타이포그래퍼는 이러한 동물적 감각으로 자간-행간-글줄당 글자 수-쪽당 글자 수 등을 설정해 읽기 공간을 만든다.

읽기에 몰입하려면 먼저 글이 좋아야겠지만 글자의 공간과 거리 감각도 맞아야 한다. 에드워드 홀은 인간이 공간을 만들고 쓰는 방식에 문화가 미치는 영향을 프록세믹스(proxemics)라고 했다. 글자의 생태계에도 프록세믹스가 존재할지도 모른다.

'디지털' 폰트라고 언제나 똑같이 보이는 건 아니다. 오히려 도구-환경-사람의 영향이 크므로 상황을 살펴야 한다.

예를 들면 행간 이슈가 있다. 한자나 외국 문자를 섞어 쓰다 보면 갑자기 특정 글자만 폰트가 바뀌면서 행간이 바뀐다. 현재 폰트에 없는 문자를 입력하면 다른 폰트로 자동 대체되며 생기는 문제다. 운영체제 이슈도 있다. 애플 매킨토시는 운영체제와 하드웨어를 함께 만들어 (최적화가 잘 되어) 글자를 화면에 보여주는 완성도가 윈도즈보다 훨씬 높다. 이런 차이로 를틀블플클 같이 비슷한 글자의 판독성이 떨어지거나 작은 점이 흐릿하게 보여 마침표·쉼표·홑따옴표 같은 문장부호들이 희생되기도 한다. UX 트랜드 이슈도 있다. 바탕색을 어둡게 써서 눈의 피로를 낮추는 다크 모드는 라이트모드와 동일한 가독성 수준을 유지하기 위해 폰트 색상·웨이트를 최적화해야 한다. 특히 가벼운 웨이트나 회색 글자는 바탕색의 영향을 크게 받는다. 섬세한 웨이트 조정은 (이전엔 불가능했으나) 베리어블 폰트를 쓰면 슬라이더를 살짝 건드리는 정도로 가능하다.

디지털 폰트는 각종 수치로 정의된 데이터 파일이다 보니 때와 장소를 가리지 않고 언제나 같은 결과를 보장할 거라고 착각하기 쉽다. 그러나 디지털의 세계에도 도구(하드웨어, 소프트웨어)마다 특성이 있고 환경마다 변수가 있어 조건마다 다르게 반응한다. 말하기-듣기-읽기-쓰기라는 말이 좋은 이유는 도구-환경-사람을 아우르는 '행위'이기 때문이다.

와인을 굳이 혀 밑에 넣고 공기와 함께 호로로록 섞어서 마시는 이유는 마시기에 따라 맛과 향이 달라지기 때문이다. 글자도 읽는 조건에 따라 맛과 향이 달라진다. 그러고 보니 타이포그래피는 와인에 따라 공기량을 미세하게 조절하는 호로로록과 닮았다.

오래된 신기술—베리어블 폰트

이렇게 상상하는 분도 계실 거다. 활자 크기를 키우면 자간도 알아서 줄어들게 만들 순 없나? 있다. 자간뿐 아니라 모양까지 미세하게 바뀌며 크기 변화에 따른 왜곡을 최소화하는 기능을 옵티컬 사이즈(optical size)라고 하고 그 핵심 개념을 멀티플 마스터(multiple master)라고 한다. 축(마스터)을 만들고 그 사잇값을 뽑아내는 기술이다. 예를 들면 굵은 기둥과 얇은 기둥을 만들어 중간 기둥은 사잇값을 연산해 빠르게 뽑아낸다. 그렇게 만든 폰트를 베리어블 폰트(variable font=var font)라고 한다. 사용자는 슬라이더로 사잇값을 지정한다. 슬라이더가 3개이면 축은 6개로, 한 폰트로 보지만 6개 폰트를 합친 것이다.

두 축의 사잇값을 추출하는 방법을 인터폴레이션(interpolation, 보간법 補間法)이라고 한다. 이 기술을 폰트에 적용한 아이디어는 1970년대 URW의 피터 카로(Peter Karow)가 냈으며, 멀티플 마스터의 콘셉트는 1980년대 후반에 어도비(Adobe)가 발표했고, 주요 기술은 1990년대 애플의 TrueType GX Variations가 이끌었다.[91] 그렇게 각자 개발하던 기술을 2016년 OpenType 1.8로 표준화하면서 베리어블 폰트 시장도 활성화됐다. 아이디어부터 상용화까지 50여년 동안 기업끼리의 날 선 경쟁과 전략적 제휴가 있었다. OpenType 1.8도 애플-마이크로소프트-어도비-구글의 공동 발표였다.

대부분의 주요 환경에서 베리어블 폰트의 기능을 온전히 지원하게 되면(웹브라우저는 대부분 지원하지만 그렇지 않은 OS와 애플리케이션이 아직 남아 있다), 인간이 일일이 슬라이더를 움직이지 않아도 사용자의 설정 변경이나 디바이스 상황에 따라 알아서 최적값을 적용하는 쪽으로 발전할 수도 있다. 이미 핵심 기술은 모두 나와 있기 때문이다. 얼마나 많은 사람이 원하고 반길지는 시간이 말해줄 것이다. 만년 유망주 베리어블 폰트의 활약을 지켜보자.

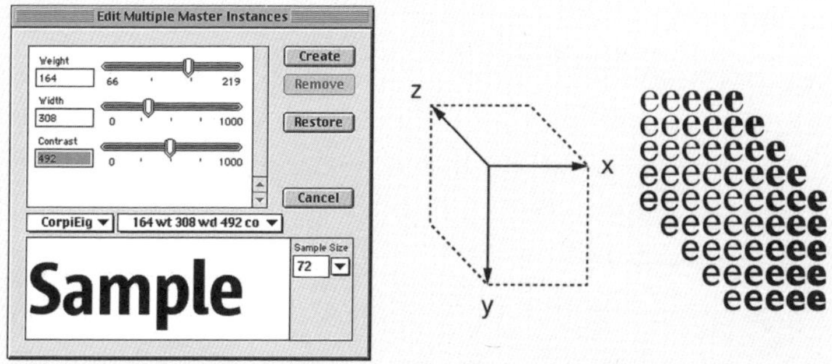

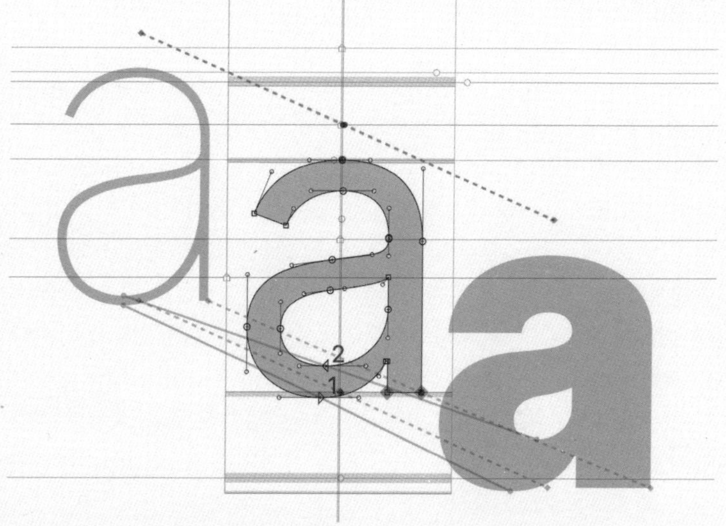

[위 왼쪽] Adobe Type Manager(1999)의 멀티플마스터 슬라이더. 무게-너비-대비 세 개의 축이 있다.
[위 오른쪽] 세 개의 축을 사용한 스타일 매핑. *x*축(무게; 가벼움-무거움), *y*축(스타일; 세리프-산세리프), *z*축(가로·세로획 굵기 대비; 작음-큼)[93]
[아래] 글립스(Glyphs, 폰트 제작 애플리케이션)의 멀티플마스터 인터페이스. 3개의 마스터가 있으며 사잇값은 인터폴레이션으로 손쉽게 파생할 수 있다. 특히 한글은 꼼꼼한 검수가 필요하며 파생 후 별도의 보정 작업을 추가해야 하는 경우도 있다.

다국적·다국어·다문자 시대

글로벌 기업에게 다국어 폰트는 여러 언어를 하나의 목소리로 전하는 브랜딩(branding) 도구다. 몇몇 기업은 한글-숫자-라틴문자-한자(간체, 번체), 히라가나·가타카나-키릴문자-그리스문자-아랍문자 등을 조화롭게 만든 거대한 다국어 폰트 패밀리를 만들기도 했다. 애플 매킨토시도 처음엔 미국 컴퓨터였는데 OS에 다국어 폰트와 입력기를 넣고 다국적 컴퓨터로 바꿔버렸다(키보드만 빼고).

다국어·다문자는 이미 일상이다. 0123456789 열 자를 본격적으로 쓴 것도 '한글전용+가로쓰기'부터다. (세로로) '三二〇'으로 쓰던 걸 (가로로) '320'으로 쓰게 됐다. 숫자는 세계 공용 문자이자 최대 빈출 문자로, 세로쓰기를 가로쓰기로 바꾸자는 주장의 결정적인 명분이기도 했다. design도 '圖案'처럼 한자어로 옮겨 쓰다가 '도안'처럼 한글로 썼고 '꾸밈'처럼 우리말로도 옮겨봤으나 이제는 원어 발음대로 '디자인'이라고 한다. 북경도 베이징, 동경도 도쿄로 바꿨다. 상황에 따라 積弊(적폐), 秘線實勢(비선실세), 國政壟斷(국정농단) 같은 어려운 한자어가 유행했다. 코로나19 때는 pandemic(팬데믹), cold chain(콜드체인), 飛沫(비말), 疫學調査(역학조사)같은 전문 용어를 살아남기 위해 익혔다. 소문난 맛집을 가도 외국어 메뉴가 많다. 그 나라 말은 못 해도 주문은 할 수 있다.

바야흐로 〈한글+숫자+문장부호+라틴문자+한자〉를 섞어 쓰는 다문자 시대다. 여러 문자·부호가 섞인 글줄이 어색하지 않다. 한국 타입디자이너의 숫자·라틴문자 디자인 실력도 크게 늘었고, 클라이언트의 눈높이와 요구 사항도 크게 올랐다. 폰트도 (국적보다) 지원 언어를 먼저 따지며 개발 트랜드도 개별에서 통합과 연대로 바뀌었다. 디지털 시대의 타이포그래피는 인간의 교류를 돕는 안내자로서 다국어 소통과 교육의 필수재가 됐다.

李 明 博

議員會館
서울・永登浦區 汝矣島洞 一番地(會館三一二號)
電 話：七八四－三三一七九、七八八－二一八一
F A X：七八八－三三一二

鍾路地區黨
서울・鍾路區 敦義洞 六八(삼호빌딩七層)
電 話：三六七三－二九〇〇
F A X：三六七三－四四一四

제15대(1996년 5월 30일~2000년 5월 29일) 국회의원 신한국당 이명박의 명함 [소장] 대한민국역사박물관. 1990년까지지도 세로쓰기-한자 숫자 명함을 심심치 않게 볼 수 있었다. 세로로 쓴 FAX는 '세로쓰기 전용 라틴 문자'(전각 라틴 문자)로 가로로 쓰는 라틴 문자와는 다른 것이다. 첫 번째 팩스 번호(788-3312)를 읽어보면 한자 숫자와 아라비아 숫자의 판독성을 비교해 볼 수 있다.

유용한 법칙 ①—首尾相關(수미상관)

처음은 싱그럽고 맺음은 지긋하기 때문일까. 거룩하게 시작해서 흐지부지 사라질 때가 있다. 수미상관은 처음과 맺음의 마음을 견주는 자기성찰로, 수미(首尾, 머리와 꼬리)는 끄트머리고 상관(相關)은 이음이다. 문학 용어답게 이야기 뼈대나 디자인 구조를 만들 때 좋다. 맺음의 짜릿함을 떠올리며 시작하고 시작의 설렘을 떠올리며 맺으면, 즐겁게 일하는 기분을 구체적으로 규정할 수 있다.

끄트머리는 눈에 잘 띈다. 예부터 장신구도 몸의 끄트머리에 달았다. 옷의 꾸밈도 끄트머리에 들어갔다. 끄트머리(마감)의 상태로 만듦새를, 끄트머리끼리의 호응으로 체계를 따졌다. 패션에서는 목-손목, 음식에서는 전채-디저트, 건축에서는 정문-후문을 견주어 만듦새를 가늠할 수 있다. 수많은 수미가 의·식·주에 걸쳐 상관하는 것은 문화의 속성이다.

한글도 마찬가지다. 쪽자에서는 ㄱ-ㄴ으로 ㅁ을 떠올릴 수 있다. ㅅ-ㅈ으로 ㅊ을 떠올릴 수 있다. 글자에서는 으이를 보면 오어-우아를 떠올릴 수 있다. 마찬가지로 므미는 모머-무마, 브비는 보버-부바, 어아는 에애-예얘 그리고 우오-워와와 상관한다. 글자의 무게 중심도 그렇다. 으은을의 관계는 오온올-우운울, 구무후의 관계는 군문훈-굴물훌과 같아야 한다. 한 걸음 더 나아가 '한 글자 안에서 작용하는 힘'의 호응도 있다. 글자의 첫 획과 마지막 획의 호응이다. 예를 들어 '극'의 처음과 맺음에 서린 힘을 '는'의 처음과 맺음에서 느끼도록 디자인할 수 있다('극'의 수미와 '는'의 수미가 상관한다). 쪽자 호응에서 글자 호응으로 확장하며 체를 만들면 모든 글자가 한 몸의 여러 순간을 찍은 사진처럼 보인다.

글자체는 한 배우가 자신의 연기 스펙트럼 안에서 시종일관하는 모노드라마와 닮았다.

유용한 법칙 ②—分과 倍

비례(比例)는 요소끼리의 규칙이다. 이를 정량화한 비율(比率)은 형태의 근거이자 확장의 기준이 되어 디자인에 명분과 실리를 제공한다.

사람 얼굴(정면)을 그린다면, 머리 너비는 눈이 다섯 개 들어갈 정도이며, 눈과 눈 사이에는 눈이 하나 들어간다. 눈의 위치는 머리통 높이의 절반 정도다. 이런 비례를 외우면 여러 캐릭터를 그릴 때 특징 잡기 좋다. 대략 반올림한 정수비는 정밀하지 않지만 기억하기 좋다. 정확히 말하면 오래 기억하려고 정수비로 바꾼 것이다. 이렇게 쌓은 기억은 직관의 재료가 된다.

디자인에서 비례를 쓰는 원리는 ①기본 단위(x)를 정하고, 구성요소의 스케일을 x의 분수(分數)와 배수(倍數)로 치환해 ②관계를 정량화하는 것이다. 예를 들어 8등신은 머리통 높이를 기본 단위로 삼아 '키$=8x$'로 표기한 것으로 몸의 비례를 발$=1x$, 어깨너비$=2x$, 팔$=3x$, 다리$=4x$, 양팔 너비$=8x$($2x+3x\times2$)로 나타낼 수 있다.

분수는 비례를 나타내는 표기법이다. 0.5는 독립된 수치지만 $\frac{1}{2}$은 기준치의 절반이라는 비례로 두 요소의 관계 유지를 위한 규칙을 뜻한다. 1.5에는 없고 $1\frac{1}{2}$에는 있는 건 하나 반이라는 규칙이다. 다빈치의 스케치에도 분수가 자주 등장한다. 타이포그래퍼가 미디어에 의도를 담는 방법도 결국 적확한 수의 입력이다. 그 정량적 체계의 기본이 분수와 배수다. 예를 들면,

○들여짜기 단위는 활자 크기의 배수다. $1x$(한 자분), $2x$(두 자분), $3x$(세 자분)를 쓴다. $1x$, $2x$, $3x$의 선택 기준은 글줄 길이에 비례한다. 글줄이 짧으면 $1x$, 적당하면 $2x$, 길면 $3x$가 된다.

○행송 단위도 활자 크기의 배수로 나타낼 수 있다. 활자 크기가 10pt인데 행간을 6pt 주고 싶다면 행송은 16pt로, 활자 크기의 1.6배($\frac{16}{10}$pt, 160%)다. 행간을 배수로 지정하는 애플리케이

션으로는 아래아한글이 있으며 기본값은 160%다. 행송 1.6배는 활자 크기가 9pt면 행송은 14.4pt(9pt×1.6), 11pt면 행송은 17.6pt(11pt×1.6)로 조판하라는 뜻이다.

○자간의 단위는 활자 크기의 분수(활자 크기÷1000)다. '활자 크기 10pt에 자간 -10'은 10pt×$^{1}/_{1000}$을 단위로 삼아 10단위만큼 줄였다는 뜻으로, 계산하면 -0.1pt(-10×$^{10}/_{1000}$pt)다. 이 값을 활자 크기의 배수로 표현하면 -0.1pt÷10pt=0.01배(1%)다.

정리하면 정량적 타이포그래피의 기본 단위(*x*)는 활자 크기다. 그 분수·배수로 조판 체계를 잡는데, 들여짜기 단위는 *x*의 배수, 자간 단위는 *x*의 분수($^{1}/_{1000}$), 행송 단위는 *x*의 배수다. 어떤 디자인을 하면 '정량적 비례 관계'와 실재 '결과물'을 한 벌로 외워 버릇하면 좋다. 특정 비례의 실제 느낌을 기억하면 머릿속에서 스케치할 수 있기 때문이다. 더 많은 아이디어가 떠오르고 더 쉽게 고칠 수 있어 디자인 시간은 줄어들고 재미는 불어난다. 그러고 보니 일상에도 비율이 많다. 시침은 한 바퀴(360도)의 $^{1}/_{12}$이니 12분율이고, 분침은 $^{1}/_{60}$이니 60분율이다. 시계 볼 때마다 눈금을 새지 않아도 기억해 둔 침의 각도로 가늠할 수 있다. 바지는 10분율로 7分(부) 바지는 0.7배다.

비례표기도 1/2보다 ½이 좋다. 1½처럼 쓸 때도 있기 때문이다. 요즘 출시되는 본문용 라틴 폰트는 대부분 분수 피쳐(fractions feature)를 지원한다. 해외 폰트 클라우드 서비스는 폰트 상세 페이지 오픈타입 피쳐 탭에서 Frac, Fr 등의 분수 태그로 표시한다. 단 오픈타입 피쳐를 지원하는 애플리케이션에서만 쓸 수 있다.

기본 단위의 분수·배수가 만드는 체계는 ①디자이너끼리의 질서다. 협업 기준으로 삼아 여러 변수에 유연하게 대응한다. 혼자 일하면 확장·변형의 기준이 된다. 그렇게 만든 견고한 체계는 업무 효율을 높여 디테일에 신경 쓸 시간을 확보한다. 또한 ②사용자를 위한 질서이기도 하다. 기본 단위의 크기 설정부터 쓰는 사람이 처한 상황과 경험을 따르기 때문이다.

삶의 오른팔——세계관 이야기

집에 오는 길에 하늘을 보면 기분이 좋다. 가장 먼발치를 보는 것만으로 가장 멀리 보는 사람이 된다. 구름이 보이는 파란 여름 하늘도 좋고 달이 보이는 까만 겨울 하늘도 좋다. 그렇게 매일 만나는 하늘과 바람과 별과 시는 하루하루를 이어 붙이는 세계관이 된다.

최근에 하늘을 본 것이 언제인가. 땅만 보며 출근해서 모니터만 보고 일하다가 폰만 보다 잠들면 마음이 막혀 숨도 얕아진다. 아침 하늘은 복어처럼 가슴을 부풀리고, 밤하늘은 어린 왕자처럼 삶을 비춰준다. 그렇게 우러르며 곱씹은 혼잣말은 현실이 된다.

세를 위해 련하기—디자인의 뜻

어릴 적 디자인하면 떠오르는 이미지는 '세련'이었다. 디자이너는 세련된 공간에서 세련된 옷을 입고 세련된 것을 만드는 세련된 사람이었다. 어느덧 디자이너로 살고 있지만 여전히 디자인이란 뭘까 생각한다. 그러다 문득 궁금해졌다. 멋모르고 막연히 떠올린 디자인과 오랫동안 겪은 디자인은 얼마나 다를까. 여러 사전에서 '세련'을 찾아봤다. 종합하면 세(洗)는 군더더기 없는 깨끗함이고 련(練)은 전문가의 꼼꼼한 손길이었다. 생각보다 잘 맞아떨어져서 놀랐다. 약간 촌스러워도 내가 겪은 디자인을 제대로 풀이하는 낱말이었다.

군더더기란 제자리에 있지 않은 무언가다. 폰트를 출시하기 전에 진행하는 QA(Quality Assurance, 품질 검수·보증)는 방치된 욕망의 찌꺼기가 불편·위험 요소로 작동할 가능성을 없애는 과정이다. 그러니 세련은 깨끗한 결과(洗)를 얻으려 꼼꼼한 과정(練)을 거치는 일이다.

디자인하다 보면 "그렇게 꼼꼼히 해 봤자 아무도 모른다"(서둘러라)는 말을 종종 듣는다. 맞다. 작은 것에 집착하다 큰 것을 놓치는 실수는 금물이다. 그러나 뜬금없는 집착과 꼼꼼한 진행은 다르다. '꼼꼼'에 깔린 정서는 냉정한 위생 관리로, 목표와 현재 상황의 편차를 줄이는 디자인 실무의 윤리다. 물론 목표가 높으면 관리도 어려워 단단한 조직에서만 가능하다. 섣불리 꼼꼼하면 팀웍을 깰 수도 있어 위험한 기술이다. 어떤 제품이나 브랜드에서 세련을 겪었을 때 느끼는 믿음도 철학을 지킨 강인함과 차가운 열정에 보내는 찬사다.

시간에 쫓겨 일부만 세련하면 미련(未練)해진다. 빛 좋은 개살구를 디자인한 셈이다. 그 시고 떫고 이쁜 것에 자기 이름을 거는 디자이너의 기분은 말로 표현하기 힘들다. 능력의 차원을 넘어 윤리를 건드리기 때문이다. 가장 소중한 것을 지키려 그렇지 않은 것을 도려내는 인내의 철학이 세련이다.

디자이너를 소비하던 디자이너

돌이켜보면 학창 시절의 진로 고민은 이런 느낌이었다. 여러 유명 디자이너의 스타일을 진열대에 올려놓고 무얼 살지 고민하는…. 좋게 말하면 롤모델이었으나 안 좋게 말하면 스타일의 쇼핑이었다. 그것이 어떤 맥락에서 나온 것인지도 몰랐거니와 궁금해하지도 않았다. 게다가 내가 '무엇을 잘하고 못하는지', 내 주변에 '무엇이 부족하고 넘치는지'도 헤아리지 못했다. 거장들은 주변을 살펴 자기 세계관을 만들고 꾸준히 실천하며 그 서사를 글로 남긴다.

그런 분을 직접 찾아뵙고 배우며 어깨 위에 올라 보니 세상이 훤히 보였다. 모든 게 순조롭고 질서 정연했다. 하지만 나의 관점이 아니므로 금세 어둡고 습한 바닥으로 내려와야 했다. 공허했다. '이제 뭐 하지? 멋진 건 저분들이 다 하셨네'하며 주눅 들기도 했다.

그들은 당대의 복잡한 상황 속에서 '무언가를 위해' 타이포그래피를 활용했을 뿐 새로운 스타일 만들기에는 관심이 없었다. 거인의 어깨에서 내다본 풍경은 시간이 지날수록 나를 돌아보게 했다. 덕분에 '왜 언제 어디서 누구와 어떻게 할지'를 생각하는 습관이 생겼다. 이제야 나를 둘러싼 하늘과 바람과 별과 시 그리고 한글이 눈에 들어온다. 더 작게 천천히 하지만 여럿이 가야 했다.

살아'가기'는 독특한 궤적을 그린다. 모르면 따라가기, 급하면 바로가기, 늦으면 뛰어가기, 급하면 넘어가기, 험하면 돌아가기, 막히면 뚫고가기, 힘들면 쉬어가기, 안되면 묻어가기, 무서우면 몰려가기, 깜깜하면 살펴가기, 흔들리면 잡고가기 등 '○○하면 ○○가기'를 이어 붙인 게 삶의 궤적이다. 해야 할 일을 하면 하고 싶은 일이 생기고, 가야 할 길을 가면 가고 싶은 길이 생긴다. 그렇게 경험과 생각이 차곡차곡 쌓이면 세계관이 된다. 일은 많이 길은 멀리가 중요하다. 그러니 늙은 천재도 어린 거장도 없다.

그래픽의 요람—벽

그래픽(graphic)의 어원을 거슬러 올라가면 그리기·쓰기가 나온다. 그 행위의 시작은 벽이었다. 여전히 담벼락엔 낙서가 있다. 벽은 다른 세계를 향하는 관문으로, 유토피아를 보여주는 창문으로 작동한다. 창문 없는 벽에는 그림을 걸어 마음의 창을 내기도 한다. 인간의 이야기 본능을 자극하는 벽은, 광고(廣告, 널리 알림)와 그래픽 디자인의 요람이다. 화이트보드도 벽의 확장이고 노트는 휴대용 벽이며 포스트잇은 이동식 벽이다. 스티브 잡스는 아이폰을 통해, 벽과 손가락이라는 원초적 그래픽 도구를 전자적으로 진화시켜 '주고받는 벽'이라는 사용자 경험을 디자인했다.

뜻문자인 한자는 유별나게 벽과 친하다. 명심(銘心)은 잊지 않으려 마음속 큰 벽에 새기는 걸 뜻하고, 좌우명(座右銘)은 자리의 오른쪽 벽(제일 가까운 벽)에 새기는 걸 뜻한다. 건물 처마에는 현판(懸板)을 걸고 기둥에는 주련(柱聯)을 붙였으며 대문에는 부적을 붙이고 그 옆에는 문패를 걸었다. 입춘이면 축복의 글귀도 써 붙였다. 지금도 식당 벽에는 정성·청결, 건설 현장 가벽에는 안전제일, 교실에는 정직, 군대에는 필승이 붙어 있다. 서양에도 Keep Calm, I♥NY 같은 사례가 있지만 정신문화라기보다는 실용적인 이벤트에 가깝다.

대부분의 자전은 文을 '(죽은자의 명복을 빌며) 가슴에 새긴 문양'을 상형한 것으로 풀이한다. 인간의 이야기 본능이, 가슴벽에 새긴 문신(文身)을 거쳐, 문자(文字)로 퍼졌다는 뜻이다. 가장 오래된 문신은 5000년 된 미라에서 발견된다. 마오리족의 문신은 자부심의 상징이지만, 동아시아에서는 죄목을 죄인 몸에 새기는 잔혹한 형벌에 쓰기도 했다. 조선은 영조 16년(1740)에 폐지했다.[94] 미국 소설 『주홍 글씨』(the Scarlet Letter, 1850)도 죄목의 첫글자를 가슴에 새긴 형벌이다.

그래픽의 역사는 형형색색의 사연으로 곳곳의 벽에 서려 있다.

닮아야 닮지 않을 수 있다

'고양이와 시멘트는 안 닮았다'는 어색하다. '고양이와 송아지'만큼은 닮아야 닮지 않았다고 할 수 있다. 마찬가지로 같은 점이 있어야 같지 않은 점이 있다. 낮이 있어야 밤도 있듯, 맞은편의 존재가 서로를 정의하는 대칭의 역설이다.

디자인에도 같음과 같지 않음의 대칭이 있다. 예를 들면 '새로움-익숙함'이다. 인간에겐 기분 좋게 받아들이는 새로움의 한계치가 있어 선을 넘으면 위험을 감지하고 경계한다. 안전을 보장해야 새로움의 부작용을 신경 쓰지 않고 만끽할 수 있다. 이 둘은 동전의 양면처럼 한 팀을 이뤄 같은 목표를 향한다. 그러나 '같지 않음→존재이유→차별화→생존법칙'라는 강박은 익숙함의 자리마저 새로움으로 가득 채우고는, 강한 자극과 독창성을 동일시한다. 이런 맹목적 새로움은 누군가를 불편하게 만든다. 이에 반해 익숙함의 가치를 회복하려는 흐름이 유니버설 디자인(UD; Universal Design)이다. 소수의 사용자를 고려하여 더 많은 이가 같이 누리는 방법을 고민한다. 잘 디자인한 익숙함은 새로운 가치를 만들어, 같음과 같지 않음의 균형을 맞춘다.

훈민정음의 새로움의 뒷면에는 자연-몸-한자를 본받아 만든 익숙함이 있다. 우린 오랫동안 훈민정음의 새로움에서만 독창성을 찾았다. 하지만 그만한 새로움을 지지하는 익숙함의 토대가 얼마나 정교하고 독창적인지에 대해서는 말을 아꼈다.

지난 100여년 동안, 한글을 너무 사랑한 나머지 한자를 다른 나라의 문자라며 배척하기도 했다. 치열했던 한글 운동에는 피땀 어린 숭고함도 있으나 숨 막히는 옹졸함도 있다. 문자(文字)는 섞임이 본질이며 그렇게 만들어진 닮음의 그물망이 문화(文化)다. 세상에 섞이지 않은 생물은 없다.

늑대와 노루궁뎅이버섯

디자이너라면 한 번쯤은 클라이언트에게 이런 질문을 받은 적이 있을 것이다. "음… 좀 클래식하면서 모던한 거" 없나요? 잠시 정적이 흐른다. …. 있다. 얼마든지 있다. 왜 없겠는가. 단지 이 둘은 물과 기름 같아서 엮어서 생각하기 어려울 뿐이다. 예부터 매력(魅力, 홀리게 만드는 힘)의 레시피는 이질적인 것의 조합이다. 반대 성향의 둘을 섞으면 강렬한 대비가 생긴다. 바리케이드를 노랑과 검정 줄무늬로 칠하는 것도, 피부는 하얗게 눈썹은 시커멓게 그리는 화장술도, 달콤한데 쌉싸름한 말차케이크의 오묘한 맛도 마찬가지다.

이질적인 것의 조화로 널리 알려진 고전은 용(龍)이다. 『본초강목』(本草綱目, 1596)은 용을 9개 동물의 조합으로 묘사한다. ①낙타 머리 ②사슴 뿔 ③토끼 눈 ④소 귀 ⑤뱀 목 ⑥조개 배 ⑦잉어 비늘 ⑧매 발톱 ⑨호랑이 주먹이다. 이를 응용한 레시피로 수백 마리의 괴물을 만들어 낸 것이 포켓몬스터(1996~)다. 굶주린 늑대의 살기 어린 눈빛과 뽀송뽀송한 노루궁뎅이버섯을 조합하는 식이다.

전통-현대의 조합은 말도 안 되는 것을 만들어달라는 생떼처럼 들리지만 실은 문학적 상상력을 발휘해달라는 말이다. 알면서도 들을 때마다 심장이 철렁하는 이유는 전통과 현대 모두 방대하기 때문이다. 굳이 더 방대한 걸 꼽는다면 어느 쪽일까. 현대를 골랐다면 아마 거세게 바뀌는 현재진행형이기 때문일 거다. 요즘 유행하는 게 모두 현대적인 거라지만 그대로 쓰면 재미가 없다. 현대성을 구체화해서 전통과 기술로 바꿔보면 어떨까. 아니면 전통과 로봇은 어떤가. 아까보단 낫다. 트랜드는 따르려 하지 않아도 따르게 된다. 같은 파도 속에서 다른 쪽으로 가봤자 얼마나 가겠는가. 디자이너의 정체성이 드러나는 점은 예나 지금이나 '순간적' 상상력이다. 트랜드의 파도를 뚫고 승천하는 괴물 같은 상상력.

책장을 등 뒤에 두는 이유

모든 게 부족하던 학창 시절엔 내가 못나 보였다. 불안했다. 일단 공부를 해야겠다 싶어 제목에 타이포그래피가 들어간 책을 찾아 읽었다. 꽤 많았지만 대부분 서구 타이포그래피의 관점에서 기술적 변천을 개괄한 책이었다. 지식을 쌓기엔 좋았으나 눈앞의 현실과는 동떨어진 이야기였다.

그러나 에밀 루더의 『타이포그래피』(1967)는 달랐다. 자연-몸(사람)-문자의 연장선에서 타이포그래피의 본질을 탐구했다. 대학 시절 처음 접했을 때는 너무 어려워서 하나도 이해를 못 했다. 디자이너의 세계관에 눈을 뜬 것은 일본에 가서 스기우라 코헤이의 우주적 타이포그래피를 피부로 접하면서다. 그는 가장 중요한 것만 남기고 모두 버리라는 미니멀리즘에 반하여, 오히려 왁자지껄한 어울림이 세상의 본질임을 특유의 휘몰아치는 타이포그래피로 풀어냈다. 그리고 다시 에밀 루더를 보니 이전과는 다른 게 보였다. 스기우라와는 정반대의 세계관이었다. 토다 츠토무는 젊은 시절 스기우라의 세계관을 따르다가, 20세기를 자극의 포화로 보고 과잉을 치유하는 미니멀리즘으로 돌아서서 제2의 전성기를 맞는다. 스기우라 코헤이와 에밀 루더의 사이 어딘가에 있다.

처음엔 앞사람 등만 보고 따라가면 되지만 때가 되면 나의 일을 찾아 샛길로 빠져야 한다. 누군가의 삶의 궤적을 훑으며 세계관을 찾아보는 일은 어떻게 살아야 할지 모를 때마다 용기와 재미를 준다.

거장들도 유명하다는 사람을 맹목적으로 좇으며 아는 척하던 시기, 우두커니 날 것의 초라함을 마주하는 시기, 나와 주변을 탐색하며 좌충우돌하는 시기, 빛나진 않아도 조금씩 당당해지는 시기를 거쳤을 것이다. 뜬금없이 '내가 잘하는 걸까?' 싶을 때면, 책장 속 그들이 내 등을 감싸 안아 준다.

기본이 없다는 말

기본이란 뭘까. 모르겠다. 하지만 기본이 없다는 말을 들으면 기분이 나쁘다. 모르는데 기분은 왜 나쁠까. 혹시 중요한 뭔가를 놓치고 사는 것 같아 창피했던 걸까? 아니면 지금껏 그런 것 없이도 잘만 살아왔건만 대단한 문제가 있는 것처럼 말해서 화가 치밀었나? 어쨌든 손흥민처럼 기본을 갖춘 사람은 드물다.

돈을 받고 일하려면 일의 가치를 화폐로 정량화해야 한다. 공정하게 거래하려면 돈을 주는 사람 받는 사람 모두 해야 할 일과 할 수 있는 일을 명확히 설명해야 한다. 설명 능력은 전문가의 필수 조건이다. 하지만 설명이란 '몸에 익은 절차에서 얼개를 추출해 언어로 전환'하는 어려운 일이다. 가르치는 일도 마찬가지다. 팀장의 몸에 무르익은 것을 팀원의 몸으로 옮기려면 복잡한 움직임을 언어로 전환해야 한다. 이게 얼마나 어려운지 사랑스러운 제자를 쥐어박는 선생도 있었다. 도대체 왜 그걸 못 알아듣냐며….

일의 기본은 뭘까. 막막하니 이렇게 되물어 보자. '기본이 없으면 어떻게 될까?' 대답은 각자의 세계관을 드러낸다. 토다사무소의 기본은 한 단계에서 다음 단계로 넘어갈 때 꼼꼼히 확인하기였다. 덕분에 커다란 문제가 생기지 않는 한, 일이 전 단계로 돌아가지 않아 진도가 빨랐다(나만 빼고). 협업의 기본은 동료의 상황과 일의 흐름을 파악해서 각자 해야 할 일을 하는 것이었다(나만 빼고). 리더의 기본은 각종 변수에 대응하며 모두가 기본을 갖출 때까지 피드백을 주며 기다리는 것이었다. 물론 조직을 옮기면 기본도 바뀐다.

오랫동안 기본은 학교에서 배우는 거로 생각했다. 기초와 기본을 헷갈렸기 때문이다. 기초는 몸에 익히는 지식과 기술이고 기본은 일의 맥락에 따라 움직이는 기준이다. 이제는 기본이 없다는 말을 들어도 기분 나쁘지 않은데 말해주는 사람이 없다.

더 나은 피드백

날카로운 피드백은 뒤엉킨 집착을 갈고리처럼 거둬간다. 하지만 마음마저 할퀴기도 한다. 피드백을 처음 받는 사람은 이미 쏟아부은 시간을 칭찬으로 보상받길 원한다. 그는 어떤 말을 들어도 감내할 수 있을 만큼의 여유는 반드시 남겨두어야 한다는 철칙을 알고 있을까.

피드백을 주는 사람의 입장도 만만치 않다. 고도의 직관을 발휘해 문제의 맥을 짚고 나니 정신이 혼미한데 고맙다는 말을 듣기는커녕 왜 말을 그렇게 하냐는 푸념을 들으면 섭섭하긴 마찬가지다. 낱말 하나하나까지 잘 골라서 상대의 감정선을 건드리지 않게, 그러나 알기 쉽게 맥을 짚는 피드백은 유료 서비스로만 가능하다. 그러다 보니 피드백해달라는 말을 들으면 적당히 칭찬하고 끝내버리고 싶다. 솔직한 피드백을 바라는 이도 있지만 콘셉트부터 듣자니 시간이 부족하고 요점만 듣자니 정확도가 떨어진다. 우리는 높은 수준의 피드백을 너무 쉽게 요청하는 경향이 있다.

더 나은 피드백 방법이 필요했다. 일본에 가면 습관적으로 들르는 준쿠도서점(ジュンク堂書店)에서 길잡이가 될 책 『함께 시작하는 디자인 비평』(2016)[95]을 만났다. 요약하면, "묻기-답하기는 한 벌이므로 먼저 잘 물어야 한다. 파란색 어때요?보다는 청량감을 주려 파란색을 썼는데 어울리나요?가 낫다"는 얘기다. 결과만 묻는 것이 아니라 의도-결과를 한 벌로 물어야 한다. 이 책 덕분에 피드백을 '목표(만들어야 하는 것)와 욕망(만들고 싶은 것)의 편차를 좁히는 대화'로 정의하고 함께 기준과 절차를 마련했더니 한결 쉬워졌다.

피드백을 고민하고 방법을 찾은 건 디자인을 시작하고 20여년이 흐른 뒤의 일이다. '혼자서도 잘해요'에서 '함께 하면 더 잘해요'로 생각의 축이 바뀌는데 이 만큼의 시간이 걸렸다. 오래 걸렸지만 어리숙한 내가 여기까지 온 것도 대단하다.

못 쓴 글씨라는 허구

누가 봐도 읽기 좋은 글씨가 있다. 그런 글자는 보기만 해도 마음이 따뜻해진다. 여럿이 함께 보는 글일수록 정갈하게 쓰는 게 좋지만 그게 안 되는 사람도 있다. 옛날엔 못 배운 티 낸다며 대놓고 면박을 주기도 했다.

못 쓴 글씨를 악필(惡筆)이라고 한다. 짓궂은 표현이지만 '여럿이 읽기'에 어울리지 않는다는 선에서 그쳐야지 글자나 사람의 흉이 되면 안 된다. 쓰기는 뼈와 근육이 만드는 몸짓이다. 사람마다 걸음걸이가 다르듯 쓰기도 독보적인 움직임이다. "냉장고에 ○○있으니 따끈하게 데워서 먹어" 같은 부모의 쪽지에서 글씨를 평하는 아이는 없을 것이다. '못생겼다'는 발언은 그것에서 아름다움을 찾지 못했다는 자백이다. 아름다움에도 깊이가 있어 만끽하려면 능력이 필요하다. 물이 얕으면 물고기도 잘다.

다정한 말씨처럼 마음씨를 전하는 글씨가 줄고 있다. 말하고 보니 말씨-마음씨-글씨 모두 씨자 돌림이다. —씨는 태도나 모양을 뜻하는 접미사다. 말-마음-글자의 '태도와 모양을 같은 맥락으로 보는 관점'은 우리말에 녹아있는 디자인 개념이다. 모더니즘을 상징하는 '형태는 기능을 따른다'[96]를 말하지 않아도 이미 정서적으로 알고 있다. 그래서인지 비슷한 낱말인 '글꼴'(letter form을 옮긴 말)보다는 오랫동안 써 온 '글씨'의 존재감이 더 크다.

주고받는 말과 글에서 마음씨의 함유량이 떨어지면 가시나무처럼 앙상해져 모르는 사이에 상처를 주고받는다. 스마트폰의 부작용으로 불안을 느끼는 사람도 늘고 있다고 한다. 필촉은 몸과 마음을 부드럽게 감싸는 스킨쉽으로 쓰는 사람과 읽는 사람 모두의 마음을 치유한다. 명랑할 때는 키보드의 찰칵찰칵 감성도 좋지만 우울할 때는 사각사각 필촉이 좋다. 세상에 못 쓴 글씨는 없다.

쓰기 테라피

요즘 들어 우울할 때가 잦아 우울의 뜻을 찾아봤다. '기분이 언짢아 명랑하지 아니한 심리 상태'라 한다. 순간 발끈했다. '차분한 게 정상 아닌가? 아니, 사람이 어떻게 줄곧 명랑하지?' 하지만 다시 읽어보니 굳이 그렇게 해석할 것도 아니었다. 그냥 '살아는 있으나 활기 없는 상태'로 해석하면 됐다. 마음에 여유가 없었다. 어쨌건 이 상태를 벗어나 보자.

창작을 하는 사람에게 불안과 초조는 일상이다. 자고 나면 달라지는 세상에서 새로움을 찾아야 하니 버겁다. 하지만 피할 수 없으니 쌓이기 전에 풀어야 한다. 구체적인 실행 목표를 세워 보자. '자기 전 잡생각에 뒤척이지 않기'로 잡았다. 그러려면 뭘 해야 할까. 자기 전에 '오늘 잘한 일, 고마운 일' 하나라도 적어보자. 그렇게 만들어진 우울에 대한 나의 정의는, '하루에 잘한 일, 고마운 일이 단 하나도 없어 살아는 있으나 활기를 잃은 상태'다.

여태껏 서너 쪽만 쓰고 버린 일기장을 쌓으면 키만큼은 될 거다. 쓰기를 좋아하지만 일기는 오래 쓴 적이 없다. 그러다가 (바로 이 책의) 글쓰기가 버거워 마음을 달래고자 일기를 썼고 이제는 습관이 됐다. '활기 없는 상태'에서 벗어나는 법을 찾았다. 멋지게 채우려는 부담을 버리자. 여유가 없을 땐 좋음 더하기보다 싫음 빼기(부담 줄이기)가 먼저다. 쓸 게 없으면 애국가라도 적자는 마음으로 끄적이다 보면 안 썼으면 놓치고 지나갔을 법한 고마운 일이 떠오르기도 한다.

쓰기는 역시 사각사각 종이에 쓰는 게 맛이지만 디지털 펜슬도 좋고 노트북·스마트폰도 좋다. 받아쓰기하듯 아무거나 끄적이면 된다. 그러다 하루를 되돌아보고 그러다 어떤 일이 떠올라 곱씹고 고마워하면 행복해진다. 습관의 시작은 '자기 전 노란 불빛 아래 차분하게 되돌아보는 오늘 하루'라는 행동-감성 그리고 기억이었다.

스스로 정의하기

오랫동안 디자인의 목적을 규정하는 말로 문제 해결(problem solving)이 많았다. 나도 그런 교육을 받았다. 대안(代案, alternative), 해결책(solution) 같은 낱말을 많이 썼다. 디자인계의 흐름이라기보다는 시대의 흐름이었다. 크게 성장한 문제 해결 비즈니스는 나의 문제를 삶에서 떼어내 남에게 맡기는 흐름도 만들었다. 해결사를 불러놓고 차분히 자기 문제를 설명하지 못하고 빠른 해결만을 요구하는 사태도 생겼다. 전문가, 맡김의 부작용이다.

반작용으로 스스로 일상을 관찰해 문제를 찾고 새로운 경험을 제안하자는 흐름도 생겼다. 적극적인 디자인 자세를 삶의 방법론이자 현대인이 지녀야 할 교양으로 보는 것이다. 마스다 무네아리의 『지적자본론』(2015)도 그렇다. 그는 모든 이가 디자이너여야 한다고 말한다. 관찰-발견-제안으로 이어지는 행동 절차를 디자인으로 보고 끊임없이 혁신해야 하는 현대 기업의 생존술로 꼽았다. 디자인이 외래어로 들어오며 명사(Design)로 굳어버렸으나, 계획하고 설계하는 동사(design)이기도 하다. 명사 디자인에서 동사 디자인으로, 제품에서 움직임으로 디자인의 효용도 확장하고 있다.

실제로 깔끔한 해결을 맡기는 것이 아니라 스스로 문제를 찾고 해결의 방향성까지 고민한 후 전문적인 상담을 의뢰하는 클라이언트가 늘고 있다. 자기 취향의 물건을 만들어달라는 '주문'이 아니라 이런 상황에서는 어떻게 하는 것이 좋겠냐는 '상담과 의뢰'로 시작한다. 대화하며 현재에 집중하니 결과는 좋을 수밖에 없다.

디자인은 예술에서 산업으로 편입해 굵직한 비즈니스 모델을 만들며 기획-제작-브랜딩을 아우르는 전략적 방법론으로 변혁했다. 이렇게 내 업의 흐름을 스스로 정의하는 건 중요하다. 현재의 좌표를 찍는 일이기 때문이다. 끝없이 고칠 뿐 맞고 틀리고는 없다.

원근과 직관

원근(遠近, 멀고 가까움)은 방향을 틀지 않고 관점의 층위를 바꾸는 방법이다. 앞만 보고 달릴 때도 눈앞의 일을 우선순위별로 재정렬해 목표지향적 자세를 유지하도록 돕는다.[97] 인간의 두 눈이 앞쪽으로 몰린 이유도 원근을 감각하기 위함이다. 한쪽 눈을 가리면 깊이 인식 능력이 떨어져 빠르게 물건을 집거나 계단을 오르내리기 어렵다.

새옹지마(塞翁之馬, 변방 노인의 말) 이야기도 그렇다. 말이 도망갔으나 그 말이 여러 말을 데리고 왔고, 그 말을 타다가 아들이 다쳤으나 덕분에 징병을 면했다는 얘기다. 기쁜 일인지 슬픈 일인지를 판단하는 시점도 원근이다. 빠른 시대일수록 마음이 불안한 이유는 일희일비(一喜一悲, 실시간으로 기뻐하고 슬퍼하기)하기 때문이다. 따라서 새옹지마의 원근법은 마음챙김을 위한 삶의 지혜이기도 하다.

생태심리학자 제임스 깁슨(James Jerome Gibson)은 눈으로만 보는 게 아니라고 했다.[98] 시각뿐 아니라 오감으로 감각하며 해석에는 기억(이전 감각)이 관여하기 때문이다. 똑같은 것도 그때그때 다르게 보는 것도 같은 이유다. 따라서 직관이란 지금껏 얼마나 두루 살폈고 지금은 무엇을 찾았는가를 말한다. 스콧 영(Scott Young)은 직관을 '문제를 다루는 수많은 경험이 조직화한 생성물'로 풀이했다. 천재 물리학자 리처드 파인만(Richard Phillips Feynman)이 'e의 1.4거듭제곱'을 순식간에 암산으로 풀어낸 비결도 풀이 과정의 일부($loge^2$=0.69315)를 외웠기 때문이다.[99]

직관의 효율 즉 '단위 시간에 인출하는 정보의 양과 질'을 높이려면 습관적으로 부분과 전체를 살피는 원근이 필요하다. 성급한 일반화의 오류나 환원주의의 오류도 한쪽으로 쏠릴 때 나타난다. 짧게 보면 큰 차이지만 길게 보면 작은 차이임을 아는 직관은 원근의 습관과 숙련에서 나온다.

멈추면 사라지는 것

휴가를 가서 해맑게 웃는 내 모습을 남기고 싶어 사진을 찍었는데… 당장 지워버리고 싶을 만큼 '잘못' 나왔다. 다시 찍은 사진은 다행히 빛-배경-자세-표정-타이밍 모든 조건이 절묘하게 어우러져 아주 '잘' 나왔다. 둘 다 진짜 내 얼굴이다. 사람들이 기억하는 건 어느 쪽일까. 당연히 어느 쪽도 아닐 텐데 바보 같은 생각에 빠질 때가 있다.

잘못 나온 사진과 잘 나온 사진 사이에는 움직임이 있다. 엄밀히 말하면 내 움직임의 두 순간일 뿐이다. 하늘에 멎어있는 공은 튀어 오르던 건지 떨어지던 건지 알 수 없다. 찰나의 정보란 얼마나 편협한가. 결국 사진을 보면 '뚜렷이 보이지만 뚜렷이 알 수 없음'에 놀란다. 그래서 머릿속으로 움직임을 떠올린다. 그러다가 '사람뿐 아니라 카메라도 움직였음'에 다시 놀란다. 카메라를 들고 앉았다 섰다 밀었다 당기며 찍었을 것이다. 줌렌즈와 손떨림 보정 기능은 카메라가 얼마나 역동적인 기계인지를 보여준다.

순간이 아닌 움직임을 관찰해야 더 많은 것을 알아낸다. 천천히 흘러가듯 보이지만 실은 매우 빠른 구름처럼, 자주 살펴야 비로소 알 수 있는 것이 있다. 현재란 주어진 세상이 아니라 찾아낸 세상이다. 그래서 우리는 동시대를 다르게 살아간다. 세상을 관찰해서 부족함을 찾고 필요한 것을 만들려는 디자이너에게 움직임은 흐름이자 맥락이고 트랜드다.

주변 사람의 움직임에도 작은 트랜드가 있다. 그걸 잘게 쪼개면 방향과 속력이다. 방향은 함께 추구할 콘셉트이며 속력은 상황에 따라 바꾸는 가속과 감속이다. 협업도 방향을 숙지하고 속력을 맞추는 일이다. 능숙한 리더는 차근차근 소통하고 공감하며 차근차근 속력을 올린다. 멈추면 사라지는 건 움직임이다. 삶도 움직임인데 너무 당연해서 잊고 산다.

똑바로 앉아야 하는 이유

스스로 원류(源流)라고 하는 사람은 미덥지 않다. 원조(元祖)도 마찬가지다. 그냥 무시하면 좋으련만 얄궂게도 원류라는 낱말에 허풍과 오만이라는 선입견이 붙어버렸다. 이렇게 한 번 뒤틀린 낱말은 쓰기 싫어진다. 기원(起源)도 비슷한 말이지만 뭔가 아쉽다. 다시 원류의 뜻을 되새겨 선입견을 씻어내 보기로 한다. 문득문득 나의 원류가 궁금하기도 했기 때문이다.

연어에게 원류는 태어난 물줄기로 모천(母川)이라고 한다. 사람에게도 원류는 정체성이 열어져 지푸라기라도 부여잡고 싶을 때 든든한 손잡이가 되는 곳이다. 반대로 여유있게 삶을 돌아볼 때도 찾게 된다. 그러고 보니 작년엔 가족과 함께 출신 중학교와 고등학교에 갔다. 너무 많은 기억이 곳곳에서 무작위로 튀쳐나와 조리 있게 설명하기 어려웠다. 간만에 찾은 모교(母校)는… 낯익은데 낯설고 넓은데 비좁고 푸근한데 까슬까슬한 느낌이었다.

음악가의 이력에는 종종 누구를 사사(師事, 스승으로 삼음)했다는 설명이 붙는다. 장한나는 미샤 마이스키(Mischa Maisky)를, 미샤 마이스키는 므스티슬라프 로스트로포비치(Mstislav Rostropovich)를 사사하며 계보가 생겼다. 서로 다르게 연주하는 사람들끼리 계보가 있다면 그것을 타고 흐르는 것의 정체는 무얼까. 어쩌면 세상과 나를 잇는 자세일지도 모른다. 만약 그 물줄기가 원류라면 나에게도 원류가 있다. 권혁수-안상수-정병규-스기우라 코헤이-토다 츠토무를 사사했다. 그 외에도 수많은 인연이 있다. 나를 키운 하늘과 바람과 별과 시 같은 존재다. 뿌리 깊은 나무처럼 당당히 홀로 서도록 코어 근육을 두툼하게 단련해 주셨다.

그러니
똑바로 앉아야 한다.

주석

1 Hangul Type-Design Methodology: Making Revision Fun, ATypI 2019 Tokyo (https://www.youtube.com/watch?v=Ub3pwxiGRHo)

2 공식 명칭은 '스기우라코헤이플러스아이즈'인데 보통 스기우라오피스라고 했다.

3 IBM Plex® 홈페이지 (https://www.ibm.com/plex/languages/)

4 石川九楊, 『筆蝕の構造―書くことの現象学』, 筑摩書房, 1992

5 石川九楊, 三木健, 府川充男, 鈴木一誌, 『デザインのことば』(神戸芸術工科大学レクチャーブックス…1), 左右社, 2007

6 한국민족문화대백과사전, 「풀어쓰기」 (https://encykorea.aks.ac.kr/Article/E0078817)

7 스콧 영, 『울트라러닝―세계 0.1%가 지식을 얻는 비밀』, 비즈니스북스, 2020

8 서예가 정주상의 펜글씨를 토대로 만들었고 「문화체육부쓰기흘림체」도 있다. 아쉽게도 숫자·문장부호·라틴문자가 없다.

9 동아일보 2012년 6월 2일, 신진우, 「필적은 뇌의 지문, 쌍둥이도 흉내낼 수 없다」

10 MBC뉴스 2014년 11월 6일, 부정석, 「무면허 사고 내고 쌍둥이 동생 행세…필적으로 거짓말 들통」

11 이중희, 「일본 우키요에浮世絵의 세계②」, 월간 민화 2016년 7월 26일, '우키요에는 현실을 낙천적인 서민의 눈으로 그려낸 그림' (http://artminhwa.com/일본-우키요에浮世絵의-세계②-대중의-낙천적-에너-2/).

12 호쿠사이 자신은 '만화란 뭔가를 하려 하지 않고 마음 가는 대로 무심코 그린 그림'이라고 했다(津田卓子, 「北斎漫画」 『浮世絵大辞典』 東京堂出版, 2008). 칸을 나누고 말풍선을 넣는 현재의 만화와는

다르지만 '세속적인 그림'의 감성은 비슷하다.

13 이종서, 『사무인간의 모험』, 웨일북, 2018.

14 정찬섭·권명광·노명완·전영표, 『편집 체재와 글의 읽기 쉬움—교과서를 중심으로』, 교과서연구총서 13, 대한교과서주식회사, 1993

15 이수정·정우현·정찬섭, 「글자꼴, 글줄길이, 글줄모양과 한글의 가독성」, 한국정보과학회 언어공학연구회 논문집, 1993

16 에밀 루더, 『타이포그래피』, 안그라픽스, 2023. 원서 『Typographie』는 1967년, 한국어 초판은 2001년에 나왔으며 역자를 바꾸고 누락 부분을 보완해 2023년에 재판을 냈다.

17 대니얼 J. 레비틴, 『석세스 에이징』 p.130, 와이즈베리, 2020

18 케이스노트 홈페이지 (https://casenote.kr/대법원/94누5632)

19 시사저널 1994년 8월 25일, 「글자꼴도 상품이다」 (https://www.sisajournal.com/news/articleView.html?idxno=111363)

20 1979년 3월에 발족한 글자표현을 연구하는 그래픽디자이너의 모임. 1기 회원은 김진평, 안상수, 석금호, 이상철, 손진성이고, 2기 회원은 김진평, 안상수, 석금호, 한재준이다.

21 로버트 브링허스트, 『타이포그래피의 원리』, 미진사, 2016

22 만푸쿠지 홈페이지 (https://www.obakusan.or.jp)

23 문화체육부, 『국어순화용어자료집』 pp.239, 241, 1996

24 쇄국하던 막부(12-19세기)가 유일하게 서양 교역을 허락했던 나가사키(長崎)의 네덜란드어 통역사, 일본 활자 산업 개척자.

25 이용제·박지훈, 『활자 흔적—근대 한글 활자의 역사』, 도서출판 물고기, 2015

26 이재정, 『활자의 나라, 조선』, 국립중앙박물관, 2016

27 경남연합신문 2019년 07월 16일, 윤유숙, 「일본 전통 예능에 남은 통신사의 흔적」 (http://www.knyhnews.co.kr/news/articleView.html?idxno=6104)

28 알렉산더 보빈(Vovin, A. (2010). 'Is Japanese Katakana Derived from Korean Kwukyel?' In: Contemporary Korean Linguistics: International Perspectives. In Honor of Professor Sang-oak Lee, ed. By Robert J. Fouser. Seoul: Thaehaksa, pp. 379-384.)

고바야시 요시노리(한겨레신문 2020년 1월 29일, 「'가타카나 신라 유래설' 제기한 일본 학자…"신라 입말 표기 '각필' 볼수록 확신"」)

29 훈민정음 초성에서 기본자에 획을 더해 만든 'ㆁ, ㄹ, ㅿ'을 일컫는 언어학용어(https://encykorea.aks.ac.kr/Article/E0078691)

30 심우진·정태영, 「한글 글꼴 용어 2022」, 『글짜씨23』, 2023

31 1981년부터 2013년까지 방영한 MBC 어린이 교육 프로그램

32 카메쿠라시 역사박물관(亀山市歴史博物館)(http://kameyamarekihaku.jp/32kikaku/zuroku/corner2.html)

33 프랑스 국립도서관 디지털 라이브러리 {BnF Gallica(https://gallica.bnf.fr/ark:/12148/btv1b10509716w.r=生生字譜?rk=21459;2#)

34 김태호, 「한글 기계 생태계의 압력, 변이, 그리고 진화: 1960-80년대의 다양한 한글 기계들의 성쇠」, 『동악어문학 no.69』 p.119, 2016

35 주간경향 1225호(2017년 5월 9일), 「구석구석 과학사 6 해방된 한글, 어떻게 새롭게 쓸 것인가?」. 그의 형인 존 토머스 언더우드가 설립한 언더우드타자기회사는 1916년 미국 특허청에서 최초의 한글타자기 특허를 받는다. 이후 공병우의 세벌식 타자기 제작과 미국특허출원도 돕는다.

36 경향신문 1959년 3월 26일, 「오늘의 후랏슈-통일에의 정열」

37 독립신보 1947년 10월 30일, 「朝鮮發明奬勵會를 結成」(조선발명장려회를 결성)

38 경향신문 1949년 7월 13일, 「한글打字機發明」(타자기발명)

39 동아일보 1934년 3월 20일, 「朝鮮文打字機 完成祝賀會開催」(조선문타자기 완성축하회개최)

40 경향신문 1953년 10월 8일, "공병우 박사의 상품이 속도가 빠른 반면 글자 모양은 곱지 못하다는 일반의 평이 있는데" 「印刷界에 一大福音 三種의 新韓文打字器를 發明(인쇄계에 일대복음 삼종의 신한문타자기를 발명)」
41 김태호, 「'가장 과학적인 문자'와 근대 기술의 충돌」, 『한국과학사학회지 vol.33 no.3』, pp.1-42, 2011
42 김태호, 「1969년 한글 자판 표준화—한글 기계화의 분수령」 p.179, 『역사비평』, 역사문제연구소, 2015
43 황해용, 「한글 기계화와 표준 자판」, 『과학과 기술 2권 3호』 pp.37~38, 1969
44 고영민, 「한글 고유의 의미를 담고자 했던 노력, 한글 자판의 역사」, 국립한글박물관, 2013년 10월 9일
45 김태호, 2015
46 김태호, 2015
47 김태호, pp.111-144, 2016
48 서경대학교 산학협력단, 「컴퓨터 키보드의 한글배열 연구」, 국립국어원, 2007
49 최현배, 「한글의 낱낱의 글자의 쓰히는 번수(使用되는 度數)로써의 차례잡기」, 『연희전문학교문과연구집 제1집 조선어문연구』, 연희전문학교출판부, 1930
50 최현배·이승화, 「우리말에 쓰인 글자의 잦기 조사—문자 빈도 조사」, 문교부, 1955
51 최현배·이승화, 『우리말 말수 사용의 잦기 조사—어휘 사용 빈도 조사』, 문교부, 1956
52 미래창조과학부, 「한글자판 국제 표준 채택」, 2014년 7월 17일
53 김동영, 「혁신과 브리콜라주(bricolage)」, 전북도민일보 2013년 3월 24일
54 국립국어원 홈페이지 (https://www.korean.go.kr/front/etcData/

etcDataView.do?mn_id=46&etc_seq=431)

55 "文字にconsonants(子音)及びvowel(母音)の二種あり"
阿久津智,「「母音」,「子音」,「音節」という用語について」,『Taku-shoku language studies 137』pp.123-147, 2017

56 内田智子,「母音·子音の概念と五十音図」,『Nagoya Linguistics 2』pp.15-26, 2008

57 阿久津智, 2017

58 한국민족문화대백과사전, 자방고전(字倣古篆) (https://encykorea.aks.ac.kr/Article/E0078678)

59 최현배,『글자의 혁명: 漢字 안쓰기와 한글 가로씨기』106-107p, 조선교학도서주식회사, 1947

60 홍윤표,「訓民正音의 '象形而字倣古篆'에 대하여」,『국어학 46』, 2005

61 김채수,「한국과 일본에서의 언문일치운동의 실상과 그 의미」,『일본연구』no.1, pp.9-54, 2002

62 우리역사넷,「5) 조선어 말살정책」(http://contents.history.go.kr/mobile/nh/view.do?levelId=nh_050_0020_0020_0050#ftid_077)

63 재조선미육군사령부군정청(在朝鮮美陸軍司令部軍政廳). 1945년 9월 8일부터 1948년 8월 15일까지 남한을 통치한 미국 군정청

64 국가기록원,「문맹 퇴치 사업 1954년」(https://theme.archives.go.kr/next/hangeulPolicy/business.do)

65 최현배, 1947.

66 이동석,「한글의 풀어쓰기와 모아쓰기에 대하여」,『청람어문교육 no.38』pp.401-427, 2008

67 1945년 9월 21일. 1945년 9월부터 1948년 9월까지 3년간, 1951년 1월부터 1954년 1월까지 3년간, 총 6년간 재직한다.

68 국가기록원,「한글전용특별심의회 활동 1962년」(https://theme.archives.go.kr/next/hangeulPolicy/deliberate.do)

69 국가기록원, 「교과서 국한 혼용 1963년~1971년」(https://theme.archives.go.kr/next/hangeulPolicy/mixed.do)

70 국가기록원, 「한글전용」(1968)(https://theme.archives.go.kr//next/hangeulPolicy/detail.do?flag=2&archiveEventId=0049290274&page=6)

71 동아일보 1961년 12월 18일, 「한글전용에 관한 시비론」

72 최현배, 1947. 한국민족문화대백과사전은 이 책 3장을 이렇게 요약한다. "대중문화의 건설 및 대중생활의 향상, 문자적 해방, 과학교육의 진흥, 우리말의 정당하고도 자연스러운 발달 등을 이루기 위한 것임을 (…) 인류사회의 문자사·문화사의 발전단계로 보아 한자의 폐기는 필연의 형세임을, 그리고 한글 발달의 역사로 보아 그 이상을 완전히 실현할 때가 되었음을 지적하고 있다". (https://encykorea.aks.ac.kr/Article/E0007475)

73 한겨레신문 1999년 3월 9일, 「신문 '세로쓰기 시대' 막내려」

74 소년한국일보(https://encykorea.aks.ac.kr/Article/E0029981)

75 데이비드 S. 키더·노아 D, 『1일 1페이지, 세상에서 가장 짧은 교양 수업 365』, 위즈덤하우스, 2019

76 The Chicago Manual of Style *Online* (https://www.chicagomanualofstyle.org/book/ed17/part2/ch06/toc.html)

77 장지연, 「라틴어 문장은 왜 대문자로 시작하지 않는 걸까?」, 교수신문 2014년 11월 4일

78 존 그루버(John Gruber)가 운영하는 Daring Fireball (https://daringfireball.net/projects/markdown/syntax)

79 JIS C 6220, 7ビット及び8ビットの情報交換用符号化文字集合, Coded Character Set for Information Interchange, 1969

80 정보 교환용 부호계(한글 및 한자), Code for information interchange(Hangeul and hanja)

81 국립국어연구원, 『국어순화 용어 자료집』 p.71, 1993

82 e뮤지엄 (http://www.emuseum.go.kr/detail?relicId=

PS0100309900100125700000)
83 시간여행 속에 만나는 우표의 향기 블로그(https://allinstamps.tistory.com/3669?category=644870)
84 e영상역사관(https://www.ehistory.go.kr/page/view/movie.jsp?srcgbn=KV&mediaid=576&mediadtl=3118&gbn=DH)
85 3년 동안 만든 「을지로체」 제작기(https://story.baemin.com/ 2243/)
86 심우진, 『찾아보는 본문 조판 참고서』, 도서출판 물고기, 2015
87 에드워드 홀, 『숨겨진 차원』 p.36, 2013
88 정찬섭·권명광·노명완·전영표, 166p, 1993
89 닉 채터, 『생각한다는 착각』, 2021
90 에드워드 홀, 2013
91 미국 모노타입사 홈페이지(https://www.monotype.com/resources/articles/part-1-from-truetype-gx-to-variable-fonts)
92 한국국학진흥원 블로그, 「250여년 전 거문고 악보—창랑보」(https://blog.naver.com/PostView.naver?blogId=kstudy0700&logNo=220750950830&searchKeyword=창랑보)
93 Metapolator홈페이지(http://metapolator.com/pre.html)
94 한국민족문화대백과사전, 자자형(刺字刑)(https://encykorea.aks.ac.kr/Article/E0048056)
95 『みんなではじめるデザイン批評』, ビー・エヌ・エヌ新社, 2016/Adam Connor, Aaron Irizarry, *Discussing Design, O'Reilly Media*, 2015
96 Form follows funtion. 미국의 건축가 루이스 설리번(Louis Sullivan, 1856~1924)의 말.
97 게리 켈러, 제이 파파산, 『원씽』, 비즈니스북스, 2013
98 Gibson, J.J., *The Ecological Approach to Visual Perception*, Houghton Mifflin, 1979
99 스콧 영, 2020

찾아보기

글자의 삼번요추——저온숙성 타이포그래피 에세이

초판 1쇄 발행——2023년 10월 9일
지은이——심우진
펴낸이——심우진
펴낸곳——도서출판 물고기
출판등록 2012년 1월 4일 제2013-000067호
이메일 simwujin@gmail.com
편집·디자인——심우진
폰트——산돌 정체 730, 830, 830i, 030
조판——Adobe InDesign 18.5
용지——표지: 한국제지 아르떼 내추럴 화이트 210g/m²
본문: 전주페이퍼 그린라이트 90g/m²
저술 지원——토지문화재단 문인 창작실(2023년 1월~2월)

ISBN 979-11-950404-6-9 03650